U0524979

主办单位　陕西省社科联

2024年第1辑·总第1辑

陕西智库论坛

主编　周晓霞

中国社会科学出版社

图书在版编目（CIP）数据

陕西智库论坛.总第1辑／周晓霞主编.—北京：中国社会科学出版社，2024.3

ISBN 978-7-5227-3505-4

Ⅰ.①陕… Ⅱ.①周… Ⅲ.①社会科学—文集 Ⅳ.①C53

中国国家版本馆 CIP 数据核字（2024）第 085423 号

出 版 人	赵剑英
责任编辑	喻　苗
责任校对	胡新芳
责任印制	王　超

出　　版	中国社会科学出版社
社　　址	北京鼓楼西大街甲 158 号
邮　　编	100720
网　　址	http://www.csspw.cn
发 行 部	010-84083685
门 市 部	010-84029450
经　　销	新华书店及其他书店

印　　刷	北京明恒达印务有限公司
装　　订	廊坊市广阳区广增装订厂
版　　次	2024 年 3 月第 1 版
印　　次	2024 年 3 月第 1 次印刷

开　　本	787×1092　1/16
印　　张	16
字　　数	238 千字
定　　价	85.00 元

凡购买中国社会科学出版社图书，如有质量问题请与本社营销中心联系调换
电话：010-84083683
版权所有　侵权必究

《陕西智库论坛》编审委员会名单

名誉主任：甘　晖

主　　任：郭建树

副 主 任：高红霞

委　　员：郑梦熊　文引学　李　健　王运林
　　　　　刘小平　刘江波　王　琦　刘宝平
　　　　　罗新远　白宽犁　丁小军　薛小毛
　　　　　王建康　薛　健　赵国平

主　　编：周晓霞

编　　辑：邱诗杰　王怡溪　王军峰

发 刊 词

习近平总书记在党的二十大报告中指出:"要坚持科学决策、民主决策、依法决策,全面落实重大决策程序制度。"中国特色新型智库是党和政府科学民主依法决策的重要支撑。党的十八大以来,以习近平同志为核心的党中央高度重视智库建设,提出了一系列新论断,做出了一系列决策部署。2013年11月,党的十八届三中全会通过的《中共中央关于全面深化改革若干重大问题的决定》提出:加强中国特色新型智库建设,建立健全决策咨询制度。这是在我党的文献中首次使用"中国特色新型智库"概念。2014年10月27日,习近平总书记在全面深化改革领导小组第六次会议上指出:"要从推动科学决策、民主决策,推进国家治理体系和治理能力现代化、增强国家软实力的战略高度,把中国特色新型智库建设作为一项重大而紧迫的任务切实抓好。"2015年1月,中共中央办公厅、国务院办公厅印发了《关于加强中国特色新型智库建设的意见》。在2016年的哲学社会科学工作座谈会上,习近平总书记对智库建设再次做出专门论述,他要求各级党委和政府要发挥哲学社会科学在治国理政中的重要作用,并特别指出:"智库建设要把重点放在提高研究质量、推动内容创新上。要加强决策部门同智库的信息共享和互动交流,把党政部门政策研究同智库对策研究紧密结合起来,引导和推动智库建设健康发展、更好发挥作用。"这些都为中国特色新型智库建设指明了方向、提供了根本遵循。

近年来,陕西省社科联积极履职尽责,按照《关于加强陕西新型智库建设的实施意见》《陕西省重点新型智库建设管理暂行办法》要求,在2020年牵头成立了陕西省智库联盟，组织举办了多场"三秦智库论坛"。在负责组织的"陕西省哲学社会科学研究专项"中设立了"智库项目"，与各厅局、地方党委、政府等设立了"合作项目"，每年组织开展的智库类研究课题近400项。2023年创办了《陕西智库论坛》内部刊物，推动在"陕西省哲学社会科学优秀成果评奖办法"中增设了"智库报告"。在促进陕西省新型地方智库健康发展、服务党委政府决策中发挥了积极作用。在看到进步的同时，我们也必须正视存在的诸如重立项、轻结项，研究不深不透，就事论事，学理性不够，对策的针对性、操作性不强等问题。

创办《陕西智库论坛》集刊（以下简称"集刊"），就是使其成为"陕西省哲学社会科学研究专项"智库类课题的成果可展示的平台。社科研究不能完成结题验收就了事，成为尘封在档案柜里的资料。要在规范结题、严格结题的前提下，智库类课题的结题成果，适宜公开发表的均应在集刊首发；创办集刊，也是为了使其成为智库成果交流的载体。集刊以登载智库课题结题成果为主，也登载其他研究单位从不同视角研究陕西经济社会发展的智库成果。通过公开出版，扩大智库研究成果影响，为智库研究者提升研究质量、推动研究内容创新，为研究方式、方法改进相互提供借鉴；创办集刊，就是要使其成为智库与决策者之间的桥梁。研究的目的是应用，集刊的主要阅读者是党政部门的决策者与政策制定者，要努力使集刊成为党委政府决策的有效参阅依据。

奋力谱写中国式现代化建设的陕西新篇章，是习近平总书记对陕西发展的重托。在这个过程中必然有许多重大理论与现实问题需要研究，有许多成功经验需要总结。这为陕西省各类智库、为哲学社会科学工作者发挥作用提供了广阔的空间和机遇。谱写中国式现代化建设陕西新篇章，迫切需要智库围绕习近平总书记提出的"五个扎实""五项要求""四个着力"开展前瞻性、针对性、储备性对策研究，为各级党委、政府的科学决策提出专业化、建设性、切实管用的高质量智库成果。智库成果必须言之有物。要坚持问题导向，研究经济社会发展中的真问题，要深入研究、分析问题，只有这样才能提出有用的对策。正如习近平总书记所指出："哲学社会科学包括文化文艺不接地气不行，要解释现实的社会问题，开什么处方治什么病，首先要把是什么病搞清楚。要把好脉，中国身体怎么样，如果有病是什么病，用什么药来治，对这心里要透亮透亮的。号脉都号不清楚，那治什么病？"智库成果必须言之有理。智库是出智力成果的，不同于一般的出点子，不能简单地就事论事，人云亦云，一定要有学理支撑，遵循规律、符合科学原理。一方面，智库成果必须言之有据。研究中国式现代化建设陕西实践中的理论与现实问题，必须立足陕西，但也不能拘泥于陕西，要放在世界百年未有之大变局加速演进大背景下，放在新发展阶段，贯彻新发展理念、构建新发展格局下，与陕西面临的现实问题结合起来，和我们的资源禀赋、发展优势结合起来，和国家发展规划、制定的政策结合起来。另一方面，智库成果必须言之有用。智库成果是服务于决策的，要改变"从概念到概念"的理论推衍、"从数据到模型"的研究范式，要在发现问题、深入剖析问题的基础上，不断推出更多有思想内涵、有理论深度、有实践价值的研究成果，提出区域性、行业性高质量发展的模式、路径、对策及其需要完善的体制、机制和政策。

公开出版集刊，为有效展示智库研究成果提供了载体，为智库研究者交流智库成果提供了平台，为智库与决策者之间搭建了桥梁和纽带。我们期待通过集刊的公开出版，能对陕西省智库研究成果质量提升、智库研究内容创新与更好服务党委政府决策起到促进作用。

《陕西智库论坛》集刊的出版，得到了中国社会科学出版社的大力支持，在此向赵剑英社长表示衷心的感谢！向智库成果出版中心喻苗副主任及各位编校老师们的辛劳付出表示衷心的感谢！

陕西省社科联党组书记、常务副主席　郭建树

2023 年 12 月 25 日

目录 contents

第一篇　高质量发展

富平县推进产业数字化发展的路径研究……………………………………………　3
（李兆磊　郭玺晨）

陕西推进实现共同富裕的路径探析……………………………………………………　10
（裴成荣　宫汝娜　顾菁　张馨）

税收服务秦创原科技创新发展存在的问题及建议……………………………………　17
（刘峰　杨睿　曹语祾）

产业数字化赋能山区县域经济高质量发展的路径选择及政策保障………　28
（胡仪元　马静　杨帆　屈梓桐）

第二篇　县域经济

南郑区装配式建筑产业高质量发展的问题与对策……………………………………　41
（卢阳）

佳县县域经济高质量发展机遇与路径…………………………………………………　52
（黄懿　王建康　吕晓明　孙雅姗　唐博）

乡村振兴背景下眉县农业经济高质量发展研究………………………………………　65
（王军平　张铭真）

以县城为主要载体的城镇化路径发展现状、问题及提升策略…… 73
（刘晓君　李玲燕　李钰　郭斌　王萌萌　郭晓彤）

第三篇　乡村振兴

新农村集体经济赋能乡村振兴实现路径研究…… 87
（王丹）

陇县农业产业链构建主要问题研究…… 96
（徐驰文　张莉　刘炜）

乡村振兴战略下白水县现代乡村产业发展的模式与路径研究…… 108
（雷振东　高雅　刘黎明）

关中乡村传统理水智慧系统——以韩城柳枝村为例…… 121
（欧亚鹏　蔡臻）

第四篇　社会治理

党建引领基层治理"城固模式"的实践与启示…… 133
（李鹏　陈建有　曹坤）

党建引领乡村治理创新的"合阳路径"
　　——基于"一核四会五个一"探索的调查与研究…… 141
（何得桂　韩雪　王嘉瑜）

陇县基层社会治理机制优化研究…… 153
（田晶　付敏）

宝鸡市推动社会信用体系建设高质量发展路径研究……………………………… 166
（周保君　张鹏　张志华）

第五篇　文化发展

新时代秦腔音乐创新发展的路径研究……………………………………………… 175
（刘晓丹）

用红色文旅助力县域经济高质量发展——澄城县红色文旅调查研究…… 181
（徐军义）

子洲县红色文化资源挖掘与推广策略研究……………………………………… 190
（袁小陆　张莹　杨振刚　王媛　郭小华　王鹏）

第六篇　生态文明

双碳治理目标对我省区域布局及经济社会发展的影响和应对策略……… 205
（薛伟贤　石涵予）

安塞区农业绿色发展的做法成效、存在的问题及对策建议……………… 218
（王进　刘璇）

陕西省生态产品价值核算与技术规范研究……………………………………… 230
（韦艳　张兆驰　查欣洁　李涛）

第一篇

高质量发展

富平县推进产业数字化发展的路径研究*

李兆磊　郭玺晨**

【摘要】随着信息技术的快速发展，数字经济已成为我国经济发展的重要驱动力。西北县域存在起步晚、基础薄等短板，且其地理位置偏远、资源禀赋单一等特点导致该区域发展存在局限性，通过传统发展模式难以实现快速提升。因此，数字化对于西北县域发展尤为关键。本文对富平县进行数字与产业的双维度剖析，发现其在基础设施建设、技术创新应用、数字要素应用与服务、数字人才储备四个方面存在不足。为了夯实该县发展基础，促进县域产业数字化发展，从健全数字经济制度、完善数字基础设施等五个方面提出建议，为该县稳步推进产业数字化转型提供路径支持，也为实现西北县域产业数字化发展提供科学依据。

【关键词】数字经济、县域发展、产业数字化

---

* 本文系"陕西省哲学社会科学研究专项"智库项目"产业数字化赋能富平县域经济高质量发展路径研究"（2023ZD0665）的研究成果。

** 李兆磊，长安大学经济与管理学院副教授；郭玺晨，长安大学经管学院研究生。

一 富平县产业发展现状分析

（一）富平县产业布局分析

富平县位于陕西省关中平原北部，具有明显的地理交通优势，与周边的西安、渭南等城市相邻，经济发展以农业为主导。初步形成了以羊奶、柿饼为主的农产品加工业，金属轧制设备、冶金为主的装备制造业，热电联产为主的能源产业，水泥、陶瓷为主的新型建材业，编织、塑料管材为主的特色轻工业五大产业格局（图1）。同时，富平县还依靠丰富的历史文化资源和旅游景点，将旅游业发展成为重要支柱产业。从产业结构看，富平县产业结构较为完整，大体呈现以工业为主、其他产业并进的局面，但依旧存在以农副产品加工业为重要支撑点、缺乏强势主导产业、增长动力核较为单一的问题。

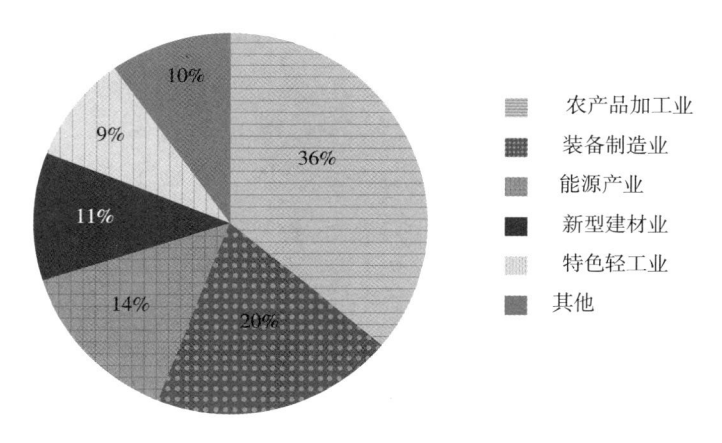

图1 富平县产业结构

（二）富平县产业数字化转型发展现状

富平县坚持以现代特色农业为基础，以科创工业为突破的发展方针。第一产业方面，依托陕西省3+X战略，坚持以"工业化发展、商业化经营、品牌化营销"的理念，提出干"柿"业、发"羊"财的口号，大力发展奶山羊、柿饼两大特色产业。从生产到销售的各个环节进行政策引导，同时鼓励企业进行创新研发、数字转型，为县域经济发展提供基础保障。目前，富平已实现了年产羊乳23万吨，整个产业产值已达120亿元，建立4个奶山羊产业化示范园、600多家中规模养殖场、2个规模超过10万头的数字化养殖基地，行业领先地位。另以柿子产业研究院为依托，持续开展柿子新品种的选育和栽培工作，建立了10个标准化数字种植示范园区，全力打造"富平甜柿"这一特色产业标志。第二产业方面，大力深化富阎一体化进程，建设富阎产业合作园区，专注发展航空装备制造业。同时，推动新型建材、能源化工等传统产业转型升级，注重自动化、数字化、智能化全面提升。目前已引进20多户大型优质技术企业，建成数字化工厂15家，立项智能制造项目十亿级1项、亿级1项、千万级3项。第三产业方面，注重培育新兴电商市场主体。重点培育本地电商龙头企业，打造地区电商品牌，提升市场竞争力，形成带动与示范效应，促进县域电商经济崛起。围绕富平县柿子、羊奶粉等特色农产品，利用国内大型零售交易平台、电商直播平台、第三方物流平台等，推进农产品上行和工业品下行融合发展，并打造一批省级电商龙头企业。从发展趋势看，富平县以特色农业为支点，以科创工业为核心，发展思路清晰，发展趋势良好，为富平县域经济高质量发展提供了充足的土壤。

（三）富平县数字经济与产业数字化建设成效

在《数字经济发展规划》的指导下，富平县积极践行数字化赋能，助推各行各业发展。重点围绕数字产业，县内实行了多项创新举措。在"数商兴农"方面，富平县以社群电商、直播和短视频等为主要途径，加速推广新零售模式。例如，与永倍达公司联合开展助农直播活动，取得了在线人数117.17万、销售总额357.7万元的显著成绩。同时，在电商平台的带动下，富平县通过集体入股、家庭承包、园区务工等多种途径，带动周边地区5000多人增收致富，为区域脱贫和乡村振兴树立了典范。此外，为了更好地培育产业数字化发展沃土，富平县与阿里巴巴、华为等顶尖科技集团深化合作，着力建设富平云创大厦，进一步提升电商公共服务体系。这为富平农产品走向城市提供了有力支持，也为创新创业者提供了更加有利的环境。

二 富平县产业数字化存在的问题

尽管富平县在数字经济方面取得了一些进展，但一些问题仍然不可忽视。

1. 数字化基础设施建设不够完善

尽管富平县在数字化发展方面有一些努力，但数字基础设施建设仍然面临巨大挑战。首先，尽管富平地理位置靠近西安，容易获得西安各大高校的科研支持与人才支持，但与高校合作项目不多，程度不深，没有充分发挥自身区位优势。其次，富阎产业合作园区内现有的数字化基础设施不能完全适应高端数字化制造产业，仅有一个云计算中心，5G信号覆盖率仅有70%，尚未实现全覆盖。此外，富平县的数字乡村平台覆盖率仅为60%，模式较为单一，难以满足多样化的数字需求[①]。县域内的数据采集与数据分析也尚未形成成熟的机制与体系。这使数据的保留和处理变得异常困难，同时也造成了数据失真的严重问题，给统计和分析带来了很大的障碍。为了实现数字化进程的顺利推进，富平县需要进一步加大基础设施建设投入，确保数字化发展有足够的支持和保障。

2. 技术应用与创新存在短板

富平县五大产业板块中数字技术应用与创新能力也存在不足。富平县自身主导产业是以柿子、奶山羊为主的第一产业，尽管其中领军企业在数字化方面取得了一些进展，如建设数字化养殖基地、数字化加工厂等，但整体数字化程度仍然相对偏低，而且所实现的数字化往往停留在表面。另外，作为数字化核心应用场景的第二、第三产业发展较为薄弱，除少部分外，整体尚未进入数字化阶段。这种情况表明富平县数字化发展在技术应用的全面深化上存在明显短板。此外，缺乏具有竞争力的数字化企业和创业团队也使数字技术的应用和创新受到了限制，这需要积极引进人才和鼓励创新创业，以

---

① 刘国斌、祁伯洋：《县域城镇数智化与信息化融合发展研究》，《情报科学》2022年第40卷第3期。

促进数字经济的全面提升[1]。

3. 数字人才储备不足

人才是一切发展问题的基础。富平县由于本地教育资源不够充分，人才造血能力不强。很多企业、部门和项目团队中缺乏能够熟练操作、分析和创新数字技术的人才，这使县域的数字化进程在某种程度上受到了限制。特别是在数字技术的研发、应用和创新领域，缺乏相关专业知识和经验的人才导致了技术应用的表面化和单一化。此外，与数字化发展相匹配的教育和培训体系也尚未完善，难以实现对本地人才的有效培养。

4. 数字要素应用与服务机制还未形成

富平县面临着数字要素应用与服务机制的双重挑战。首先，相关主体的数字化素养相对较低，这使特色产业数字化推广和创新面临许多困难。特别是在农产品加工产业过程中，企业管理人员的数字化认知和系统化数字化思维相对不足，导致对产品的统计与评价还主要停留在传统的产量和产值积累上[2]。其次，相关政策与保障机制也尚未完善。基础设施投入的高成本、长回报周期以及地方财政压力等因素，使富平县的数字产业建设主要依赖项目资金，且专项资金支持相对匮乏。这导致中后部企业面临资金压力大、资金回笼慢等困境，影响了整体产业的发展进度。

三 措施与建议

我国经济发展已经进入新时代，过去的粗放式发展已经不再适应当今的大形势，标准化、数字化是新的发展路径[3]。为了实现县域经济的高质量发展，富平县应依托现有五大产业布局，充分挖掘自身区位优势，把握发展风

---

[1] 庞磊、阳晓伟：《数字经济、创新螺旋与产业链关键环节控制能力研究》，《科技进步与对策》2023 年 8 月 3 日网络首发。

[2] 李健：《数字技术赋能乡村振兴的内在机理与政策创新》，《经济体制改革》2022 年第 3 期。

[3] 刘自强、张天、田晨阳：《西北地区县域数字金融发展的空间扩散规律与内在机制研究》，《人文地理》2022 年第 37 卷第 5 期。

口，注重数字技术赋能各行各业，逐步推进产业结构转型升级。

一是依托富平区位优势，构建数字生态。充分发挥富平县地理靠近西安的优势，建立数字经济交流合作机制，共享科研资源和技术创新成果。同时，积极学习和借鉴其他成熟区域数字经济发展经验，建立完善的数字经济发展战略和规划。加强与周边城市的数字经济交流合作，打造区域数字经济发展生态圈。加快推进富平县光网、5G等数字基础建设并进一步提高网络覆盖和连接速度，为数字经济发展创造良好环境，并完善相关政策与保障机制，建立专项资金扶持计划，支持数字产业建设[①]。

二是坚持科技创新与主导产业融合。数字化转型不仅要求产业的广泛应用，更需要科技创新在主导产业中的深度渗透与融合。首先，富平县作为以奶山羊与尖柿为主导产业的地区，应当注重数字化与科技创新的有机结合，以引领主导产业的升级与提质发展。构建数字化创新中心，深度融合秦创原创新平台，搭建产业与科研机构的桥梁，推动数字技术在奶山羊与尖柿产业中的创新应用。同时，发展与这些主导产业相关的配套产业，如农产品加工、特色旅游服务和装备制造配套服务等，以实现产业链的延伸和产业协同发展。其次，重视创新成果孵化，鼓励中小企业实行科技化、数字化发展，推动技术应用的深度融合，实现全面升级。以现代农业、现代服务业和先进制造业为主导，培育数字经济新业态。

三是坚持数字赋能，助力富平县产业转型发展。首先，应用大数据、人工智能和物联网等技术手段，推动农业产业向着更高效、智能、绿色的方向迈进。通过实时监测农业生产环境，分析农业大数据，可以提高农业生产的智能化水平，实现从传统农业向现代智能农业的升级[②]。其次，对于装备制造业，引入5G与人工智能技术，可以实现生产线的智能化管理。通过建设智能工厂，实现设备的自动化控制与维护，提高装备制造的生产效率与质量。在能源产业方面，热电联产作为一种高效能源利用方式，通过引入数字化技术，

---

① 欧阳日辉、荆文君：《数字经济发展的"中国路径"：典型事实、内在逻辑与策略选择》，《改革》2023年第8期。

② 吴彬、徐旭初：《农业产业数字化转型：共生系统及其现实困境——基于对甘肃省临洮县的考察》，《学习与探索》2022年第2期。

可以实现对能源更精准的监控与调度，提高能源利用效率，降低生产成本。对于新型建材业，数字赋能可以应用于生产过程的监测与管理，提高建材生产的智能化水平。通过数字化技术，可以更好地适应市场需求，提高建材产品的差异化和个性化。最后，特色轻工业的数字赋能主要体现在生产过程的智能化与信息化。通过引入数字化技术，实现对生产环节的全程监控与管理，提高生产的灵活性和适应性，满足市场对特色轻工产品的多样化需求。

四是强化数字人才储备，树立县域经济发展新标杆。数字化时代需要大量的数字人才支持，应加强对数字人才的培养和引进，建立健全人才培养体系和机制。同时，通过各种方式提供优厚的待遇和发展空间，吸引人才留在富平县域发展。通过强化数字人才储备，富平县可以树立起县域经济发展的新标杆。此外，要加强对本地年轻人的数字技能培训，通过贯通产学研用等方式，培养符合产业发展方向的技能人才。加大对数字化企业的扶持力度，鼓励更多本地企业进行数字化转型，培育一批数字化发展的标杆企业，树立好用人单位榜样，激发更多企业数字化发展动力。

五是构建综合数字产业链，打造数字化全产业链。构建综合数字产业链是富平县实现数字经济全面发展的战略性动作。第一，富平县可通过深度整合农产品加工业与数字技术，构建数字化农产品生产与流通的产业链。引入物联网技术，实现对农产品生长、采摘、加工、运输等环节的全程数字化监控。通过构建数字化农产品产业链，提高农产品的生产效益，确保产品的质量和安全，推动农业产业向着智能化与绿色化方向迈进。第二，通过建立数字供应链平台，实现与上下游企业的信息共享与协同，提高特色轻工业的生产灵活性和市场响应速度，推动特色轻工业向着定制化和差异化发展，推动能源产业向着智能化和可持续性发展[1]。第三，建设数字化制造平台，促进装备制造与数字技术的深度融合。实现装备制造过程的全程数字化监控与管理，提高制造效率和产品质量。构建数字化能源供应链，将有助于最终建立产业链条大数据平台，加强链条各企业的信息交流和资源整合，实现物流配送、技术研发等方面的协同发展。

---

[1] 朱晓琴、罗兰：《数字化转型、产业链自主可控与实体经济发展》，《管理现代化》2023年第4期。

陕西推进实现共同富裕的路径探析*

裴成荣　宫汝娜　顾　菁　张　馨**

【摘要】 共同富裕是社会主义的本质要求，是中国式现代化的重要特征。本文通过构建指标体系测度各省共同富裕水平，发现陕西共同富裕综合水平处于全国中游，面临质量效益不高、城乡区域发展不平衡、就业矛盾突出、公共设施不完善等问题。具体来看，陕西经济总量稳步增长、居民人均收入水平稳步上升，但市场主体发展质量不高、创新成果产业化通道不畅、农村居民收入水平相对较低、公共服务发展不平衡不充分。据此，进一步对陕西共同富裕目标下高质量发展各类政策的实施成效进行评估，并从政策创新、高质量发展、缩小差距、提高居民收入、公共服务均等化等方面提出陕西推进实现共同富裕的路径。

【关键词】 高质量发展、缩小差距、城乡收入、公共服务均等化

---

* 本文系"陕西省哲学社会科学研究专项"智库项目"陕西推进实现共同富裕研究"（2021ZD1033）的研究成果。

** 裴成荣，陕西省社会科学院经济研究所二级研究员；宫汝娜，陕西省社会科学院经济研究所助理研究员；顾菁，陕西省社会科学院经济研究所助理研究员；张馨，陕西省社会科学院经济研究所副研究员。

共同富裕是社会主义的本质要求，是中国式现代化的重要特征。总体来看，共同富裕既包含富裕实现的过程，又包含富裕共享的程度，其以经济高质量发展为基础，强调发展的平衡性、协调性、包容性，通过缩小收入差距、区域、城乡差距，共建共治生态环境，推动公共服务均等化，最终促进全体人民实现物质和精神生活共同富裕。高质量发展是实现共同富裕的重要途径，优质公共服务体系是实现共同富裕的基础保证，陕西推进实现共同富裕的关键在于缩小城乡差距。

一 陕西推进共同富裕的现状与问题

本文从经济高质量发展、缩小差距、公共服务均等化三个维度构建共同富裕评价指标体系，测度2008—2021年各省共同富裕水平，发现：（1）陕西共同富裕综合水平不断上升。2008—2021年陕西共同富裕水平一直呈上升趋势，共同富裕综合指数曲线波动相对平稳；分维度来看，经济高质量发展水平、缩小差距、公共服务均等化水平均实现不同程度增长，公共服务均等化水平上升幅度最大。（2）陕西共同富裕综合水平处于全国中游。整体看，2021年，陕西共同富裕指数为0.3726，在全国（港澳台、西藏除外）居第17位，共同富裕水平居西北地区首位；分维度来看，2021年陕西经济高质量发展和公共服务均等化得分均处于中游，分别排名全国第15、第17位，缩小差距得分较低，排名第29位。（3）陕西推进实现共同富裕仍面临基础薄弱、质量效益不高、收入偏低、城乡区域发展不平衡、就业矛盾突出、公共设施不完善等问题。

二 陕西高质量发展总体态势

经济高质量发展方面，经济实力稳步增强，经济总量稳步增长，产业结构逐步优化，第三产业比重持续上升，固定资产投资夯实高质量发展基础，消费市场缓慢恢复，对外贸易步伐加快；创新发展活力涌现，创新基础有效加强，创新平台引领带动，研发投入持续提升；区域发展实现新突破，城镇化水平逐步提高；绿色发展扎实推进，生态环境质量改善，绿色经济体系逐步构建。但存在下列短板：经济发展方面存在经济总量偏低、产业结构有待优化、财政收入转移支付依赖度很高、市场主体发展质量不高等问题；创新驱动方面存在创新成果的产业化通道不畅、创新服务水平不高、企业创新地位不突出等问题；绿色低碳方面存在生态环境改善压力增大、能源结构转型缓慢、煤炭消费减量任务依旧较重等问题。

三 陕西城乡收入水平分析

"十三五"以来，陕西居民人均收入水平稳步上升，全省城镇居民平均收入水平位于全国中游，但农村居民收入水平相对较低。城乡居民收入存在明显区域差异，呈现出"关中强、陕北富、陕南弱"基本特征，工资性收入与转移性收入在全省居民可支配收入中占比相对较高，经营性收入与财产性收入在全省居民可支配收入中占比较小。受经济下行等因素影响，陕西城乡居民收入增速下滑态势明显，亟须通过有效的政策手段，促进全省城乡居民收入稳定增长，缩小城乡居民收入差距。

本文基于基尼系数，测度各地区城乡共同富裕指数差距，将农村共同富裕指数与城镇共同富裕指数之比，作为该省（自治区、直辖市）城乡共同富裕指数，用于衡量全省城乡推进共同富裕的差异。结果发现：2020年陕西城乡共同富裕指数为0.609，在全国排名第16位，与2019年相比，城乡共同富裕指数有较大程度的增长。其中，城镇共同富裕指数变动浮动较小，农村共同富裕指数则发生较大变化，排名向前推进17位。这反映出陕西实施"强关中、优陕北、兴陕南"发展战略，通过大力发展县域经济，缩小城乡差距、区域差距和收入差距，在推进共同富裕进程中取得了一定成效，为逐步实现共同富裕奠定了基础。

四 陕西公共服务体系发展现状

公共服务体系建设方面，整体发展不平衡不充分现象较为凸显。农村教育与普惠性学前教育师资质量有待提升，学段教育发展统筹协调仍需强化，普惠性学前教育成本分担机制有待完善；就业创业服务城乡发展仍不均衡，从业人员素质差异明显，就业创业服务体系有待整合，双创公共服务体系支撑能力有限；居民养老保险责任划分有待进一步明晰，多方参与力量仍显不足，居民医疗保险制度整合衔接弱，可持续性有待强化，行业差异、区域差异等的影响造成社会保险碎片化问题严重；陕西基本医疗卫生服务仍存在区域及城乡不均衡现象，全民健康信息化平台建设有待进一步提速；养老公共服务监管体系有待进一步完善，农村地区养老服务设施基础薄弱，养老服务标准和信息共享水平有待提高；公租房保障对象有待全面覆盖，住房条件有待进一步改善，住房公积金制度惠及范围有待进一步扩大；基层文化服务供给和需求存在错配，公共文化服务新业态发展不足，文化资源价值挖掘利用不充分。

五　共同富裕视域下陕西高质量发展政策环境分析

为了对陕西共同富裕目标下高质量发展各类政策的实施成效进行评估，课题组面向陕西省内各行各业人员随机发放了调查问卷500份，收回有效问卷481份，问卷有效率达96%。调查结果如下：

一是政策落实效果明显，对经济高质量发展作用较强。72%的被访者认为陕西高质量发展政策能有效促进陕西经济发展；52%的被访者认为陕西高质量发展政策有效推动经济结构转型升级，经济效益逐步提升；51%的被访者认为产业转型升级政策对陕西共同富裕有明显的促进作用。陕西新兴产业蓄势发力，产业体系全面转型升级，新兴技术和新兴产业的深度融合有效带动了关联产业的集聚，战略性新兴产业链的快速发展为陕西产业结构转型升级提供了内生动力。

二是创新政策体系不断完善，有效加强创新基础。47%的被访者认为，创新政策对陕西实现共同富裕有较为深远的影响。陕西作为国家创新型省份建设试点地区，在科技创新和教育资源等方面的成效显著，随着西安《关于推动秦创原创新驱动平台建设的发展意见》等一系列政策的落实，秦创原已初步形成了较为完整的政策体系。

三是高质量就业增强民生"造血功能"，有效提升居民收入。陕西实施了一系列强化稳就业扩就业的具体措施，积极推动创业带动就业，实现了更加充分更高质量就业，居民收入增长和经济增长基本同步，分配结构明显改善。超过一半被访者的收入有一定幅度的上升，其中17%的受访者年收入上升幅度在6000元以上，27%的受访者收入增幅在2000—6000元之间，38%的受访者收入无明显变化，受疫情等因素影响，少数受访者收入有所下降。

四是农业农村现代化建设加速，城乡进一步协调发展。随着乡村振兴战略的逐步实施，陕西一方面扎实推进乡村发展、乡村建设、乡村治理重点工作，统筹增产和增收工作，全力推动乡村振兴提质增效；另一方面推进特色产业延链强链补链，深化农村产业融合发展，健全现代农业经营体系。81%的受访者认为乡村振兴战略有效地推进了陕西农业农村的现代化建设进程；65%的受访者认为促进特色产业发展、改善人居环境、提升人才素质等三类政策对乡村振兴高质量发展的作用最大，而动态风险监测和农村金融服务等政策与项目较为缺乏，亟待强化乡村的综合服务功能。

五是公共服务水平提升，民生福祉全面增进。81%的受访者认为，近年来基础设施的完善持续提升了陕西公共服务水平，尤其是随着十四运会和残特奥会的筹办，极大地提升了体育公共服务体系水平；82%的受访者认为教育资源公平化在推进共同富裕的进程中发挥重要作用。近年来，陕西优质均衡的基本公共教育服务体系逐步形成，医疗卫生水平持续提高，"一老一小"健康保障得到加强，国家儿童区域医疗中心落户陕西，覆盖全民的社会保障体系基本形成。

此外，共同富裕目标下陕西高质量发展政策实施存在下列问题：一是政策落实不平衡，经济短板弱项凸显；二是以资金投入为主要支持方式，政策效率偏低；三是创新政策体系不完善，创新压力逐步显现；四是政策执行路径不畅，制约政策效能的发挥。

六　陕西推进实现共同富裕的路径选择

第一，强化政策创新，形成推进共同富裕发展合力。一是科技政策和创新活动深度融合，完善创新政策体系。强化科技政策的支撑环境，以秦创原为主体打造国内一流的科技和产业创新高地，健全科技创新与产业发展协同对接机制。二是强化政策协同保障，稳经济、稳就业、促发展。通过重大项目联动实施、聚焦重点领域和薄弱环节，健全区域协调发展体制机制，推动城乡融合发展，新型城镇化与乡村振兴战略一体推进，加快公共服务共建共享，健全就业公共服务体系。三是扩大政策影响力，提升政策实施效益。构建对外开放大平台，提升区域影响力，健全平台服务体系。四是打破行政壁垒，强化政策执行力。加快重要领域和关键环节改革攻坚突破，推动改革任务落地见效，积极参与推动全国统一大市场建设，健全要素市场运行机制，健全市场化经营机制，持续优化营商环境。

第二，聚焦高质量发展，夯实共同富裕的经济基础。一是以现代化产业体系建设提升经济体量。以数字化推动传统优势产业转型，积极发展新产业、新业态、新模式，以重大功能设施引导产业布局，打造现代化产业集聚区，促进服务业与工业、农业深度融合，打造协同发展的现代化产业体系。二是充分激发创新动力，大力实施创新生态配套工程。实施高质量成果"创新工程"，实施成果产业化"畅通工程"，实施成果产业化"支撑工程"，建设省级知识产权和科技成果产权交易平台，实施成果产业化"保障工程"。三是发挥秦创原平台作用，推进创新链、产业链深度融合。围绕产业链部署创新链，提升产业创新发展能力，围绕创新链布局产业链，加速科研成果转化率，在机制创新上大胆做勇敢试，完善以创新能力、质量评级、贡献率为系数的新型激励评价指标体系。

第三，围绕缩小差距，促进城乡区域协调发展。一是建立区域协同合作机制，不断缩小地区发展差距。加强区域基础设施的互联互通，以统一大市场建设为契机，加快促进跨区域要素有序流动，凸显三大区域产业优势，打造陕西多极支撑新格局。二是以西安都市圈建设为载体，构建区域共商共建共享协调机制。推动西安与周边城市同城化协调发展，打造陕西高质量发展与共同富裕率先发展示范区。以韩城—河津合作试验区为试点，推动关中平原城市群社会治理协同发展。推动陕西自贸试验区、中欧班列西安集结中心、上合组织农业技术交流培训示范基地、西安临空经济试验区等开放发展平台向城市群外溢辐射，加强区域协同发展平台建设，构建产业协作共同体。

第四，提高城乡居民收入，不断扩大中等收入群体。一是提升就业水平，保障居民工资性收入。通过稳市场来稳定城乡居民就业创业，对大学生、农民工等用工需求大的中小企业进行政策服务保障倾斜。二是鼓励创新创业，激发中小企业活力。营造良好的创业环境，注重创新技术的提升，传播创新政策理念，积极推进创新文化从而提升创业的活跃度。三是千方百计提高居民财产收入。扩展投资理财增值渠道，支持农村非农产业的投资经营，增加农民财产性收入的机会，促进土地使用权合法有序流转，加强农村劳动者专业化技能培训。四是改善城乡居民收入分配格局。积极发挥社会保障政策对于促进城乡居民收入提升的作用，持续扩大受众范围、福利待遇水平，促进和发挥第三次分配功能，引导和鼓励高收入群体对低收入群体的帮扶。

第五，提高公共服务水平，加强优质公共服务体系建设。一是促进基本公共服务均等化。加强城乡基本公共服务均等化制度建设，建立有效的城乡基本公共服务均等化官方评价体系，优化基本公共服务资源配置，探索建立都市圈公共服务一体化推进机制，健全城市支援农村公共服务建设的长效机制，提升基本公共服务整体水平。二是扩大适度普惠性非基本公共服务。加大普惠性非基本公共服务资源投入，创新普惠性非基本公共服务供给方式，加强普惠性非基本公共服务质量监管，提升普惠性非基本公共服务资金保障。三是发展高品质多样化生活服务。鼓励市场准入，加大公益供给，优化市场环境，提升服务能力，打造服务品牌。审视品牌管理策略，健全品牌管理体系，聚焦优势企业资源配置方式，形成专业化、个性化、精细化服务配置结果。

税收服务秦创原科技创新发展存在的问题及建议[*]

刘　峰　杨　睿　曹语棱[**]

【摘要】在创新驱动发展战略引领下，税务部门积极落实各项税收优惠政策，促进企业高质量发展，取得了一定成效。为更好服务企业科技创新发展，调研组以陕西"秦创原"创新驱动平台为调研对象，通过问卷调查等多种方式，剖析现行税收政策有待进一步完善的空间，根据纳税人反馈的意见及相关经验，提出持续优化研发创新政策、完善投资激励政策、运用优惠政策吸引人才、增强政策系统性和稳定性等建议。

【关键词】税费政策、科技创新、税收优惠、"秦创原"创新驱动平台

---

[*] 本文系陕西省科技厅陕西省创新能力支撑计划：软科学—委托项目（2023KRW-26）研究成果。

[**] 刘峰，陕西省税务干部学校党组书记、校长；杨睿，柞水县税务局一级行政执法员；曹语棱，西咸新区税务局一级行政执法员。

党的二十大报告提出"科教兴国战略、人才强国战略、创新驱动发展战略"总体要求。陕西作为科教大省，勇当创新驱动发展的先锋，坚持"四个面向"，突出以企业为主体、人才为主力、市场为主导，建设全省创新驱动发展总平台"秦创原"，打造从研发到孵化再到产业化的科创系统，努力为国家高水平科技自立自强做贡献。从税收视角看，服务"秦创原"企业创新发展的成效如何，存在什么不足以及如何完善税费政策？调研组立足陕西"秦创原"创新驱动平台，运用问卷调查[①]、座谈研讨、实地调研等方法，面向税务机关、纳税人、其他相关部门（组织），进行全面深入调研，在深入分析税收服务企业科技创新的税费政策存在问题基础上，提出若干对策建议。

一 税收服务"秦创原"企业科技创新发展的措施及成效

（一）税收服务"秦创原"企业科技创新发展的主要措施

近年来，国家税务总局陕西省税务局围绕陕西省委省政府"秦创原"创新高地建设战略，从强化税费政策落实、优化便民办税服务、促进科技成果转化，以及人才激励、资金配套等方面，主动融入、优化服务。

1. 优化营商环境

一是动态更新编发"秦创原"税收优惠政策汇编，与"秦创原"创新促进中心签订合作服务框架协议，出台《支持秦创原创新驱动平台发展十五条措施》，引导企业提升产业创新发展能力，加速科技成果转化，构筑创新创业人才高地，优化科技创新环境；二是依托智慧税务建设，做精做细"税务管家"服务，营造良好的税收营商环境，激发市场主体活力，积极协同陕西省科技厅、教育厅、财政厅、国资委等相关部门制定科创企业支持政策。运用"人工+智能"方式，多途径完善重点对象个性化服务，针对科创企业"专""特""新"特点，建立个性化服务中心，运用"专家+专管"特色服

---

① 课题组面向3个市级税务局22个区县局，发放并收集有效问卷1012份，其中税务干部156份，纳税人846份，其他相关部门（组织）10份。

务机制，最大限度地保障税收政策精准落地，确保税收优惠政策直达快享。

2. 数据驱动服务

运用"需求＋数据"思维，打造标准化服务"样板间"，推动服务团队标准化。拓展"服务＋分析"模式，打通税收大数据助力产业链路径。运用系统思维和集成思维优化税收服务工作，实现"管理＋服务＋分析"的工作链条延伸。深挖细掘税收大数据这座"金山银库"，不断盘活数据资源、挖掘数据价值。凭借对经济运行信息的及时反映、准确分析，逐渐探索形成了一套涵盖税源结构、发票申领、纳税申报、税收减免等关键指标的分析模型，客观反映"秦创原"企业发展状况，在服务科学决策方面形成独特优势。

（二）税收服务"秦创原"企业科技创新发展取得的成效

陕西税务系统聚焦企业从产品侧创新到产业侧创新所需的全链条税收政策支持，依托"税务管家"制度，做优做长服务链，助力企业专注创新发展，推动秦创原创新平台发展建设在"三项改革"试点、两链融合、人才引进等方面形成显著成果。

1. 助推"三项改革"试点成果，陕西科创产业版图加速提质扩容

为助力秦创原高校成果转化，陕西税务部门坚持把《深化税收征管改革意见》落实作为当前和今后一个时期的重要政治任务，主动与秦创原各类高校等部门建立战略合作机制，致力于解决高校科研人员对推动科技成果转化、培育高质量科创企业方面的后顾之忧，延伸高精尖人才税收优惠触角，为高校"三项改革"试点工作进行税收优惠支持。目前，越来越多的科技成果被从实验室唤醒，一大批含新量足、含金量高、含绿量多的项目借势"起飞"，陕西科创产业版图加速提质扩容。

截至 2023 年 9 月底，评价入库科技型中小企业 13557 家，比去年总数还多 121%。从全省看，75 家高校院所实施"三项改革"试点，21794 项科技成果单列管理，2139 项成果正在加速转化；西安市建成增材制造、智能语音、兵器工业等 9 个创新联合体；根据陕西省政府工作报告，2023 年以来全省围绕 23 条重点产业链，梳理 2600 多项关键核心技术清单，发布 50 个揭榜挂帅重点攻关课题，全省企业创新活力不断增强，光电子、新能源汽车、人工智能、生物医药等领域涌现出一批重要成果，有的填补了国内空白、实现了产品进口替代；秦创原总窗口西咸新区引进科技型企业近1200家，秦创原e站注册创新团队和企业800余家，入驻各类金融机构65家，形成科技成果转化企业300家，带动2023年前8个月全省技术合同交易额同比增长42%、入库科技型中小企业数量已超过去年全年。

2. 加速产业链、创新链两链融合，精准服务为科创企业添财加力

建设秦创原创新驱动平台是陕西深化体制机制改革，推动两链深度融合的重要抓手，需要强有力的政策措施保驾护航。陕西省税务局全力服务陕西经济高质量发展，创新推行重点项目税务管家服务，主动问需陕西"秦创原"发展，组织秦创原税收服务专班业务骨干前往企业，实地查看秦创原创新驱动平台的建设情况，为"秦创原"企业发展提供点对点的精细帮扶，提供精准的政策辅导和高效的涉税服务，将留抵退税等惠企利企政策第一时间推送给企业，用"快人一步"的服务缓解企业现金流压力。一是陕西税务聚焦企业从产品侧创新到产业侧创新所需的全链条税收政策支持，依托税务管家制度，做优做长服务链条，助力企业专注创新发展，充分释放税收政策红利在支持企业创新发展中的助力、引导作用，帮助硬科技头部企业群体持续发展壮大。二是派出税务专家团队服务陕西"秦创原"发展，目前为全省包括秦创原在内的5000多家出口退（免）税备案企业精准推送陆路启运港退税试点政策，并在西安国际港务区设立2个启运港涉税业务专窗，帮助更多出口企业享受到政策红利。三是联合财政部门，围绕陕西省《秦创原创新驱动平台建设三年行动计划》，向企业发布政策包、任务推进表。

截至2023年8月31日，陕西省共征集155家单位2920项科研成果，65家单位梳理出人才、技术、政策等方面需求227项，85项需求通过揭榜挂帅匹配团队，总窗口签约成果转化项目62个。一年来，秦创原创新驱动平台与多方达成合作，比如与陕国投、长安银行等金融机构合作，共设立总规模46亿元的基金，为30家企业投放贷款1.5亿元，形成涵盖种子期到成长期的企业全链条全周期投资体系；与汉中、安康等地分别设立创新促进中心，打通省、市、区（县）三级政策兑现渠道，为45家企业兑现奖补3556万元；各平台建设逐步进入快车道，在共性技术研发、行业开放共享、企业

孵化培育、人才引进培养、体制机制创新等方面有新的探索和突破。与此同时，秦创原国企创新中心启动运作，延长石油、陕煤集团等14家企业进驻；明确数控机床、光子等23条重点产业链，推行链长制，着力提升重点产业链核心竞争力；启动了光子、高端机床、先进金属材料、新能源与智能汽车、半导体与集成电路、北斗导航、氢能、种业等两链融合重点专项。

3. 聚焦政策松绑激活创新发展，实现高精尖人才的双向奔赴

习近平总书记指出，创新驱动本质上是人才驱动。为了更好发挥秦创原人才制度改革试验田作用，陕西省政府向用人主体充分授权，积极为人才松绑，不断激发人才活力，致力于把秦创原建设成为创新创造的高原，更好地服务和促进科技自立自强，更好地服务和融入新发展格局。在此基础上，陕西税务也充分发挥各类人才优势，为外贸企业顺利平稳走出去贡献税务力量，实现了税务与企业园区高精尖人才的双向奔赴。一方面围绕陕西"十四五"规划，陕西省、市、区（县）三级税务机构与省内高校、科研基地联合建成"'一带一路'税法研究中心"，积极参与"一带一路"经济动态和税收政策落实效应等课题研究，打造兼具决策、学术与社会三大影响力的高水平税收创新智库。以人才服务陕西经济社会高质量发展，累计向总局输送领军人才25人，培养标兵人才436人、各级专业骨干及岗位能手人才1950人。根据全省重点项目建设特点，推出税务管家服务制度，选派1215名税务领导干部担任"管家顾问"，组建137个重点项目专家涉税服务团队，为全省527个省级项目、3945个市县项目建设提供全过程、全方位、全周期的优质管家式服务，已解决复杂涉税业务537次，征集并解决重点项目复杂涉税诉求259条。另一方面陕西省政府一手抓人才培养引进，设立秦创原引才专项、产业领军人才专项，推行校企合力引才、共同用才，打造秦创原人才大市场；一手抓机制创新，优化科研项目管理机制，实行技术总师负责制、科研经费"包干制"等，支持青年科技人员挑大梁、当主角，同时健全科研人员技术入股等激励政策，帮助有意愿、有条件的科技人才成长为创新型企业家。

近年来，陕西税务汇聚全省税务系统1315名高精尖税务人才，倾力打造"中欧班列税收服务直通车升级版"，采取"个性+共性""直通+联通""线上+线下"多种方式，探索开展中欧班列相关的供应链金融税收服务，为20户重点企业"走出去"和6家中欧班列运营企业解难答疑，累计办理出口退免税15974.33万元，助力中欧班列长安号行稳致远；主动与秦创原签订合作服务框架协议，出台了《支持秦创原创新驱动平台发展十五条措施》，在全省各地组建税务专家团队与入驻企业直连直通，为加速成果转换、构筑人才高地、优化创新环境提供了强有力的税务人才支撑；通过组建精通外资企业跨境税源监控、反避税业务和应对国际税收复杂事项等业务的10人专业化、复合型人才团队，跳出一时一地、一企一户的服务局限，构建"强化问需服务、集中监控分析、分类分级应对、全程跟踪问效"四位一体的重点外资企业跨境税源服务体系，精准推送与其相关的涉税优惠政策，减免5655.23万元，助力三星项目带动电子信息化产业优势集群。西安交通大学、西安光机所等20家高校院所被列为科技成果权属改革经验推广试点单位，建设诺奖工作室3个、院士工作站90家、博士后创新基地47个，秦创原建设"科学家+工程师"队伍200个，带动全省科技活动产出指数保持全国前列。

二 现行促进科技创新税费政策存在的主要问题

根据调查问卷统计结果，部分企业认为，税收促进"秦创原"科技型企业创新发展仍然存在以下问题：税收优惠政策在优惠主体的设置上细化不足（30.4%）、税收优惠政策覆盖面较窄（28.7%）、研发费用扣除政策不够完善（39.7%）、投资激励政策力度不强（21.6%）、人才激励政策不足（27.3%）、税费政策促进科技创新的系统性和稳定性不足（26.2%）。

（一）税收优惠政策享受主体细化不足

目前，我国促进科技创新的税收优惠政策对享受主体设置的门槛较高，仅允许未上市且通过政府相关部门认定的中小型高新技术企业享受税收优惠，且具体认定中的条件掌握较为严格。在政策实施中，多数中小型科技企业在初创期财务核算和管理制度并不健全，因此被认定为高新技术企业较为困难，无法享受相应的税收优惠政策。

（二）税收优惠政策覆盖面较窄

我国现行促进企业科技创新的税收政策主要采取减税、免税、低税率等"事后性"优惠方式，只有当科技型中小企业取得一定的收益后才能获得此类税收政策扶持，亏损企业和初创科技型中小企业基本难以获得国家给予的各类重点产业的税收优惠。然而，在我国科技型企业中，成立时间在10年以下的企业占比较高，多数科技型企业处于初创或成长期。现行税收政策对于成立时间较短、尚处于成长期、无法取得正常回报的科技型中小企业的扶持较少。同时，现行针对后期科技成果转化及应用环节的税收优惠政策较少，优惠力度不强，且政策覆盖范围较窄。比如，针对技术类转让的两税政策主要集中于收入免征增值税、所得超出额度减半征收企业所得税，后者还将所得限定的技术范围囿于列举条目，局限性较大。

（三）研发费用扣除政策不够完善

我国目前激励企业科技创新的税收政策基本为税基式优惠，在税额优惠方面尚存较大的政策优化空间。当前，所有符合条件的企业都可以在研发费用实际发生额上加计75%进行税前扣除，这种面向所有企业、以固定比例扣除的方式，没有考虑到不同企业的规模大小和项目研发难易度，从而降低了政策的针对性和有效性。而且，对于适用企业所得税低税率的高新技术企业和科技型中小企业来说，加计扣除政策与低税率优惠会形成部分对冲效应，政策激励研发投入的效果大打折扣。

（四）投资激励政策力度不强

调查问卷结果显示，80%的企业认为获取创业基金支持有一定难度，16.67%的企业认为获取非常困难。究其原因，46.67%的企业认为是创业投资机构的要求太高，23.33%的企业认为程序过于复杂。企业融资困难、资金成本高的问题限制了企业的资本投入，倒逼企业倾向于投资技术相对成熟、回报周期短、风险可控的项目，不利于科技创新发展。从税收角度看，目前相关的税收政策较少且针对性不强，对科技创新的激励力度还不够。一方面，金融机构向小型企业、微型企业发放小额贷款取得的利息收入，免征增值税。此政策针对所有类型的小型企业、微型企业，并非针对科技创新类企业的专门性政策。另一方面，对于处于初创期或技术更新快、设备更新频繁的科技创新类企业，没有出台相关的政策予以扶持。

（五）人才激励政策不足

调查问卷结果显示，64.52%的企业在发展阶段急需人才激励，而我国现行个人所得税政策对科技创新人才的激励不足。具体而言，我国激励创新的税收政策主要以企业为主体，针对人才创新激励不足；个人所得税减免项目较少，不利于激发个人参与企业科技创新的积极性。此外，企业科技人员从职务科技成果转化收入中获得的现金奖励收入减按50%计入科技人员当月"工资、薪金所得"，最高适用45%的税率。该规定仅是对科技人员取得现金奖励给予减免，对科技人员取得实物等其他形式奖励暂未有减免规定；况且，该政策仅规定了减按50%计入收入这一统一比例，对于有重大科技成果转化的科技人员的奖励力度不足，不利于调动科技创新人才的积极性。

（六）科技创新优惠政策系统性和稳定性不足

首先，我国尚未建立完善有效的科技创新税收优惠政策网络，政策系统性不足。我国科技创新税收优惠政策在不同产业、行业、技术领域、企业类型等方面都有各自的适用标准，纷繁复杂且分散于流转税、所得税等各税种之中。对于科技创新企业的专项税收优惠政策，为亏损向后结转期限由5年延长至10年，其他优惠均为适用于多数企业的普惠性税收政策，没有考虑到处于不同企业生命周期以及不同规模科技创新企业的资金、风险承受、研发能力等差异。

其次，税收优惠政策的稳定性不足。在已出台的促进企业科技创新的税收政策中，大多数是以"通知"及"公告"形式发布，且政策规定实施期限集中在"3年以下"，期限较短或变动过于频繁。对于研发科技类企业，税收政策的实施效果作用到企业科技创新环节需要一定时间才能显示出来，而一些处于研发初创期的科技型中小企业可能会为了获得税收优惠而在决策和研发中出现短期行为，不利于企业的长期创新发展战略规划和科技创新。

由于上述因素以及企业税费负担等原因，"秦创原"科技创新企业的集聚效应尚未充分显现出来，有待进一步优化税收优惠政策。

三 税收促进企业科技创新发展的对策建议

本次调研问卷中设计了关于"税务部门从哪些方面促进企业科技创新发展最有效"的调研问题，调研结果显示，排名靠前的选项主要有：优化研发创新政策、运用优惠政策吸引人才、完善投资激励政策、增强政策系统性和稳定性等方面。调研组在调研结果的基础上，对照企业科技创新中普遍存在的问题，借鉴国内外先进做法与经验，并结合我国实际，就税收促进企业科技创新发展提出以下五方面的建议。

（一）扩大税收优惠政策覆盖面

针对优惠政策享受主体、覆盖面等方面问题，调研组建议如下。一是扩大科技成果转移转化的税收优惠政策范围，将技术秘密、专利申请权等纳入税收优惠政策的范围。二是取消主体限制，或者弱化主体身份对税收优惠政策的影响，更多地根据科技成果转移转化活动情况制定税收优惠政策。①

（二）优化促进研发投入的税收激励政策

针对企业研发费用扣除等方面的问题，调研组建议如下。一是为吸引科技创新企业积极参与项目研发，建议对符合一定条件的中央驻各地科技成果就地转化应用的企业、知识产权机构、众创孵化机构、技术转移转化机构、各级各类种子创新平台、企业创新平台、研发平台等，参考《企业所得税法》国家重点公共设施项目等"三免三减半"的税收优惠政策，从企业取得经营收入当年起三年内免征企业所得税，第四年至第六年减半征收。二

---

① 贾康、刘薇：《论支持科技创新的税收政策》，《税务研究》2015 年第 1 期。

是激励研发成果孵化应用，建立专门的机构负责统筹安排和推进合作研究项目，将重大应急性技术攻关科研经费和企业、高校、科研机构等联合实施科技成果转化时产生的所有费用全部纳入可扣除的研发费用范围内。三是探索促进高校和科研院所科技成果转化的税费政策。例如，对具有研发功能的非营利机构转让科技成果全部所得免征所得税，以解决此类非营利机构知识产权保护与科技成果转化效率之间的矛盾。四是对推进成果定价、促进成果转化（特别是职务发明成果转化）、支持国家级科创平台和重大科技项目、鼓励成果完成人（非营利机构的正式员工）创办企业、高校院所转化成果的个人补贴和个人奖励（包括非现金奖励），视贡献度减半征收或免征个人所得税。①

（三）完善投资激励的税收政策

针对投资激励政策力度不强等方面的问题，调研组建议如下。一是在普惠性税收优惠政策的基础上，制定针对金融机构向科技创新类企业贷款的专项优惠政策，如加计扣除利息收入等，以激励金融机构面向科技创新类企业发放贷款的指向性，缓解此类企业融资难问题。二是适度放宽初创期企业认定高新技术企业的条件。根据《财政部 税务总局 科技部关于加大支持科技创新税前扣除力度的公告》（财政部 税务总局 科技部公告 2022 年第 28 号）规定，高新技术企业在 2022 年 10 月 1 日至 12 月 31 日新购置的设备、器具，允许当年一次性全额在计算应纳税所得额时扣除，并允许在税前实行 100% 加计扣除。但根据《高新技术企业认定管理办法》，初创期企业一般不符合认定条件。建议适度放宽初创期高新技术企业的准入门槛，使更多的科技创新类企业能够受益，增加企业健康发展的内生动力。②

---

① 李旭红、方超：《促进创新的个人所得税政策研究》，《税务研究》2019 年第 1 期。
② 赵婉楠：《新型举国体制视角下促进企业技术创新的税收政策研究》，《宏观经济研究》2022 年第 12 期。

（四）优化吸引科技人才的税费优惠政策

充分考虑人才来源和人才紧缺程度，特别是人才引进后的育才与用才需求，参照人才认定标准，针对特殊（高端、紧缺、高层次）人才制定相应优惠政策。一是对科创类人才，对其已纳税额超过按应纳税所得额15%计算的部分给予财政补贴，并免征该补贴的个人所得税。二是对非科创类高端或紧缺人才，包括经营型人才、财务型人才、管理型人才和蓝领产业人才，3年内免征个人所得税实际税负超过15%的部分。三是对我国港澳台地区人才及外籍人才，对其个人所得税税负超过所在地（国）税负的部分收入所得实行免税待遇。[①] 四是利用人才安居租赁补贴、人才安居购房补贴、政府人才公寓配租等措施，加大相关房产税、房屋租赁相关税费、城镇土地使用税等财产行为税的优惠力度。加大对归国留学生车辆购置税的减免范围和力度，允许所有归国工作者享受同样优惠，同时将减免时限从1年延长至3年。

（五）增强税收优惠政策的系统性稳定性

加快修订完善促进科技创新的相关税收政策规定，增强政策的集成性，加快法治化建设，做好顶层设计，避免过于频繁地调整税收优惠政策。[②] 比如，在企业所得税研发费用加计扣除政策、个人所得税专项附加扣除政策、增值税留抵退税政策等调整中，均应聚焦促进科技创新目标，不断优化强化相关制度和政策，并在相关法律法规修订中不断增强政策确定性。

---

① 唐棠：《税收减免促进创新产业发展效应的实证研究：来自江门市的经验数据》，《公共财政研究》2017年第6期。

② 李春根、陈文美：《深化税制改革在建设创新型国家中的重要作用》，《税务研究》2018年第3期。

产业数字化赋能山区县域经济高质量发展的路径选择及政策保障[*]

胡仪元　马　静　杨　帆　屈梓桐[**]

【摘要】 山区县域经济高质量发展是巩固脱贫攻坚成果、助力乡村振兴、推动农业强国建设的重要动力，是中国式现代化建设在山区县域的综合体现。乡村现代化也必须立足创新驱动、数字赋能，以新质生产力推动产业数字化发展、推动数字经济与实体经济有机融合，让传统产业在转型升级中注入数字经济动能。山区县域在经济社会发展中受到自然条件、发展基础等约束，如南郑区隶属川陕革命老区、过去的秦巴集中连片特困区，发展基础较弱，担负巩固脱贫攻坚成果、衔接乡村振兴战略、推动农业农村现代化建设的重任；同样，也是秦巴生态功能区、南水北调中线工程水源区，担负着守护秦巴生态、保护汉江水源的生态保护重任。以数字赋能，统筹推进两大重任，形成数字化赋能县域经济高质量发展的实践路径和政策保障机制。

【关键词】 产业数字化、山区县域经济、高质量发展、路径选择、政策保障

---

[*] 本文系"陕西省哲学社会科学研究专项"智库项目"产业数字化赋能南郑区高质量发展的路径研究"（2022ZD0691）、教育部人文社会科学重点研究基地重大项目"数字经济赋能西部经济高质量发展的路径与政策研究"（22JJD790064）的研究成果。

[**] 胡仪元，陕西理工大学经济管理与法学学院教授；马静，陕西理工大学经济管理与法学学院副教授；杨帆，陕西理工大学经济管理与法学学院副教授；屈梓桐，陕西理工大学经济管理与法学学院助教。

第一篇　高质量发展

2017年中央经济工作会议指出"我国经济已由高速增长阶段转向高质量发展阶段"。党的十八大以来，数字经济已然成为国家战略，党中央国务院先后颁布《网络强国战略实施纲要》《中共中央　国务院关于构建更加完善的要素市场化配置体制机制的意见》等多个重大战略规划部署推动数字经济发展。2022年1月16日，习近平总书记在发表的署名文章《不断做强做优做大我国数字经济》中指出，"发展数字经济意义重大，是把握新一轮科技革命和产业变革新机遇的战略选择。数字经济的健康发展，有利于推动构建新发展格局，有利于推动建设现代化经济体系，有利于推动构筑国家竞争新优势"，"我们要站在统筹中华民族伟大复兴战略全局和世界百年未有之大变局的高度，促进数字技术和实体经济深度融合，赋能传统产业转型升级，催生新产业新业态新模式，不断做强做优做大我国数字经济"[1]。可见，数字经济作为新一轮产业革命的起点，是我国经济高质量增长的突破口[2]，是贯彻"创新、协调、绿色、开发、共享"五大发展理念，实现县域经济高质量发展的主要动力，更是脱贫地区巩固脱贫攻坚成果有效衔接乡村振兴的新动能。在当前经济发展格局和国家重大发展战略的指引下，数字经济是引领区域经济社会高质量发展的新动能，构建新发展格局的抓手和重要引擎。陕西省汉中市南郑区担负着巩固脱贫攻坚成果、衔接振兴战略、保护秦巴生态和汉江水源的重任，谋求数字经济发展，是协同生态保护与乡村振兴[3]，实现跨越式发展的重要战略机遇，统筹各项政策支持，推进数字产业化和产业数字化，塑造数字经济发展新动能，是产业数字化赋能南郑区高质量发展的路径选择与优化。

近年来，在全球经济下行、新冠疫情频发的背景下，南郑区为破解传统产业发展动能不足，铸牢脱贫攻坚成果，繁荣乡村振兴事业，进一步促进经济社会高质量发展，紧抓数字经济机遇，其产业数字化取得了显著成效，数

---

[1] 习近平：《不断做强做优做大我国数字经济》，《中国注册会计师》2022年第2期。
[2] 温军、邓沛东、张倩肖：《数字经济创新如何重塑高质量发展路径》，《人文杂志》2020年第11期。
[3] 王淑新、胡仪元、唐萍萍：《集中连片特困地区乡村振兴与绿色发展协同推进的长效动力机制构建》，《当代经济管理》2021年第4期。

字基础设施建设稳步推进、产业数字化发展意愿增强、产业数字化布局日趋合理、产业数字化发展成效初显、政府治理渐进转型。但是，也存在一系列问题，主要包括产业数字化顶层设计不完备、数字科技人才供给严重失衡、产业数字化应用程度低、中小企业数字化转型起步慢、产业数字化生态系统较脆弱、产业数字化发展考评机制缺失。本课题以汉中市南郑区为研究对象，按三次产业探讨了产业数字化赋能南郑区高质量发展的路径选择及政策保障措施，为脱贫地区产业数字化赋能高质量发展提供决策理论借鉴。

一 产业数字化赋能山区县域高质量发展的路径选择

南郑区农业存在生产效率低、附加值低、农户收益低、信息不对称、质量难以监控等问题[①]；工业企业有待解决节能环保、转型升级的问题；服务业重在发展应用场景、其他产业融合发展。各产业存在问题不同、需求不同，在产业数字化进程中，不同产业的表现、目的及路径选择也有所差异。

（一）农业产业数字化发展路径

农业产业数字化转型服从、服务于乡村振兴和高质量发展战略需求、人民对美好生活的向往目标。农产品需求的新趋向是日益高端化、精品化、个性化。受地理条件约束，南郑区的平原面积仅为33308公顷，占总面积的11.86%，低山丘陵和中山区占到88.14%。因而适宜于规模化的现代农业生产较少，大部分是传统粗放的小农生产方式，难以适应新消费趋势，农户难以通过农业生产获得收入的快速增长。依托数字技术对农业产业进行升级改造，是农业农村高质量发展的现实选择，且"互联网＋小农户"等形式的农村电子商务快速发展已奠定了实践基础[②]。农业产业数字化改造转型，赋能农村农业发展就是要将数字技术向农产品生产、加工环节延伸，推动农业遥

---

① 杨梅、王苑义：《数字化背景下农村经济高质量发展的优势、困境与路径选择》，《农业经济》2022年第7期。
② 马晓河、胡拥军：《"互联网＋"推动农村经济高质量发展的总体框架与政策设计》，《宏观经济研究》2020年第7期。

感、区块链、物联网、云计算、人工智能等向农业全产业链深度渗透。

1. 推进农业生产数字化转型示范

在本地特色鲜明、附加值高的农产品中，如茶叶、水果、生猪，选取生产规模较大、设施较先进的经营主体作为培育试点，鼓励和帮助其依托物联网、云计算、大数据等数字技术，实施智能化、精准化种植、养殖和加工，面向不同消费群体实行分级分类定价销售，推动三个融合示范：数字技术与农业生产融合；农旅（旅游）、农服（服务）、农工（加工）等产业间融合；农业种、选、加、包、销，以及全过程质量追溯的相互融合，实现农业产业综合收益最大化。打造数字化转型试验基地，建设5—10个特色数字农业示范点，扩大示范效应，引导更为广泛的农业生产数字化转型。

2. 建立农产品溯源信息系统

农产品质量监管是农业发展的长期痛点，缺少完善的农产品质量监管体系，导致农产品市场出现以次充好、低值高卖等不良现象，短期市场行为损害了消费者权益，影响了农业产业长期发展。重点对原产地认证农产品，充分利用国家和省级农产品质量安全追溯管理信息平台及区块链等数字技术，制定溯源信息系统[①]，建立食用农产品合格证制度，推进农产品质量安全信息化监管，建立追溯管理与风险预警、应急召回联动机制，推行农产品质量监控体系数字化、可视化。突出南郑区农产品生态优势，提升产地农产品品牌商誉，打造一批品质可控、源头可追溯的特色农产品品牌；利用数字技术落实山区县域健康农产品的生态价值实现，并发挥其示范带动作用。建设农产品示范点的安全生产数字化应用场景，与客户进行网络互动，打造网上农耕体验、网上旅游视享，发展客户"绿色、安全、有机"产品认领制、定制化生产。

3. 建设农业大数据共享平台

建设以政府为主导，吸纳互联网企业和农户参与的农业大数据共享平台，逐步完善农业产业链各环节数据采集目录和标准体系，集成农业关键核

---

① 景旭、刘滋雨、秦源泽：《基于区块链中继技术的集群式农产品供应链溯源模型》，《农业工程学报》2022年第11期。

心数据的采集、整合与价值挖掘，推动农业数据资源向数据要素、数据资产转化，利用数据要素赋能农产品灾害预警、产量预测、标准化生产、精确化营销，加快实现农业增产、农民增收、农村兴旺的农业现代化及乡村振兴多重目标。消解小农生产主体多、规模小、产业链短、风险承载能力弱的矛盾，以数字共享平台链接用户，形成分散农户的产品集中生产和统一标准质量控制，形成跨主体、跨区域、跨产业环节的农业产业数字经济的规模化发展。

4. 发展农村电商及数字化生产服务

以解决农业生产规模小、成本高、收益低、市场信息滞后等问题为导向，对农村电商网点优化整合，引进和鼓励淘宝、京东等大型电商平台下沉农村，积极培育本土电商承接平台，为小农业经营主体提供农产品展示、直播带货、代购生产物资、生产情景展示等服务渠道。依托各级农业大数据共享平台，统筹治理农产品仓储、包装、物流、配送、售后服务等生产服务环节数据，帮助农业经营主体提质增效。建立农业生产资料配送中心和农产品集中采购销售制度，便利生产地、销售地、居住地跨区农户，推动生产、销售专业化发展；推动生产经营与投资分离，畅通主体跨区域、跨行业投资渠道。借助区块链、互联网等技术促进农业数据要素安全流通，依托山区县域特色农业产业链，不断拓展农业数据应用场景，发展可视化生态农业生产、创新农旅康养消费场景，推动农业农村高质量发展。

（二）工业领域数实融合路径

南郑区工业数字化转型已有成效，但整体上数字化比例还较低，中小微企业数字化转型成本支出压力降低了转型意愿，与企业适配的数字化技术、新基建、数字化硬件供给不足。消解约束再造南郑区工业优势，必须以数字技术应对、消解过剩产能、培育大企业、建设大园区、发展总部经济，提高工业配套产业本地化率，推动数字技术与工业经济全面融合，壮大规模经济优势。

1. 加快建设工业互联网平台

一是引进大平台，"为我所用"建立平台承接体；二是补缺漏补短板，建立全区综合数字平台；三是建立数据准入、监管制度；四是建立全区数据目录体系；五是开展企业"上云用数赋智"行动；六是开展数据价值挖掘，推动数据价值评估、交易，搭建数据资源化、资产化及其价值实现平台载体。以基础好、产业链较完整的工业产业为重点，鼓励产业链上的骨干企业带头建设具有本地特色的工业互联网平台，引领产业链上下游企业上云供数，带动全产业链协同数据管理，创新工业互联网平台应用场景，降低中小企业数字化壁垒。提升重点企业员工数字技能和数据管理能力，顶层设计、有序推进数字化进程，让数字技术为企业创造更大价值。汇集重点工业企业数字关键技术需求，建设和完善数字技术需求信息发布平台，促进数字技术供需双方低成本、高效率交易。

2. **提升企业数据治理能力**

对企业数字化转型设备设施建设给予指导、倾斜，搭建企业数字化公共平台，在企业数据"上云用数赋智"中给政策、建机制、补资金；加强企业数据治理，支持工业市场主体依法合规开展数据采集，聚焦数据标注、清洗、脱敏、脱密、聚合、分析，推动数据标准化，提升数据资源处理能力[1]；强化数据交易，赋值赋智，促进数据资产化、价值化转化，探索面向业务应用的共享、交换、协作和开放，提升数字技术应用的广度和深度。规范数据交易管理，培育规范的数据交易平台和市场主体，建立健全数据资产评估、登记结算、交易撮合、争议仲裁等市场运营体系，提升数据交易效率[2]。

3. **打造数字化工业产业园区**

对工业产业园区进行系统的数字化改造，集中部署数字基础设施，提升园区产业聚集能力，降低数实融合成本，惠及园区内每个企业。推动园区数据升级改造，有序部署公共云平台、数据采集和传输系统、综合管理平台等设施建设；支持重点园区招引数字化转型服务商、第三方机构入驻；集成攻关产业数字化的难点和痛点，锚定园区的整体数字化转型。以重点特色工业

---

[1] 徐彬、杜万里：《充分发挥数据要素作用 赋能数字经济发展》，《中国经贸导刊》2022年第3期。
[2] 蒋向利：《做强做优做大我国数字经济 为经济社会发展提供强大动力——国务院印发〈"十四五"数字经济发展规划〉》，《中国科技产业》2022年第2期。

园区为核心，汇集各类专业技术企业、高校科研团队、投融资机构，共同打造"数字园区＋工业互联网平台＋骨干企业＋生产性服务业"数字化产业生态体系，引领、示范、辐射全区数字工业发展。

（三）数字赋能服务业创新发展路径

全域生态旅游、电子商务等服务业领域的数字化发展快速，成为南郑区经济发展的重要引擎。电子商务、智慧旅游等平台型企业快速发展，为南郑区服务业数字转型奠定了基础、塑造了优势、造就了发展抓手。

1. 探索新型服务商业模式

鼓励企业利用淘宝等平台发展直播带货、知识经济、共享经济等新型商业模式；紧密结合当地资源、产业、产品特色，发展跨境电商、云端文旅、智慧物流、智慧康养、智慧医疗、数字金融等新业态，让数字化深植于服务业发展[①]。

2. 推动服务业的融合发展

促进服务业产业链上下游企业的信息融合、数据共享共通，推动产业链合作，深度挖掘产业数据价值，开展精确客户画像，拓现有市场客户、挖潜在市场客户、育未来市场客户，构造新型消费领域与消费模式；推动终端服务需求即时、高效、精准响应，促进服务业精准化、个性化、定制化发展。

3. 打造服务业发展新引擎

拓展商业活动数字技术应用和场景创设，细化细分市场服务，更专业、更精细地为市场提供生活性服务、生产性服务[②]、公共共享性服务，延长服务业产业链，以数字化促进服务业高端化、集约化发展；以数字化促进转型、培植优势、塑增长点；以数据保护、规范、交易为企业创效、增值。

---

① 黄俊杰：《数字化赋能农业农村现代化——58农服"数字乡村"平台示范样板建设实践》，《中国乡村发现》2023年第2期。
② 乔保荣、穆佳薇、余国新：《农业生产性服务业对农业生态效率的空间效应研究》，《中国农业资源与区划》2023年第6期。

二　产业数字化赋能南郑区高质量发展的政策保障

产业数字化发展，不仅需要完备的技术支撑体系，也需要完善的政策支持体系，南郑区需要针对产业数字化发展遇到的困难，着手从数字基础设施建设、金融支持、数字政府建设、数字人才培养等方面加大政策支持力度，培育数字产业生态，营造良好的数字经济发展氛围，助推南郑经济社会实现高质量发展。

（一）完善数字基础设施

推进产业数字化转型，离不开现代化基础设施的有效支撑，这既涉及传统基础设施的改造升级，也包括数字基础设施建设[①]。第一，加快推进网络信息基础设施升级改造，实施5G基站及相关设施建设、IPv6等网络基础设施改造、工业互联网建设等工程，促进网络互联互通。第二，推进新技术基础设施建设，实施云计算、区块链、人工智能等新型数字技术基础设施建设，采取政府引导、市场主体多方参与的平台模式，为产业数字化转型提供技术供给。第三，建设数据记录采集基础设施，尤其是物联网传感设备、传输设备、高清视频监控设备、高速传输网络。第四，推动新旧基础设施相融合，用人工智能技术装备和改造水、电、气、交通等城市公共服务基础设施，增强数字基础设施综合保障能力。

（二）加快数字政府建设

数字经济具有互联互通的特征，传统产业数字化转型，以及新兴数字产业的发展，将涉及生产要素、生产关系和生产力等全局性重大变革，因而要将高水平数字政府建设纳入数字经济总体发展模式去考量。一是提升政府数字规划能力，在数字经济产生的新技术、新理念、新规则下，进行科学严谨

---

① 祝合良、王春娟：《"双循环"新发展格局战略背景下产业数字化转型：理论与对策》，《财贸经济》2021年第3期。

的数字经济顶层设计和规划，推动数据要素有序、安全流通，为全社会提供高质量公共服务。二是在政府层面完善数据资源统筹管理，破除数据"孤岛"，加快构建开放共享的数据资源体系，对过去沉淀的大量公共数据，进行结构化、标准化等数字技术处理，不断提高数据质量，建立和完善基于数字经济的统计、管理机制。三是深入推进公共数据开发利用，梳理政府各部门的核心业务，探索利用人工智能、大数据、数字孪生、卫星遥感、物联网、区块链等前沿技术，从数据中提炼信息和知识，打造智能化的公共组件，实现数据共享共用，提升政府数字治理能力。

（三）搭建数字创新平台

聚焦数实融合关键技术领域，依托汉中科技资源统筹中心、秦创原汉中科创中心、汉中沿西成高铁科创大走廊，整合区域内外优势创新资源，建设一批以基础研究和应用研究为主的数字技术重点实验室等创新平台。健全数字技术服务平台，充分发挥产业创新服务综合体引领作用，围绕数字技术加大专业孵化器建设力度，完善"众创空间—孵化器—加速器—产业园"的全链条孵化体系；聚焦数字产业链，搭建产业创新公共服务平台，鼓励建设"四主体一联合"新型企业研发中心，强化"政产学研金服创链招"有机结合，加快建设数字产业创新服务综合体。

（四）加大资金支持力度

产业数字化赋能南郑高质量发展亟须破解资金瓶颈，应鼓励和统筹社会各类资金进入数字经济领域。一是加强财政资金的支持力度，成立数字经济发展先导基金，以股权投资、财政贴息等方式支持企业进行数字化转型和技术创新。二是对传统产业数字化转型、新兴数字产业、数字内容和软件平台实行分类支持，加强对企业研发、内容和软件创新支持力度，以此提升数字经济的竞争力。三是鼓励各类金融机构按照科技金融融合发展及产业数字化的发展需求，通过银政企合作贴息、风险补偿、保费补贴等方式，构建覆盖全产业链的金融服务体系。四是创新融资方式，探索股权融资、知识产权抵押、资产证券化等融资方式，鼓励企业上市融资，扩大金融服务产业数字化的覆盖范围。

（五）引育数字经济人才

南郑区产业数字化最大的瓶颈就是缺少数字经济相关专业人才，应不断完善人才政策体系，吸引紧缺数字型人才创业就业。一是提升数字经济认知，针对重点企事业单位员工、管理者，通过数字经济的知识普及讲座和培训，使其理解数字经济的内涵，以及发展数字经济的必要性和紧迫性。二是开展数字技能培训和转岗培训，依托大专院校，持续开展高质量、有针对性的培训提高技能行动，培养大数据工程技术人员、数字化管理师、全媒体运营师、互联网营销师、在线学习服务师、人工智能训练师等创新型数字劳动力。三是出台数字人才优惠政策，加大人才引进、培育、使用和服务力度，建立政府补贴和用人单位有偿使用相结合的碳达峰、碳中和人才储备、培养和使用制度，形成政府引才、企业用才、才尽其用"三方共赢"的人才引育新机制。

第二篇
县域经济

南郑区装配式建筑产业高质量发展的问题与对策[*]

卢　阳[**]

【摘要】装配式建筑产业的"减碳"优势明显,是实现陕南地区建筑产业绿色转型,推动县域经济高质量发展的重要产业抓手。但通过对汉中市南郑区装配式建筑项目的田野调查发现,装配式建筑缺乏价格竞争力、社会接受度不高、装配率呈现下降趋势等问题突出,严重制约了该区装配式建筑产业高质量发展。为推动该区装配式建筑产业高质量发展,加速陕南地区建筑产业绿色转型,本文提出了降低装配式建筑的建安成本、建立健全建筑物全生命周期的碳排放闭环管理措施和科学设定全省装配式建筑产业发展目标三项措施。

【关键词】"双碳"目标、绿色转型、碳税、碳排放交易、EPC

习近平总书记强调:"要加快推动发展方式绿色低碳转型,坚持把绿色低碳发展作为解决生态环境问题的治本之策,加快形成绿色生产方式和生活

---

[*] 本文系"陕西省哲学社会科学研究专项"智库项目"汉中市南郑区装配式产业高质量发展问题研究"(2023ZD0628)的研究成果。

[**] 卢阳,陕西理工大学经济管理与法学学院副教授。

方式，厚植高质量发展的绿色底色。"[①] 县域经济高质量发展，更加凸显产业绿色转型的价值与意义。IFC研究发现，建筑领域全产业链条的碳排放约占全球能源与工业的碳排放总量的40%。[②] 因此，在建筑领域落实"双碳"目标，是县域经济高质量发展的关键一环。相较于传统建筑模式，装配式建筑产业的"减碳"优势明显，而以汉中市南郑区的装配式建筑产业基地为中心形成的装配式建筑产业集群就成为陕南地区实现建筑产业绿色转型，推动县域经济高质量发展的重要产业抓手。但通过对汉中市南郑区装配式建筑项目的田野调查发现，装配式建筑缺乏价格竞争力、社会接受度不高、装配率呈现下降趋势等问题突出，制约了南郑区装配式建筑产业高质量发展。对此，本文提出了向内"降成本"、向外"显优势"、政府"稳预期"三项助力汉中市南郑区装配式产业高质量发展的对策建议。

一 装配式建筑产业优势分析

装配式建筑的技术优势除了体现在工程施工效率与建设质量水平之外，其核心优势在于装配式建筑的低碳。

（一）装配式建筑材料及建筑废弃物碳减排优势

装配式建筑与传统建筑相比，其碳排放优势主要体现在建材生产阶段与建筑施工阶段。装配式建筑采用规模化的集约式生产，能够在一定程度上节约耗材、降低能耗并减少建筑废弃物。其在建筑施工过程中采取机械化安装的方式，能够减少噪声、废物废水排放等污染，降低了整个建筑生命周期内的碳排放。

（二）装配式建筑施工阶段的碳减排优势

本项目以住建部提供的京投万科新里程二期项目的原始数据为基础，静

[①] 习近平2023年7月17日至18日在全国生态环境保护大会上的讲话。
[②] International Finance Corporation, *Building Green*, International Finance Corporation WORLD BANK GROUP, 2023, p.8.

态测算了装配式建筑与传统建筑的碳排放差异。在钢材部分，装配式建筑相较于传统现浇建筑，碳排放降低了1%；混凝土部分，装配式建筑使用量高于传统现浇建筑，进而造成混凝土部分碳排放量增加了4%；木材部分，装配式建筑相较于传统现浇建筑，碳排放降低了71%；砂浆部分，装配式建筑相较于传统现浇建筑，碳排放降低了84%；保温材料部分，装配式建筑相较于传统现浇建筑，碳排放降低了49%。综合测算，在建筑施工阶段，装配式建筑相较于传统现浇建筑，碳排放降低了9.4%。

同时，本项目以南郑区装配式建筑示范项目的施工数据进行测算发现，在建筑施工的能耗方面，装配式建筑的机械用柴油以及机械用电力分别节约22.80%及20.69%。综合所有能耗，装配式建筑相较于现浇式建筑在能耗节约方面节约碳排放量59816.16千克，碳排量节省率为20.09%，单位建筑面积的人工节碳量为2.08千克/平方米。在水资源消耗方面，装配式建筑采用预制构件的方式减少了现场混凝土搅拌用水和水资源耗散，其安装工程简便，也减少了现场施工人员需求，进而减少了现场人员的生活用水。按照装配式建筑用水碳排放量计算方式：（混凝土构件养护节水量＋混凝土搅拌节水量＋工人生活用水）×水资源碳排放因子核算，样本项目节水节约的碳排放总量为333.62千克，单位建筑面积节约的碳排放为0.02千克/平方米。在人工节碳方面，装配式建筑采用预制构件的方式，现场施工人员需求量小。样本案例中，装配式建筑相较现浇建筑，人员减少55人。按照7.7吨/人/年核算，样本项目因人工减少而减少的碳排放总量为55×80×7.03=30932千克，换算样本项目的建筑面积，可得装配式建筑单位建筑面积的人工节碳量为2.08千克/平方米。

综上，与传统现浇建筑相比，装配式建筑在建材生产阶段与建筑施工阶段均能够通过集约化、机械化、规模化的生产及现场施工产生良好的碳排放量节约优势。因此，推进南郑区装配式建筑产业的高质量发展，不仅可以成为汉中市南郑区新的经济增长极，还可以满足建筑领域落实"双碳"目标的市场需求，也体现了地方政府落实"两山"理论，切实贯彻绿色循环、高质量发展的经济发展观。

二 推广装配式建筑产业的经验与做法

为了有效助力装配式建筑产业健康发展，现阶段各省市的主要做法集中在政策创造市场需求和财政补贴。

（一）政策创造市场需求

住建部在《关于加强保障性住房质量常见问题防治的通知(征求意见稿)》中提出，保障性住房应采用工程总承包模式，大力推广装配式等绿色建筑建造方式。为此，北京、上海等多地政府也已出台相关政策，明确鼓励或要求新开工保障性住房采用装配式建筑，或者在"十四五"规划中，明确了保障性租赁住房新增套数及装配式建筑占新建建筑面积比例，具体数据参考表1。

表1 "十四五"期间部分省市保障性租赁住房新增套数及装配式建筑占新建建筑面积比例

省市	保障性租赁住房新增套数(万套/间)	装配式建筑占新建建筑面积的比例
上海	47	
重庆	40	30%
北京	40	55%
广东	129.7	30%
浙江	120	35%
江苏	58	50%
陕西	44	30%
山东	40	
福建	36.5	35%
河南	40	
云南	41.5	30%
四川	30	40%
湖北	30	

续表

省市	保障性租赁住房新增套数（万套/间）	装配式建筑占新建建筑面积的比例
安徽	30	30%
江西	19.8	40%
海南	3	80%
河北	10	30%
内蒙古	6	30%
辽宁	16	
贵州	12.5	
吉林	3	30%
广西	22.4	30%
山西	7.9	
黑龙江	5	30%
甘肃	5	
西藏	30	
新疆	26.6	
天津	30	

注释：陕西、内蒙古、辽宁、山西、黑龙江、甘肃、新疆、天津未公布"十四五"期间目标，上述数据为以2022年新增套数目标为基数的推算数据，即"十四五"期间计划目标≈2022年计划规模×五年；湖南与青海未公布省级层面数据。

根据上述数据测算，"十四五"期间新建装配式建筑面积约为44.6亿平方米，参考住建部《装配式建筑工程消耗量定额》测算，新建装配式建筑总市场规模可超过9.7万亿元。

（二）装配式建筑的财政补贴

参考表2可知，当前由于碳排放交易市场尚未建立，为了缓和装配式建筑的成本劣势，各地政府推广装配式建筑，主要依靠产业政策和财政补贴。

表2 部分省市装配式建筑的地方补贴政策

省市	政策内容
北京市	对绿色建筑标识项目给予财政奖励。在中央奖励资金基础上,对绿色建筑标识项目按建筑面积给予奖励资金。奖励标准为二星级标识项目22.5元/平方米,三星级标识项目40元/平方米。
上港市	装配整体式建筑每平方米补贴100元,单个示范项目最高补贴1000万元,其中单个示范项目最高补贴600万元。单个示范项目补贴资金不超过该项目总投资额的30%,并给予不超过3%的容积率奖励。
深圳市	针对装配式建筑住宅项目给予奖励,最多可奖励5000平方米。
河北省	在2020年底以前,对新开工建设的城镇钢结构商品住宅和农村居民自建钢结构住房项目,项目所在地政府按照100元/平方米的标准予以补贴。
湖南省	长沙市财政对装配式项目给予资金补贴,预制装配率达到30%(含)以上的项目补贴300元/平方米,预制装配率达到50%以上的项目补贴400元/平方米。
山东省	装配式建筑示范奖励基准为100元/平方米,单一项目不超过500万元,资金主要用于弥补装配式建筑增量成本。
四川省	建筑产业现代化高新技术企业减按15%的税率缴纳企业所得税。对实施预制装配式建筑的项目研究制定容积率奖励政策。

三 汉中市南郑区装配式产业发展存在的问题与成因

对标建筑业落实"双碳"需求以及汉中地区绿色循环、区域经济高质量发展的目标,汉中市南郑区装配式产业发展明显滞后。制约汉中市南郑区装配式产业高质量发展的主要问题包括以下三个方面。

(一)装配式建筑缺乏市场价格竞争力

通过对汉中市南郑区两个典型项目进行造价分析发现,装配式钢框架结构的综合单价为2448.23元/平方米,现浇混凝土框架结构的综合单价为2095.66元/平方米。装配式钢框架结构的综合单价高出现浇混凝土框架结构的综合单价16%。

造成装配式钢框架结构的综合单价偏高的主要原因包括以下五方面:

一是集成设计水平较低。设计环节和生产工艺需求、装配施工环节相对割裂,设计环节与产业链脱节问题仍未彻底解决,存在前期方案环节对装配式建筑特点考虑不周、对装配式建筑的标准化程度重视不足的现象,导致后期预制构件拆分困难、预制构件重复率低、模具与预制构件成本过高等问题,建造和管理成本明显增加。同时,在实施阶段由于企业经验不足,管理能力和产业协同能力偏弱,设计与生产、施工协同的衔接不周全,造成设计与生产、施工的脱节,难以体现出装配式建造方式的应用价值和优势。

二是施工过程缺乏精益管理。建筑业内各参与方各自为政,利益目标不同且普遍运用不同的信息管理系统,导致建筑全生命周期各业务阶段出现信息断层,产业内信息连通程度极低。单个业务阶段内存在大量冗杂的业务信息却难以有效提炼并传递至下一环节。南郑区有两个在建的装配式建筑项目,因预制件采购与运输问题,造成工期延误近半年,进一步拉低了装配式建筑的效率优势。

三是装配式产业专业人才短缺。有的设计院不了解装配式建筑,设计师未经过系统性深入学习,业务能力不高、经验不足,简单地"等同现浇设计",机械地拆分,不考虑标准化设计,不考虑生产工艺和装配施工的可行性,"错漏碰缺""凑装配率"仍然存在。

四是预制构件材料标准化存在制度性障碍。首先,装配式建筑统一模数系统不完善,标准化预制构件目录不健全,构件材料的认证、淘汰制度不完善,严重影响和制约了构件企业的生产效率和产能。其次,预制构件生产、运输环节质量监管不到位,缺乏有效的质量管控机制和统一的质量检验标准,生产过程中相关资料记录不完整,码放、运输不合理,运输事故多发等问题普遍存在。在生产环节监管缺失或管理不精细,存在混凝土振捣不密实、堆放不规范、预埋件定位不准确的现象,构件运输破损、局部裂缝、精度不足等质量常见问题时有发生。再次,预制构件现场吊装、安装、节点施工等环节质量监管不够到位,工程返工现象仍然存在。最后,开发商对非标准件的要求很多,导致构件生产企业只能进行个性化加工,模具开发的成本较高,造成生产企业成本水涨船高。

五是缺乏碳税、碳排放交易市场,低碳排放的优势难以转化为装配式建筑的造价成本优势。装配式建筑作为一种可持续发展的建筑方式，受到了越来越多的关注，以其高效、节能、环保的特点，成为未来建筑发展的重要趋势。然而，当前我国尚未开征碳税，也未在建筑行业内实施碳排放交易。在缺乏环境规制约束下，装配式建筑低碳排放的优势难以转化为装配式建筑的造价成本优势，进而限制了装配式建筑在建筑市场的价格竞争力。

（二）装配式建筑物的社会接受度不够

传统建设方式早已形成固有的产业供应链和管理模式，而装配式建筑是对建筑工程建造方式的重大变革，打破了原有的建造和运营方式，形成了新的产业链条及利益分配机制，部分固守原有生产方式的企业存在抵制情绪，积极性不高。造成装配式建筑物的社会接受度不足的原因主要包括以下两个方面：

一是在成本导向的市场环境下，市场各方主体还未形成统一认识和行动自觉，需要加大政府引导和扶持力度。当前装配式建筑项目类型主要为公租房、棚户区改造等政府保障工程，装配式商品住宅、装配式公共建筑等项目偏少（在汉中地区基本没有），建造成本高，推广力度不足，导致市场化项目推动乏力。

二是从建筑物全生命周期看，装配式建筑的施工效率、品质保障、节能环保等方面存在巨大的财务优势和品质优势。但是，建筑物作为商品，存在典型的跨期效应和支付错配问题。由于我国法定建筑物全生命周期长达50年，建筑物全生命周期的财务优势被漫长的使用周期淡化，同时，作为开发商或项目业主，并不承担建筑物运营成本，支付错配淡化了装配式建筑物的运营成本优势。

（三）装配式建筑的装配率呈现下降趋势

如前文所述，由于当前装配式建筑缺乏价格竞争力和社会接受度不高，南郑区本地装配式企业主要通过降低装配率的方法，以实现"降价"和解决社会接受度不高的问题。在汉中多次关于装配式建筑高质量发展的会议中，南郑区本地装配式企业提出了应当以"15%的装配率作为装配式建筑的认定标准"的建议，这一认定标准远低于全国大部分地区以"50%的装配率作为装配式建筑的认定标准"。持续降低装配率的逻辑最终将模糊装配式建筑与传统建筑的差异，汉中市南郑区装配式产业将逐渐"概念化"，彻底丧失高效、节能、环保的特点。

造成汉中市南郑区装配式产业存在"概念化"趋势的原因主要包括以下两个方面：

一是企业追逐短期利益，政府资源使用不合理。省市县三级地方政府为了鼓励本地装配式产业发展，相继出台了各类扶持性政策，特别是在新开建项目中设定了装配式建筑项目的比例，该政策目的是规制创造装配式建筑市场需求，但客观上也为部分企业创造了政策套利空间。由于装配式建筑相关产业属于重资产类企业，行业门槛较高，通过游说决策部门不断降低装配率要求，可以有效提升企业利润率和市场占有率。市场占有率提升还可以进一步提升行业进入门槛，实现保护现有装配式企业既得利益的目的。

二是政策目标与政策考核脱节。为大力发展装配式建筑，住建部提出装配式建筑占新建建筑面积的比例目标从15%以上提升到2030年装配式建筑占当年城镇新建建筑的比例达到40%。[①]地方政府在落实政策层面，更注重中央顶层设计的具体考核任务，忽略了大力发展装配式建筑的核心战略目标是落实建筑领域的"双碳"目标。

四 推动南郑区装配式建筑产业高质量发展的建议

推动汉中市南郑区装配式建筑产业高质量发展核心就是向内"降成本"、向外"显优势"、政府"稳预期"三项措施。

（一）降低装配式建筑的建安成本

首先，应当优设计、降成本。装配式设计作为建筑专项设计模块，向上

---

① 参见2022年住房和城乡建设部、国家发展改革委印发的《城乡建设领域碳达峰实施方案》。

需配合建筑设计，向下则需考虑施工需求。行业发展迫切需要改变仅以满足规范为目标的被动式的装配式设计方法。从甲方视角出发，在满足规范的前提下，从拓展奖励面积、降低建造成本、提高施工质量等方面深度探索，使装配式建筑扬长避短，实现甲方、设计、施工多方共赢。

其次，应当推行EPC承包（工程总承包）模式或全过程咨询管理。通过EPC承包模式或全过程咨询管理方式，确立提升装配式建筑综合效益目标，切实把参建方的目标统一到装配式建筑整体综合效益的目标上来，学习并提高装配式建筑开发管理能力，做好对其他参与企业的统筹管理，改变传统建筑各参与方利益诉求不同、难以服从工程整体效益的问题，保证装配式建筑建造过程始终保持在一个较高的综合效益水平范围内波动，彻底改变传统现浇建筑中普遍存在的决算造价高于预算造价的情况。

最后，应当深化装配式建筑的BIM运用。在装配式建筑建造过程中运用BIM技术，实现装配式建筑的信息化管理，可以更好地发挥EPC承包模式或全过程咨询管理优势。这能够在前期策划、设计、预制构件生产运输、现场总装、装修和后期运维等阶段实现成本控制的协同化、高效化、透明化、可视化和精细化，实现装配式建筑全过程、全方位无死角的成本控制。

（二）建立健全建筑物全生命周期的碳排放闭环管理措施，凸显装配式建筑的低碳优势

首先，应当建立健全建筑领域的碳足迹账本，为精准估算装配式建筑碳排放成本夯实制度基础；其次，应当建立健全建筑安装项目碳排放测算的标准流程，确保碳排放核算准确；最后，应当建立健全建筑物运营碳排放监测监管体系。通过对建筑物全生命周期实施碳排放闭环管理，实现准确估算建筑物碳排放成本的目的，进而优化工程造价体系，并为建筑安装行业推进碳排放交易或开征碳税夯实制度基础，凸显装配式建筑的低碳优势。

（三）科学设定全省装配式建筑产业发展目标，稳定行业"预期"

首先，应当加快全省建筑安装领域"减碳"目标研究，结合"减碳"目标与装配式建筑占比目标，科学设定全省装配式建筑的装配率基本要求；其

次，全省建筑安装领域"减碳"目标应当拆解到市一级，并依据市级建筑安装领域"减碳"目标，制定装配式建筑产业发展目标，始终保持地方产业政策与中央顶层设计在政策战略目标的一致性；最后，要降低装配式建筑产业准入门槛，鼓励更多民间资本和民营企业参与装配式建筑市场，打破既得利益群体的"护城河"，促进行业内部竞争，倒逼行业的颠覆性创新，强化装配式建筑产业韧性。

佳县县域经济高质量发展机遇与路径*

黄懿 王建康 吕晓明 孙雅姗 唐博**

【摘要】 县域经济发展承担着促进区域经济持续健康发展和提质增效的战略使命。推动县域经济高质量发展，对陕西谱写高质量发展新篇章具有重要意义。本文从经济规模、发展速度、产业基础、居民收入、文化资源等方面，梳理了佳县县域经济发展现状；从产业层次、就业承载力、基础设施、公共服务、人口、投资信心、生态环境等方面，分析了佳县县域经济高质量发展存在的问题；探讨了县域经济高质量发展面临的战略机遇、产业机遇、数字机遇、市场机遇，从而提出佳县推动县域经济高质量发展的实施路径。

【关键词】 县域经济、高质量发展、佳县

---

* 本文系"陕西省哲学社会科学研究专项"智库项目"佳县县域经济高质量发展研究"（2022ZD0765）的研究成果。

** 黄懿，陕西省社会科学院助理研究员；王建康，陕西省社会科学院研究员；吕晓明，陕西省社会科学院副研究员；孙雅姗，陕西省社会科学院助理研究员；唐博，陕西省社会科学院实习研究员。

党的十九大以来，以习近平同志为核心的党中央高度重视县域经济发展，提出了一系列新理念新思想新战略，为准确把握县域经济发展提供了根本遵循。县域经济发展不仅承担着促进区域经济持续健康发展和提质增效的战略使命，而且蕴含着巨大变革和创新活力。陕西县域整体发展水平偏低，与城市的发展差距较大，是全省高质量发展的短板之一。陕西高质量发展上台阶、上水平，难点在县域，潜力在县域，突破口也在县域。立足省情实际，完整、准确、全面贯彻新发展理念，聚焦补短板、强弱项，推动县域经济高质量发展，全面激发县域经济活力，持续壮大县域经济实力，显著提升县域经济综合竞争力，对陕西谱写高质量发展新篇章具有重要意义。新时代陕西推动县域经济高质量发展取得新突破，必须坚持以习近平新时代中国特色社会主义思想为指导，认真贯彻落实习近平总书记来陕考察重要讲话重要指示。

佳县地处生态脆弱地区、省级集中连片贫困区（黄河沿岸土石山区），是沿黄公路途经县（市、区）、传统农业县，具有丰富的文化资源、旅游资源。同大多数县一样，佳县面临交通相对不便、区位优势不突出、劳动力等生产要素流出等难题，实现高质量发展在全省具有较强的典型性、代表性。

一 发展现状

（一）经济规模小，发展速度较快

佳县作为传统农业县，长期以来经济规模较小。2021年实现生产总值71.76亿元，在全省107个县（市、区）中排91位，比2020年上升1位，在榆林12个县（市、区）中位列第9；GDP增速位居全市第五、南六县第一（图1）。从沿黄13个县（市）来看，佳县的经济规模、增速均处于中间水平（图2）。

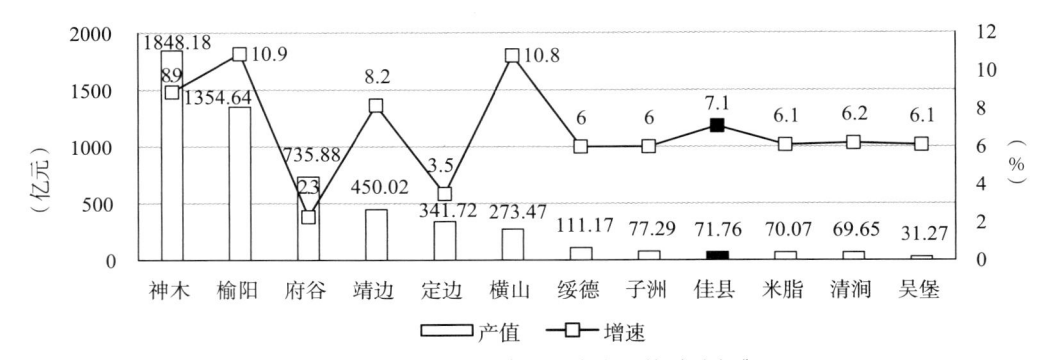

数据来源：榆林各县（市、区）《2021年国民经济和社会发展统计公报》。

图1　2021年榆林各县（市、区）GDP、增速

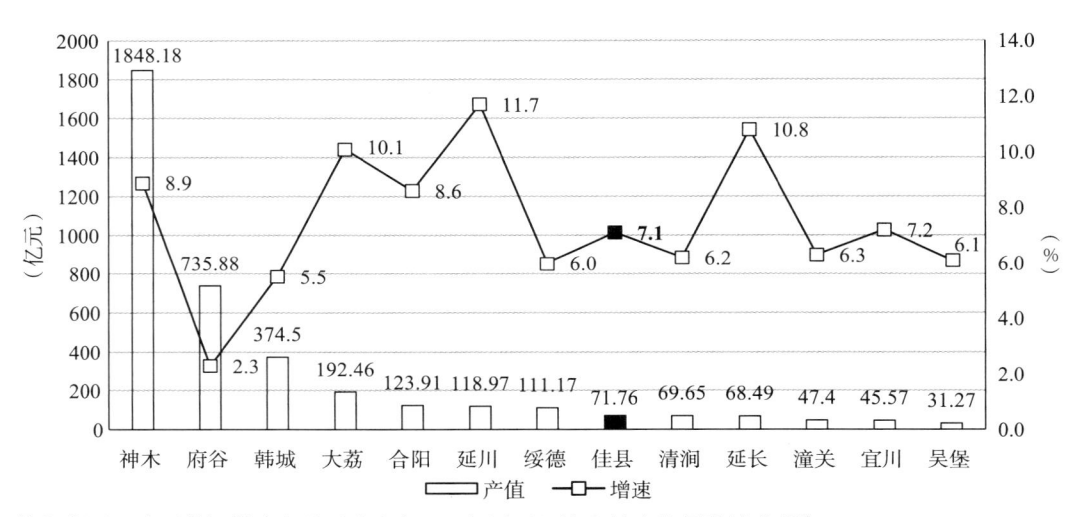

数据来源：陕西黄河沿岸各县（市）《2021年国民经济和社会发展统计公报》。

图2　2021年陕西黄河沿岸各县（市）GDP、增速

（二）有产业基础，发展态势良好

一是农业特色鲜明。形成"东枣西果北蔬菜、旅游畜牧杂粮中药材"产业布局，打造红枣、山地苹果、红薯、羊子、肉牛、手工挂面、康养旅游7条产业链。其中，红枣面积82万亩，有机红枣认证30万亩，年产红枣20万吨；通过"合作社+基地+农户"模式，贯穿养殖繁殖、屠宰餐饮、驴肉熟食、驴皮加工等环节的"佳米驴"全产业链正在兴起。成功申报有机红枣、红枣羊、生态猪肉、山地香谷米等国家地理标志保护产品。

二是工业发展成效初显。2018年榆佳工业园区升级为榆林首个省级经济技术开发区，引进美国瑞科和中国电建两家全球500强企业，有色天瑞公司生产的粒状多晶硅、电子级多晶硅和高纯硅烷气成功填补了国内三项技术空白。2021年，榆佳经开区实现工业产值23.5亿元，进出口贸易额突破1亿元，上缴税收5215.9万元，均创历史新高。

三是旅游业全面起势。成功创建国家AAAA级景区1个、AAA级景区3个；其中，白云山国家AAAAA级旅游景区、香炉寺国家AAAA级旅游景区创建稳步推进。2021年，全年接待游客190万人次，实现旅游综合收入4亿元。东方红产业园建成开园，大美石窑成功创建省级旅游度假区，神泉堡、渡渡鸟美术馆建成开放，木头峪民宿修复，在赤牛坬取景拍摄的《高高山上一头牛》上映，为佳县旅游带来一波新热潮。

（三）居民人均可支配收入增速快

农村居民可支配收入、全体居民可支配收入增速分别居全市第一、第二（图3、图4）。2021年，全体居民人均可支配收入17199元，比全省、全市分别低11369元、10874元；增长10.1%，比全省、全市分别高1.2个百分点、1.1个百分点。其中，城镇居民人均可支配收入增长8.0%，比全

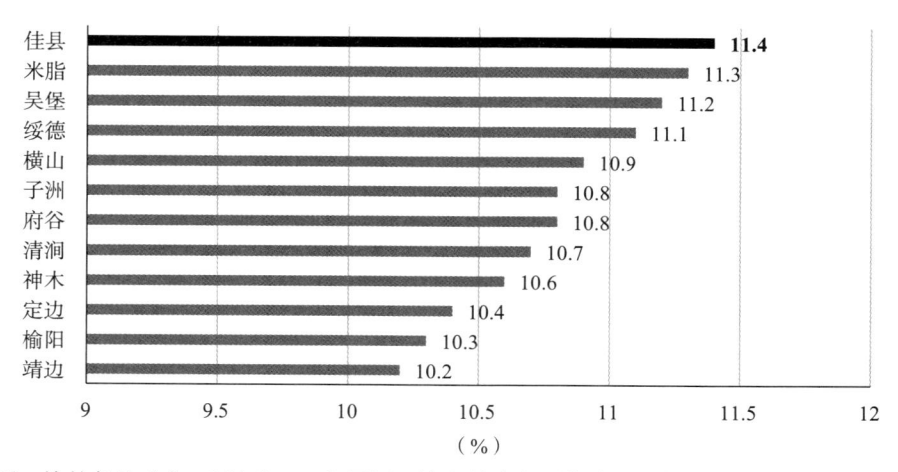

县（市、区）	增长率（%）
佳县	11.4
米脂	11.3
吴堡	11.2
绥德	11.1
横山	10.9
子洲	10.8
府谷	10.8
清涧	10.7
神木	10.6
定边	10.4
榆阳	10.3
靖边	10.2

数据来源：榆林各县（市、区）《2021年国民经济和社会发展统计公报》。

图3　2021年榆林各县（市、区）农村居民人均可支配收入增长情况

省、全市分别高 0.5 个百分点、0.2 个百分点；农村居民人均可支配收入增长 11.4%，比全省、全市均高 0.7 个百分点（图 5）。

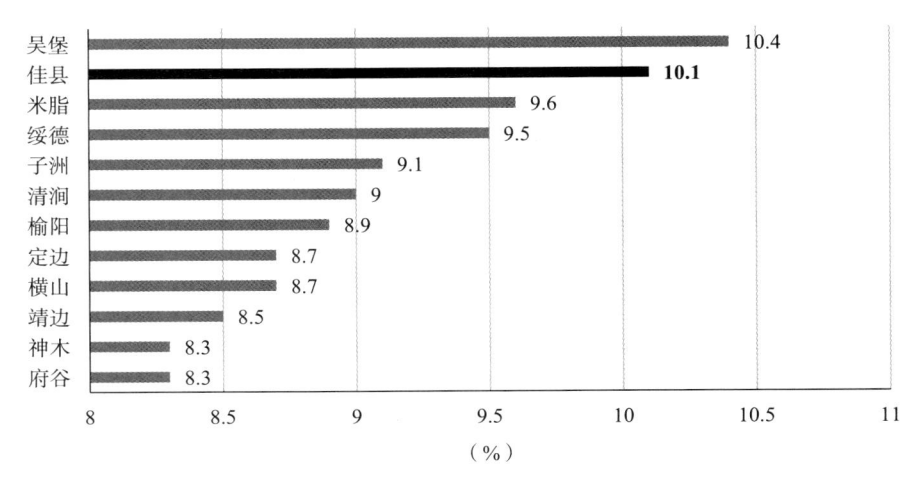

	吴堡	佳县	米脂	绥德	子洲	清涧	榆阳	定边	横山	靖边	神木	府谷
(%)	10.4	10.1	9.6	9.5	9.1	9	8.9	8.7	8.7	8.5	8.3	8.3

数据来源：榆林各县（市、区）《2021 年国民经济和社会发展统计公报》。

图 4　2021 年榆林各县（市、区）全体居民人均可支配收入增长情况

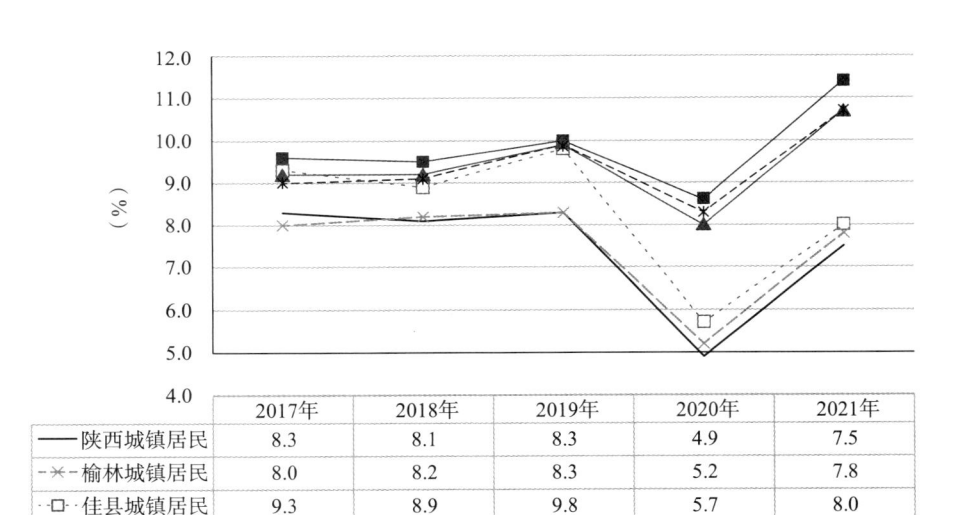

	2017年	2018年	2019年	2020年	2021年
陕西城镇居民	8.3	8.1	8.3	4.9	7.5
榆林城镇居民	8.0	8.2	8.3	5.2	7.8
佳县城镇居民	9.3	8.9	9.8	5.7	8.0
陕西农村居民	9.2	9.2	9.9	8.0	10.7
榆林农村居民	9.0	9.1	9.9	8.3	10.7
佳县农村居民	9.6	9.5	10.0	8.6	11.4

数据来源：近 5 年陕西、榆林、佳县《国民经济和社会发展统计公报》。

图 5　近 5 年陕西、榆林、佳县居民人均可支配收入增长情况

（四）多元文化交融，旅游资源富集

深度体验黄河文化的文旅资源得天独厚。陕西沿黄公路800余公里，多数路段与黄河岸边有段距离，而佳县境内70余公里，具有紧邻黄河、人口和产业集聚的独特优势。建设中的黄河文化博物馆藏品丰富、展陈方式新颖、交互体验性强，完全具备打造沿黄旅游首选地、目的地的条件。已建成的东方红阁紧邻黄河、视野开阔，能够打造成黄河近距离观赏"第一楼"。

道教、道医、道教音乐等传统文化在陕、晋、蒙地区具有较大影响力。白云山是全国著名道教圣地，西北地区最大的明清古建筑群，黄河沿岸最具影响力的宗教旅游区，是陕、晋、蒙、宁、甘等地游客向往的朝山游览地。

农耕文化优势明显。佳县古枣园系统于2013年被农业部命名为全国首批、陕西第一个"中国重要农业文化遗产"。2014年被联合国粮农组织认定为"全球重要农业文化遗产"，成为中国西北地区首家、全国第11家入选全球重要农业文化遗产的农业系统。截至2022年，全国共有18家全球重要农业文化遗产，陕西仅有1家。

红色文化发展潜力大。东方红、神泉堡等红色文化遗存较多，有利于打造融视觉、听觉、沉浸式体验等多种方式为一体的红色文化传承弘扬模式。东方红文化产业园主体建成，成立了东方红干部学院，打造红色教育培训品牌的基础较好。

乡村文化特色鲜明。木头峪村先后被列为全国古民居保护村、中国第四批传统村落，荣获"中国建筑艺术年鉴古村落与传统民居保护"奖。赤牛坬村先后获得了"中国美丽乡村""中国乡村旅游模范村""中国美丽宜居村""中国美丽休闲村""首批全国乡村旅游重点""国家AAA级旅游景区"等荣誉称号。

二 存在问题

(一)产业层次偏低、就业承载能力有限,集聚发展和转型升级势在必行

整体来看,佳县是典型的传统农业县,第二产业、第三产业发展相对不足。初级产品和低端产业占比大,产业链的价值增值留在县域的比例小,亩均税收偏低。从业人员收入偏低,产业体系发展质量和效益不高,对就业的吸引力和承载力不足。各类经营主体规模相对较小,技术水平相对落后、竞争力较弱。

农业"有特色、缺龙头、缺技术、缺管理"。农业产值占比偏高,但规模偏小。生产基础条件较为薄弱,抵御自然灾害的能力较弱,适应现代农业发展要求的新型职业农民短缺。产业链条短,枣果畜牧等大多数农产品加工企业仍停留在初(粗)加工阶段,深加工企业仍然较少、规模较小,产品档次较低。

工业"规模小、链条短、形态单、创新少"。2021年规上工业总产值在榆林12个县(市、区)中位列第8,工业对经济增长贡献相对不足。缺少龙头企业带动,规上企业经营效益低,榆林336家"四上企业"主营业务收入排行中佳县无一入围。榆佳经开区入园企业以化工、能源、材料为主,市场波动、生态环境政策可能会影响工业发展的持续性、稳定性。

现代服务业"小、低、散"。第三产业增加值、社会消费品零售总额等指标居全市末位,消费内生动力不足。服务业以批零住餐为主,缺乏现代物流、电子商务、金融及商务服务等新兴业态。企业规模小,全县仅有佳州大酒店一家三星级酒店,规上批零住餐企业9家、大个体5家。旅游业发展分散,全县"一盘棋"意识、系统意识、整体意识不够。乡村旅游发展所需的艺术、美学等意识不够。

（二）基础设施、公共服务短板明显，高质量发展亟须突破软硬件制约

县域内路网密度不高，影响城乡生产要素、商品的流通。与西安、太原等省会城市，与神木、府谷、鄂尔多斯等经济较好的市、县，交通行程较远，影响与外界的交流。近年来，年降雨量、降雨频率增加，道路滑坡时有发生，除高速公路外，其他等级公路通达能力频繁受到影响。市政、网络、数字化等基础设施建设滞后、更新缓慢，县城交通拥堵、停车难问题突出，教育、医疗、就业、住房、文化娱乐等公共服务与榆林等城市的差距逐步拉大。

（三）人口流失、投资信心不足，盘活县域优势资源需要破题

根据第七次全国人口普查数据，2010—2020年，佳县人口流失比例超40%。乡村人口空心化、老龄化，影响了古枣、红色文化、黄河文化等优势资源的开发利用。近5年来，佳县固定资产投资波动幅度大于全省、全市水平。抓项目促投资、优环境稳投资是县域经济高质量发展亟待解决的难题。

（四）生态环境相对脆弱，生态价值实现渠道有待拓展

佳县地处半干旱地区，属于黄土丘陵沟壑区，水资源短缺，生态环境脆弱。2021年，在全省107个县（市、区），佳县生态状况指数位列第93，生态环境质量一般。若进一步推动经济高质量发展，佳县可能比榆林南六县、陕西黄河沿岸的大多数县域面临更多的生态环境制约。另外，佳县林草覆盖率达43.04%，有大量林草、农业、生态保护地等资源，林业碳汇、绿色农产品、有机农产品、生态旅游等生态产品有待开发，生态资源的经济价值实现任务重。

三 发展机遇

（一）战略机遇叠加，重塑县域经济后发优势

黄河流域生态保护和高质量发展战略、乡村振兴战略、推进西部大开发形成新格局、以县城为重要载体的城镇化建设、建设全国统一大市场等国家战略叠加，为县域经济高质量发展树立了转型坐标、构建了跃升平台，为集聚新要素、培育新优势提供了政策支撑。榆林加快建设高端光伏产业基地、黄土高原生态文明示范区、陕甘宁蒙晋交界最具影响力城市、迈向现代化的资源型领航城市，聚力打造转战陕北、沿黄河文化旅游线路，为佳县高标准建设榆佳经开区，做优做强红枣、畜禽养殖等特色产业，加快推进国家全域旅游示范区创建和沿黄河生态经济带、旅游康养带建设带来了重大机遇。

（二）产业机遇明显，助力县域经济提质增量

受疫情、国际形势、能源短缺等影响，化工、汽车及零部件、机械等行业，出现从欧洲等地区向国内转移的趋势。美国等发达国家制造业回流、东南亚后发工业化经济体产业追赶的双重压力持续存在。我国必然面临一波传统产业升级、新兴产业布局调整、区域产业分工重构。同时，沿海地区劳动力等生产要素成本提高、土地供应紧张，部分产业向中西部转移。佳县紧邻神木、榆阳等能源化工基地，水、土地等资源具有相对优势，应抓住承接产业转移机遇，推动县域经济提质增量。

（三）数字机遇显现，拓展县域经济发展新空间

数字经济蓬勃发展，信息基础设施持续完善，正在改变传统意义上的时空距离，为县域企业链接要素、拓展市场、提升品牌提供了新渠道。[①] 顺势

---

① 河南省社科院课题组：《新起点上推进县域经济高质量发展的路径选择》，《河南日报》2020年5月6日第4版。

而为、应时而动，加快推进数字政府、新型智慧城市、数字乡村建设，提升全民数字素养与技能，县域经济发展能在数字化浪潮中把握新机遇、拓展新空间。

（四）市场机遇展现，提升县域经济竞争力

农业已从数量型走向质量型，从单一型走向复合型，健康食品、绿色果蔬、农业文化的市场需求迅速扩张。佳县立足古枣、手工面、佳米驴等传统种、养、加工基础，发展现代农业的市场潜力较大。全民休闲时代已经来临，越来越多的城市居民选择以休闲、劳作、收获的方式体验农耕乐趣，疫情催生了更多周边游、短途游需求，佳县依托窑洞民俗、渡渡鸟美术馆、古枣园等特色文化资源，休闲观光农业、露营经济、度假经济等市场前景广阔。技能型、高素质型劳动力相对短缺，家政等劳务经济发展机遇良好。

四 发展路径

（一）一体推进，构建县域经济高质量发展新格局

全域谋划，高效统筹。做大做强县城"核心"。实施"小县大县城"战略，拉大县城骨架，聚力打造"东方红文化产业园区"县城副中心，完善园区周边公共服务设施，推进人口集聚、产业集聚、人才集聚、商业集聚，全面提升县城综合承载能力、辐射能力、旅游接待能力。做特做活乡镇"枢纽"。围绕特色产业，通过项目引领、补齐基础设施及公共服务短板，建设打造、巩固提升一批特色产业镇、特色小镇。做精做亮乡村"节点"。大力培育新型农业经营主体，发展具有乡土特色的新业态，着力打造"未来农场""未来公园"。

（二）三大融合，激发县域经济高质量发展新动力

第一，产业融合。找准县域优势和产业发展趋势的最佳结合点，再梳理、再定位主导产业。整合各方资源和力量，推动产业由"单个产业→全产业

链→产业集群"升级转换。依托农业、文化等特色资源，打造全产业链，推动一二三产业融合发展、农旅融合发展、文旅融合发展。发展电子商务、休闲旅游、健康养生等新产业新业态，促进产业链、供应链、价值链留在县域、下沉乡村，创造更多就业机会和致富机遇。

第二，城乡融合。促进城乡空间融合，坚持城乡一体规划、功能互补，统筹城乡产业、基础设施、公共服务、资源能源、生态环境等布局，形成田园乡村与现代城镇交相辉映的城乡发展格局。[①]促进城乡要素融合，打破妨碍要素自由流动和优化配置的制约，推动土地、人才、资金、技术等要素在城乡合理流动、高效聚合。促进城乡社会融合，以均衡化、普惠化、便捷化为导向，推动城乡基本公共服务全员覆盖、标准统一、制度并轨。

第三，产城融合。依靠产业集聚推动人口集聚，通过人口集聚促进以县城为载体的城镇化发展。遵循乡村发展规律，根据人口分布、资源禀赋，合理调整镇、村布局，科学规划产业布局，推动县城、镇、中心村有序、有机、协调发展。

（三）三项赋能，打造县域经济高质量发展新引擎

第一，数字赋能。持续推进信息基础设施建设，不断缩短传统要素流动、产品流通的时空距离，重塑县域经济发展新空间。加速推进县域传统产业数字化转型，加快数据要素融入传统产业的生产、流通、分配等各个环节，形成特色鲜明、参与度广、带动能力强、数字化水平高的产业链条。充分利用数字经济推动公共服务模式创新，加快远程医疗、远程教育等资源建设，加大优质公共服务资源的辐射范围。[②]积极推进智慧县城与数字乡村建设，充分发挥数字治理的精准性、协调性和有效性，实现"数据多跑路、群众少跑路"。

---

① 河南省社科院课题组：《新起点上推进县域经济高质量发展的路径选择》，《河南日报》2020年5月6日第4版。

② 张春玲、赵爽：《数字经济：激活县域共同富裕新动能》，《光明日报》2022年9月6日第11版。

第二，文化赋能。将古枣文化、红色文化、黄河文化、道教文化等文化IP融入各类产业，构建可彰显县域文化价值的特色产业体系。将美学、艺术等思维融入全县产业发展，尤其是乡村产业发展，最大限度提升产品附加值。讲好木头峪秀才、神泉堡清华大学校长、渡渡鸟艺术家等乡贤回归、路生梅等佳县好人、东方红歌曲创作、古枣文化等故事，充分发挥精神文化对经济发展、干事创业的带动作用。

第三，科技赋能。以新技术运用，提升物联网等信息技术对产业转型升级的渗透融合能力。充分利用现代化声光电科技手段，推动红色文化、黄河文化、古枣及农耕文化等特色资源产业化、品牌化，拓展价值链。强化科技支撑，解决枣裂难题，开发酸枣等新品种，推动古枣全产业链做大做强。

（四）四轮驱动，激活县域经济高质量发展新动能

第一，创新驱动。加快县域创新体系建设，推动更多创新资源向县域集聚，促进创新成果在县域转移转化。加快发展新经济，积极布局新基建，推动相关企业、项目落地。[1] 集聚一流人才队伍，精准对接特色优势产业和高质量发展需求，积极引进和培养一批高层次创新人才和创新团队。激发企业创新活力，引导中小企业走专精特新之路。

第二，改革推动。鼓励先行先试，主动从发展大势变化中抢抓新机遇、厚植新优势。完善容错纠错机制，营造干事创业、勇于创新、敢于担当的氛围和正向激励导向，充分调动各主体的积极性、主动性、创造性。[2] 深化农村土地制度改革和集体产权制度改革，让农村各类生产要素充分流动起来、利用起来。以优化净化营商环境为突破，打造县域发展新标识。强化信用意识，加强信用体系建设，加快建立以信用为核心的新型市场监管体系，完善守信联合激励和失信联合惩戒机制，加强事中事后监管。[3]

---

[1] 河南省社科院课题组：《新起点上推进县域经济高质量发展的路径选择》，《河南日报》2020年5月6日第4版。

[2] 陈明星：《后发地区高质量追赶的路径选择》，《学习时报》2020年6月22日第7版。

[3] 陈明星：《后发地区高质量追赶的路径选择》，《学习时报》2020年6月22日第7版。

第三，市场拉动。定期、及时梳理中省市出台的减税、降费、让利等政策，建立专人点对点对接企业机制，把各项惠企政策宣传到位、解释到位、落实到位，激发企业活力，提高市场竞争力。稳定企业预期，使企业能够安心经营，聚焦技术研发、市场开拓、产品提质等有利于长远发展的事项。以市场思维优化资源要素配置，开展产业用地绩效评估，建立存量土地盘活利益引导机制和低效用地退出管控引导机制，不断提高亩均效益。

第四，开放带动。突破行政区划、"闭环经济"的思想束缚，鼓励各类企业在相关区域、所属行业进群入圈、抱团发展。利用"圈内"研发、资本、供应链等优势资源共融共赢，利用"圈内"渠道、品牌、营销等资源，扩展县域特色产品市场。对接融入全省九大现代农业全产业链，在产业链、供应链上找准定位，做深做强。积极承接省外、西安、榆林等城市"飞地经济"落地，积极承接产业链式转移、集群式转移。深度融入区域发展战略，积极对接延榆一体化、黄河流域等区域发展战略，围绕古枣、佳米驴、手工面、工业园区、东方红文化产业园等发展优势，探索区域协同发展新机制。

乡村振兴背景下眉县农业经济高质量发展研究[*]

王军平　张铭真[**]

【摘要】 当前，国家正在大力实施乡村振兴战略。立足新发展阶段，贯彻新发展理念，构建新发展格局，加快农业高质量发展，是农业发展进入新阶段的现实要求，是农业现代化的必由之路，是实现乡村振兴的重要抓手。本文深入分析了陕西眉县农业经济发展的现状及存在的问题，提出了眉县农业经济高质量发展的路径和相应的政策建议。

【关键词】 眉县、乡村振兴、农业经济、高质量发展

近年来，各地区、各有关部门贯彻落实党中央、国务院决策部署，大力实施乡村振兴战略。在此背景下，全面、准确、完整贯彻落实新发展理念，按照创新、协调、绿色、开放、共享的要求，统筹推进农业高质量发展和农业农村现代化建设，已逐步成为各级政府、各有关部门高度关注的课题。

---

[*] 本文系"陕西省哲学社会科学研究专项"智库项目"乡村振兴背景下眉县农业经济高质量发展研究"（2023ZD0651）的研究成果。

[**] 王军平，西安科技大学高新学院高级会计师；张铭真，西安科技大学高新学院讲师。

陕西眉县地处关中腹地，是典型的农业县，农业经济的发展水平直接影响着农民收入增加、农村产业结构优化和农村社会发展的稳定，决定着乡村振兴战略的实施成效。对眉县农业现代化建设和高质量发展进行深入研究，并提出可行性的工作思路和政策建议，对其进一步做好农业农村工作，推动农业及相关产业的转型升级，提高经济发展质量和效益，促进乡村振兴和县域经济发展具有现实意义。同时，该研究成果对其他地区农业经济的高质量发展也具有一定的借鉴和参考价值，有助于推动乡村振兴战略在更大范围内的有效实施，推动中国农业经济质量和效益的整体提升。

一 眉县农业经济发展现状

眉县农业经济发展始终坚持以"稳粮、优果、强畜、兴渔"为发展思路。2022年，全县农业经济取得较好发展，农业总产值59.2亿元，增速4.5%；农业增加值35.19亿元，增速4.3%；农村居民人均可支配收入17536元，增加额1091元，增速6.6%。

"稳粮"方面，眉县将增加粮食生产供给作为农业结构调整的优先方向，通过实施"一稳三提"行动，确保粮食总产值稳定在7万吨/年。2022年，全县粮食种植面积19.3万亩，总产量7.88万吨，新建高标准农田2万亩。

"优果"方面，眉县紧紧围绕"百亿产业、百年产业"的目标，深入推进"四改五提升"果业革命，特别是猕猴桃主导产业呈现出规模、质量和效益同步提升的良好态势。2022年，全县猕猴桃种植面积30.2万亩，年产量53.5万吨，综合产值突破60亿元。

"强畜"方面，眉县建立了以奶牛、肉鸡等优势产业为主，生猪、蛋鸡为辅，奶山羊、肉牛、中蜂适度发展的养殖业格局，全县共建成168家规模化养殖场户，并创建国家级2个、省级3个、市级7个畜禽标准化示范场。2022年，生猪存栏5.1万头，年出栏9万头。新建现代牧业5000头奶牛场扩建项目，日产奶量420吨，居西北地区之首。畜禽总存栏126.8万头只，肉蛋奶总产量15.23万吨。

"兴渔"方面，眉县大力实施水产绿色健康养殖"四大行动"①，建立了渭河眉县段国家级水产种质资源保护区，创建4个部级水产健康养殖场，全县渔业养殖面积达到了7320亩，其中稻鱼综合种养面积为4000亩，是陕西省重点渔业县，也是国家大宗鱼类产业技术体系西安综合试验站示范县。2022年，全县水产品产量2650吨。

二 眉县农业经济发展中存在的主要问题

一是资源禀赋不足。眉县地处山区，自然资源有限，土地资源不足，水资源紧缺，限制了农业以及相关产业的发展。矿产资源也较为匮乏，难以依靠资源优势推动经济增长。

二是产业结构单一。眉县经济以传统农业为主导，同时面临着农业生产成本上升、市场竞争激烈、农产品供给过剩、多元化经营和农产品加工等高附加值产业发展不足等问题，导致农业经济增长乏力，农民收入增长缓慢，发展水平较低。

三是农业科技创新能力较弱。眉县缺乏高水平的科研机构和创新人才，科技研发投入不足，科研成果转化率低，高新技术产业发展滞后，农业生产缺乏技术创新，制约了高质量发展。

四是人才流失严重。眉县农村经济相对落后，农业收入较低，优秀人才往往选择到城市或发达地区从事非农业工作，以寻求更好的发展机会和薪酬待遇，导致眉县人才流失，高素质、高技能人才储备不足，无法满足高质量发展需求。

五是基础设施建设滞后。农产品的输送、销售和加工需要良好的交通、能源和通信设施的支持。然而，眉县的公路、铁路等交通设施不完善，农产品的运输成本较高，影响了农产品的竞争力和市场拓展。同时，电力供应不稳定和通信网络覆盖不足也制约了农业生产和农产品的流通效率。

---

① "四大行动"是生态健康养殖模式推广行动、水产养殖尾水治理模式推广行动、水产养殖用药减量行动、水产种业质量提升行动。

六是金融服务不完善。农业生产需要大量的资金支持,但眉县金融机构数量少、服务水平低。农民难以获得低成本的贷款,农业企业也难以获得足够的资金支持进行技术改造和扩大规模,制约了企业创新和发展。

三 推进眉县农业经济高质量发展的建议

(一)做优做强乡村主导产业

一是稳定粮食生产能力。继续坚持"稳粮"发展思路,完善粮食生产措施,稳定粮食种植面积,确保粮食生产安全。以常兴镇为重点,大力推广绿色高产种植技术,推广优质高产品种,提高单产。持续抓好新增千亿斤粮食项目和高标准农田、高效节水灌溉示范田建设项目,不断提升粮食生产能力,确保粮食年总产量稳定在7万吨以上。

二是做强猕猴桃主导产业。围绕"果业强、果农富、果乡美"目标,以建设"中国猕猴桃标志性品牌"、打造"中国猕猴桃绿色融合发展第一县"为主攻方向,推动猕猴桃主导产业向标准化、绿色化、国际化方向发展,提升"眉县猕猴桃"市场竞争力和影响力。

三是做精农产品加工业。以国家级(眉县)猕猴桃批发市场建设为中心,优化农产品加工企业布局,引导农产品加工业向种养业优势产区集中,建设以猕猴桃、葡萄、草莓等为主的果蔬产业加工区,加大猕猴桃相关产品研究开发力度,积极引进新工艺、新技术,使果酒、果汁、化妆品等早日实现规模化生产,开发"眉县猕猴桃"系列高附加值产品。

四是完善农产品流通网络。加大农产品营销设施投资,提高农产品保鲜能力[①]。积极推动眉县商贸综合服务中心建设,并以此构建覆盖全国的高效农产品流通网络,为农产品流通提供全方位的服务支撑,有效解决农产品流通中的信息不畅、环节中断、价格波动等问题,促进全县农产品流通的高效

---

① 崔慧霞:《数字经济与农业经济融合的需求、机制及路径》,《农业经济》2022年第4期。

运作和农民收入提升。

五是加强农产品信息服务。创新推进"互联网+"现代农业发展模式，构建眉县农产品数字化综合服务平台，为农民提供政策法规、农业技术、市场行情、市场需求等信息服务和农产品在线交易服务，扩大农产品销售渠道，提高农产品销售收益和农民收入水平。

（二）统筹优化农业经济布局

一是统筹县域经济发展。加强县城建设和发展，将其打造成为现代化城市中心。加强中心镇建设和发展，将其作为连接县城和农村的纽带，充分发挥辐射带动作用，带动农业经济高质量发展。加强中心村建设和发展，强化农村经济核心作用，促进城乡一体化发展。立足全县优化乡村产业布局，为各乡镇提供科普讲座、营销培训、就业创业和金融支持等服务，推动乡村振兴和县域经济全面发展。

二是促进村镇联动。以猕猴桃主导产业为依托，创建产业强镇。通过改善道路、供水、供电等基础设施，提高农民的生产环境和生活品质。加强村镇之间的交流与合作，推广成功经验和模式，促进资源共享和协同发展。

三是支持乡村振兴。加强技术帮扶，提供生产技术、科学种植等方面的指导，帮助农民提高农产品产量和质量。加强风险防控，针对自然灾害、市场价格波动等风险因素进行预防和应对，保障农民的收益稳定。加强营销带动，将农产品销售、市场开拓与农户的生产相结合，带动乡村整体发展。加强资金扶持，加大面向村组、农户的资金投入和政策扶持。加强组织保障，健全工作机制，确保各项政策和扶持措施有效实施。

（三）推进乡村产业深度融合

一是建立产业融合平台。加强现代农业产业园建设，扩大标准化示范园规模，研究新品种的选育和储备，同时解决生态防护、节水灌溉、果实采收和储藏等环节存在的问题。

二是培育新型经营主体。积极培育具有规模效应和竞争力的农业产业化龙头企业、农民合作社以及由农户组成的小规模农业经营单位、家庭农场等新型经营主体，鼓励经营主体之间开展资源共享、技术交流和市场合作。建立农业合作社联合组织，加强合作社之间的沟通和协作，提高集体经济的发展水平。促进各类经营主体之间优势互补，提升整体竞争力。

三是发展多元融合业态。促进农业与文化、旅游产业的深度融合，打造具有眉县特色和文化内涵的农业产品和农村旅游景点。推动农业与教育、康养产业的深度融合，建设农业科技示范学校和康养中心，为农民提供农业技术培训和康养服务。加强农业与信息产业的深度融合，实现农业生产高效、持续发展。通过多元化融合，推动数字农业、智慧农业等新兴业态发展。

四是大力发展电子商务。创新农村电商模式，发展"新零售"等业态，加强农村物流配送体系和综合服务网络建设，提升农村快递网络覆盖率。加快农村电子商务示范县建设，设立农村电子商务示范中心，培育农产品电商平台和农村电商服务企业，推动以猕猴桃为主的农产品上线销售。

（四）加强农产品品质品牌建设

一是推进质量兴农、绿色兴农[①]。持续巩固眉县绿色食品原料标准化基地创建，加快猕猴桃绿色生产标准化、全域化。引导农业企业开展有机农产品的标志认证，增加消费者对产品的信任度，打开高端市场，增加产品附加值。加强资源保护和利用，推动农业向资源节约型产业转型。推广水肥一体化工程、生物全降解地膜等技术，促进农业清洁化生产。推动形成畜禽绿色健康养殖新格局。

二是推广产业标准化生产技术。在全县推进农业全程标准化生产，全面推广绿色标准化生产技术，引导经营主体建立符合标准化要求的生产基地。完善农产品质量安全全程可追溯体系，加快农产品合格证和质量安全追溯二维码的推广，建立农产品质量分级以及产地准出、市场准入制度，实现农产品全产业链监管，确保农产品质量安全。

三是助力农产品品牌建设。以做优做强眉县猕猴桃农产品区域品牌为重

---

① 李芷萱、向云、陆倩：《农业经济高质量发展领域研究进展、热点与展望——基于CiteSpace可视化分析》，《中国农机化学报》2022年第7期。

点，持续实施眉县农业品牌培育提升工程。加强与主流媒体合作，充分利用短视频、直播平台等新媒体资源，全方位宣传眉县猕猴桃产业发展特色，提升知名度。组织果业企业、合作社参加各类大型农产品展会和每年眉县猕猴桃专场推介活动。加强农产品信用体系建设，开展农产品信用评价，创建"放心消费"品牌。

（五）促进农业科技创新和农村创业创新

一是提升农业科技创新及转化能力。依托科研机构和专家团队，加大农业科技研究力度，推动农业科技成果转化和推广。加强农业大数据、新品种、新技术和新工艺等关键技术的研发，提高农业科技创新能力。

二是推动农村创业创新。持续推进"全国农村创业创新典型县"创建工作，引导并支持农村地区的就业、创业活动，为农业农村提供更多的创业扶持政策。建设农村创新创业和孵化实训基地，积极培养创新创业主体，加强创业技能培训，提升农村创新创业能力。

（六）完善农业经济高质量发展的配套政策

一是加大财政投入。加大财政预算投入，提高土地出让收入用于农业农村经济发展的比例，支持城乡建设用地增减挂钩节余指标流转收益，用于巩固脱贫攻坚成果和支持乡村振兴。鼓励尽快设立乡村产业发展基金，用于乡村产业技术创新。对吸纳贫困家庭劳动力和农村残疾人就业的农业企业给予政策补贴和税收优惠。

二是创新金融服务。加大政策性银行对乡村产业中长期信贷支持，提高商业银行对乡村产业的金融服务覆盖面。探索由政府出资建立涉农贷款风险补偿基金，引导县域金融机构将吸收的存款主要用于县域发展，重点支持农业经济发展。建立完善县镇农业信贷担保体系，发挥风险分担作用，支持乡村产业贷款担保。支持农村承包土地经营权、农业设施、农机具等抵押贷款。加大农业保险对产业振兴的支持力度，扩大保险覆盖面，提升风险保障水平。支持金融机构向乡村产业和农村创新创业领域倾斜，支持符合条件的农业企业上市融资。

三是落实用地政策。加大对乡村产业发展用地的支持力度，探索联动的土地供应机制，整治村庄空闲地、闲置集体建设用地、荒地、闲置宅基地、道路改线废弃地、厂矿废弃地等，重点用于支持新产业、新业态和返乡入乡创新创业。

四是健全人才机制。鼓励引进人才到农村兴办产业。支持科技人员以科技成果入股农业企业，建立科研人员校企共建双聘机制，实行股权分红等激励措施。加大科技特派员选派力度，优化利益共享选派机制。深化农业农村技术人员职称制度改革，支持基层农技人员职称评审。开展乡村振兴人才培育试点，加强高素质农民培育，加大农村实用人才培训力度。

以县城为主要载体的城镇化路径发展现状、问题及提升策略*

刘晓君　李玲燕　李钰　郭斌　王萌萌　郭晓彤**

【摘要】 县城是推进工业化的重要空间、城镇体系的重要一环、城乡融合发展的关键枢纽。"十四五"及未来较长时期，以县城为重要载体的城镇化发展是必然趋势。本课题试图探寻当前陕西关中、陕南、陕北典型县城、重点镇及产业园区的城镇化发展规律、产业发展模式、基础设施建设项目全过程管理模式及基于农业转移人口市民化的闲置宅基地盘活利用驱动策略，着力解决当前陕西县域城镇化进程中存在的发展路径不明、产业发展落后、基础设施建设滞后、农业转移人口市民化渠道不畅等问题，这不仅有利于推进陕西以人为核心的新型城镇化、优化重大基础设施和公共资源布局，也有利于促进陕西以城带乡、以工补农、城乡互补、工农互促、协调发展、共同繁荣，从而加速城乡之间生产要素双向流动、跨界配置和产业协同发展的进程。

【关键词】 县城、城镇化、产业发展、基础设施建设、闲置宅基地

---

* 本文系"陕西省哲学社会科学研究专项"智库项目"以县城为主要载体的城镇化路径及策略研究"（2021ZD1013）的研究成果，文中数据来源为项目组调研分析所得。

** 刘晓君，西安建筑科技大学管理学院教授；李玲燕，西安建筑科技大学管理学院教授；李钰，西安建筑科技大学建筑学院副教授；郭斌，西安建筑科技大学公共管理学院教授；王萌萌，西安建筑科技大学管理学院副教授；郭晓彤，西安建筑科技大学管理学院讲师。

一 以县城为主要载体的城镇化路径发展现状

本项目通过对陕西省76个县"十四五"规划、近20年代表性文献、影像等基础资料解析，结合周至县、蓝田县、武功县、三原县、洛南县、绥德县、佳县等多地调研，发现了陕西县城城镇化的动态演化规律，明晰了县城产业发展模式，从全方位、全主体、全过程规建管结合视角分析了建设项目管理模式，总结了促进农村转移人口市民化的闲置宅基地盘活利用模式。分析结果如下。

（一）城镇化演化规律

城镇化水平方面：2013年以来，全省三大区域的城镇化水平和发展均衡化程度均显著提升。其中，关中地区城镇化率增幅逐年趋稳，陕北、陕南地区城镇人口集聚能力显著增强，提升幅度明显高于全省平均水平。特别是随着扶贫避灾移民搬迁工程、重点示范镇建设和旅游文化名镇建设等重大民生工程的快速推进，陕北、陕南地区城镇人口集聚能力显著增强。但区域经济的显著差距，客观上对各地县城的发展建设水平、城镇化率产生了明显影响。2020年，陕北地区、关中地区城镇化率分别为72.5%和71.3%，其中，神木市、府谷县高达77.4%和78.3%，而陕南地区城镇化率仅有53.0%。

县城规划建设方面：从时间维度看，各地县城建设用地呈现出"缓慢—迅速—稳定"的发展过程。前期县城规模普遍较小、形态较为规整、向心集聚性较强，城市建设相对集中。中期均采取扩展城市建设用地、积极发展各类园区的外延式规划发展思路，城区边缘不断向外低密度蔓延，形成了扩层式增长，县城规模迅速扩张，其中工业用地增速明显较快，体现出产业发展对于城镇化进程的强大带动能力。后期因为可使用土地资源受到限制，新增建设用地多为点状供地，将分散的城市用地斑块整合在一起[①]。从空间维度看，典型县域城镇发展呈现线状（如子长县）、面状（如三原县）、内部（如

---

① 任国平、刘黎明、孙锦、卓东、袁承程：《基于"胞—链—形"分析的都市郊区村域空间发展模式识别与划分》，《地理学报》2017年第12期。

勉县)、跳跃(眉县)、收缩(如佳县)、突变(鄠邑区)、混合(武功县)七种建设发展形态演化基本类型,线状发展类型占比最高,"线状、面状"的"产业聚集提升"村镇空间发展模式将成为乡村城镇化未来发展主流趋势。

(二)产业发展模式

产业总体布局方面:"一县一业"产业蓝图初步形成,陕西省76个县城一二三产贡献率分异明显。陕北各县城能源资源富集,产业以能源化工、装备制造、高端能化产业、物流业为主;关中各县依托良好的区位优势,立足自身资源禀赋,将现代农业、文旅康养、先进制造、商贸物流、休闲农业等作为主导产业;陕南地区各县城重点打造绿色食品、秦巴医药、文化旅游、康养旅游等主导产业。

产业发展模式方面:在《关于推进以县城为重要载体的城镇化建设的意见》《关于加快发展壮大县域经济的决定》等政府政策的引导催化、各级政府组织的保障下,整合、优化县城产业发展要素,扎根各县(市)资源禀赋和产业基础,陕西省各县城逐渐形成了资源禀赋驱动型、农业主导型、工业驱动型、第三产业带动型和多元融合型五大类典型县城产业发展模式[1][2],并进一步发展延伸为十四型二级模式,包括现代农业产业园区化、农业科技园区化、优势农业产业集群化、能源化工综合利用产业园区化、新能源产业集群化、红色文化旅游型、历史文化旅游型、自然生态旅游型、康养健康服务型、高新技术产业开发区化、新型工业化产业基地、休闲农业型、工旅融合型、农产品全产业链发展模式。

(三)基础设施建设项目管理模式

建设项目类型方面:陕西省以县城为重要载体的城乡融合发展的主要基础设施建设项目包括基础设施网络化、基本公共服务设施、城镇村更新、村

---

[1] 屠爽爽、龙花楼、李婷婷、戈大专:《中国村镇建设和农村发展的机理与模式研究》,《经济地理》2015年第12期。
[2] 李玲燕、裴佳佳、叶杨:《"资源—要素—政策"相协调下乡村典型发展模式与可持续发展路径探析》,《中国农业资源与区划》2022年第10期。

镇环境整治、移民搬迁安置、生活便利设施、农业基础设施、多元产业融合、田园综合体、特色小镇十种类型。

项目决策目标方面：陕西省各县坚定不移贯彻创新、协调、绿色、开放、共享的新发展理念，以推动高质量发展为主题，秉持环境、资源、经济、社会、信息、风险管控等全方位多元决策目标[①]，通过城乡融合、产城融合、一二三产融合，坚定走生产发展、生活富裕、生态良好的文明发展道路，加快建设资源节约型、环境友好型社会，形成了人与自然和谐发展的建设新格局。

项目管理主体方面：建设项目大都由县级及以上政府部门决策，部分规模较大的镇级政府（特大镇）被赋予县级及以上政府同样的审批权，但大多数镇级政府在县级及以上政府与村集体组织间起到承上启下的作用，对镇域内的重大建设项目拥有参与权与建议权。

（四）宅基地闲置及盘活利用模式

宅基地闲置现状：一年以上无人居住的宅基地为长期闲置，所调研村庄的宅基地长期闲置率平均为6.43%。一年以内因农忙返乡、红白喜事、逢年过节回村居住的闲置宅基地为短期闲置，所调研村庄的平均宅基地短期闲置率为13.77%。村庄的自然资源、区位条件、经济发展水平对宅基地长短期闲置率均有显著影响。总体来看，农村宅基地短期闲置现象较为明显，方便盘活的长期闲置宅基地呈散点分布，难以进行集约化利用。

闲置宅基地盘活利用模式：盘活闲置宅基地既可帮助农民获得资本性收入，促进农业转移人口市民化，也可缓解城镇建设用地不足，是县域城镇化的重要路径。调研发现，处于大西安都市圈内的村庄对长期闲置宅基地采用了"集体+农户+投资人"的盘活模式，发展乡村旅游，将闲置宅基地改造为民宿、农家乐、休闲中心，吸引社会资本投入，村集体提供服务来获取分成，农户拿房屋租金，20年后宅基地无偿归还农户，体现"颜值与价值"

---

① 刘晓君、孙肖洁：《绿色宜居村镇建设项目政府多目标决策研究——以西北地区某重点镇政府投资建设供暖项目为例》，《小城镇建设》2021年第8期。

相辅相成，相得益彰。

二 以县城为主要载体的城镇化发展现存问题

相对于城市的发展，陕西县域城镇化发展尚存在以下突出问题：县城空间规划论证不够充分；产业结构有待升级，经济发展水平普遍不高；市政硬件设施不配套，服务功能不完备；宅基地闲置与县城建设用地紧张并存，与实现"以人为核心的新型城镇化"目标仍有一定差距。突出表现为以下四方面。

（一）县城空间规划应提高科学性，人地矛盾冲突有待缓解

县城规划指导思想上重外延轻内涵，集聚发展、内涵增长的思路不明确，空间布局片面追求规模扩张，"贪大求全"、不够集约。2010年以来，大量县城用地范围不断扩张，大大超出法定规划确定的面积。不少县城空间框架不断延伸，导致很多区域不能集中连片发展，建成区面积分散，中心区域土地空闲，人口聚集度不高，基础设施建设跟不上县城扩张的步调，分散了财政投入和市场要素资源，导致县城较优越的经济条件和区位优势无法发挥出来，制约了县城有序集约发展和档次提升[①]。

陕西县城人均城市建设用地远低于全国平均水平。其中，陕北地区人均建设用地相对较高；关中地区虽地势平坦，用地条件相对优越，但人口密度较大，人地冲突较为明显；陕南地区位于秦巴山区，绝大多数县和建制镇位于河谷地区，山高、谷深、地狭，县城人均建设用地面积比全省平均水平还低50%，用地矛盾更为突出。

（二）"一优一特"产业格局亟待完善，企业创新能力有待提高

目前各县本土特色仍需深入挖掘，在拓宽农业增值空间、激活新业态方面仍有不足，导致产业竞争力不强、发展质量不高。总体来看，县城产业发

---

① 徐维祥、刘程军：《产业集群创新与县域城镇化耦合协调的空间格局及驱动力——以浙江为实证》，《地理科学》2015年第11期。

展道路特色不够鲜明、产品供给单一、质量效益仍有待提高，产业"特而不大""特而不强""特而不优"等问题制约着陕西省县域经济的蓬勃发展[①]。

当前陕西省研发投入强度偏低，企业研发活跃度不足，创新主体发展不平衡不充分的现状已成为产业升级转型的障碍。陕西省高校和科研机构较多，为县城创新发展提供了新机遇。然而，各县城仍面临着传统产业层次较低，新兴产业发展不足；科研成果向新产品、新工艺、新服务的技术转化能力较弱，造成技术大量外流孵化等问题，亟须抢抓机遇，以科技创新推动产业转型升级、发展壮大新兴产业。此外，受经济社会多因素影响，各县城人才稀缺现象明显，既有人才难以支撑新兴产业发展，引进专业人才刻不容缓。

（三）因地制宜的全过程建设项目管理模式体系亟待建立

各县城基础设施建设存在技术、经济与社会、环境、资源、能源等多目标难以协调，管理主体与建设主体行为不够协同，规划、设计、施工、运维各阶段衔接不够紧密等问题。主要原因在于各县城地理区位不同、环境条件各异、地域文化独特[②]，面对决策目标多维、管理主体多元、建设过程多阶段的复杂社会经济系统，统一规范的标准建设工程管理模式也无法直接适用于异质性的县城基础设施建设项目管理，但县域工程项目管理人才数量少、流动快，工程经验不足，很难有针对性地选择适用的项目管理模式，也很少采用国家目前倡导的工程总承包和全过程咨询管理模式，造成许多基础设施建设项目工程管理模式传统固化，陈旧单一，错用、混用，过程割裂等，影响了各县城基础设施建设项目的建设效果，妨碍了各县城的健康发展。

（四）宅基地管理仍需规范，闲置宅基地亟待盘活利用

从调查的宅基地特征来看，宅基地标准管控不严。37.6%（256户）家庭存在一户多宅现象，并且宅基地平均面积0.43亩，超出每户0.3亩标准的

---

① 谢呈阳、胡汉辉、周海波：《新型城镇化背景下"产城融合"的内在机理与作用路径》，《财经研究》2016年第1期。

② 焦燕、贾子玉：《我国绿色宜居村镇的内涵与发展趋势研究》，《小城镇建设》2021年第8期。

有52.9%（360处），一户多宅、一户超面积现象较为普遍，表明宅基地管理存在较多需要规范的问题。

调查区纯农户、农业转移人口及已市民化农户分别占比33.1%、39.1%、27.8%。61.2%的宅基地呈现出长短期不同程度的闲置状态，与县城建设用地紧张形成鲜明对比。但主动介入闲置宅基地盘活利用的村级组织却很少，平均只占被调查村庄的12.22%。村集体不组织闲置宅基地盘活利用的原因有三：第一，长期闲置的宅基地数量较少且处于零星分布状态，难以规模化集约利用；第二，村集体出于保守心态，认为多一事不如少一事；第三，村集体资金不足且无政策支持，农户感觉得到的补偿低于心理预期，不愿放弃自家宅基地。

三 以县城为主要载体的城镇化路径对策建议

根据陕西不同地理区位和资源发展模式，提出以县城为主要载体的6条城镇化产业发展路径：商贸物流产业带动型、农业及农产品加工产业型、电子商务产业带动型、承接人口和产业转移型、教育医疗公共服务型、生态环境保护及康养文旅休闲型，同时提出以下对策建议。

（一）加强规划引导，优化县城特色空间布局

陕西省各地县城地域不同、差别较大，各县城规划应紧密结合资源禀赋、人口规模、发展基础等自身实际，突出重点，科学定位，长短期结合，因地制宜制定具有独特风貌的空间发展规划。

关中地区宜采用"一核、四轴、多点"的城镇化空间布局模式，各县城应紧抓未来关中地区工业化大发展的机遇，充分挖掘自身资源优势，凭借有利的区位优势和良好工业基础，积极承接西安市产业转移，承担在关中城镇群的分工与合作，推动区域协同发展，如韩城能源化工，眉县机械制造、纺织工业，岐山县汽车零部件加工等，应重点培育龙头企业，使其成为带动集群发展的引擎。充分发挥关中地区科教资源密集优势，加强与高校或国家重点实验室的"产学研"合作，增强产业创新动力。延长拓宽产业链条，增加

就业渠道，打造一批具有竞争力的产业集群，增强对劳动力的就业承载能力。

陕南地区适用于"核心—边缘"的空间非均衡城镇化布局模式，即以产业基础和用地条件较好的汉中盆地、安康市月河川道、商丹谷地为三个区域发展核心，众多离散分布的较高发展潜力县域县城和众多文化旅游名镇为节点的城镇化空间发展格局[①]。陕南县城发展应化环境制约为优势，积极发展生物医药和富硒农产品等绿色产业。凭借秦巴山区秀丽的自然风光，整合陕南三市精品旅游资源，打造以"山水格局"为骨架、"人文风情"为内核的旅游品牌，生态全域旅游产业，形成"吃、住、行、游、购、娱"为一体的旅游产业链。

陕北地区适合"极—轴—点"的城镇化空间布局模式，确立定边—吴起—靖边、神木—府谷、绥德—米脂等县城为区域城镇化发展区重点。以西部长城沿线资源能源县域为主要发展轴，以东部沿黄河公路串联的黄河西岸沿线县域为次要发展轴，以矿产资源丰富或者特色人文和自然旅游资源型小城镇作为发展增长点和补充点，以农村新型社区为补充的科学合理城镇化空间分布态势。

（二）坚持差异化战略，做大做强优势特色产业

坚持"关中协同创新发展、陕南绿色循环发展、陕北转型持续发展"的特色产业发展思路，充分发挥各地区优势，提升区域资源利用率，促进各类优质生产要素自由流动，最终实现特色化差异化发展。

关中县城坚持"以强并弱""以强带弱"，立足资源禀赋和区位条件，发展休闲农业、先进制造、商贸物流等产业，打造布局一体、错位发展的新格局。支持周至县、眉县、大荔县等"农业强县"推动农产品就地就近加工转化，延伸产业链、供应链、价值链，聚焦产业规模化、经营方式集约化、生产管理智能化、市场销售品牌化、产业形态融合化，推动现代农业产业园区化发展。鼓励岐山县等具有制造业基础的县城逐步优化工业结构，发展先进制造

[①] 徐维祥、刘程军：《产业集群创新与县域城镇化耦合协调的空间格局及驱动力——以浙江为实证》，《地理科学》2015年第11期。

业，推进制造业向高端化、智能化、绿色化迈进，加快建设制造强县。支持蓝田县、华阴市等自然条件和区位交通便捷的县城跨界配置农业与文化、旅游、教育等要素，发展休闲农业，打造休闲农业创业福地、生态绿地和休闲旅游打卡地。

陕南县城依托自然资源和工业基础，发展康养产业和绿色循环工业。鼓励镇安县等生态优良的县城，坚持生态优先和生态立县，加强生态系统保护与修复，充分挖掘生态、区位、资源、文化等方面的优势，积极培育健康服务新业态，从做优精品旅游景区、完善旅游设施配套、培育旅居康养产业三个方面着手，大力发展以康养旅游为特色的休闲旅游业和面向健康产业的现代服务业，形成多层次康养旅游服务体系。支持山阳县、旬阳市等工业水平领先的县城，紧扣县城资源、生态和产业基础优势，成立高新技术开发区，围绕新材料、大健康、电子信息产业，引进、培育一批高新技术企业，构建和完善园区现代产业体系，不断提升园区产业规模、技术创新能力和市场竞争力。

陕北县城以可持续发展为导向，以高端化、数字化助推能化产业转型。鼓励延长县、定边县等能源富集县城加力培育新能源、新材料、智能无人、装备制造、氢能等战略性新兴产业，加快新旧动能转换步伐；陕北县城具有丰富的红色文化和历史文化，以恬静适宜的自然山水等生态景观和得天独厚的民俗文化与风土人情为亮点，在传统产业结构的基础上，充分挖掘红色文化资源，结合当地自然资源禀赋和风土人情，开发融休闲、会议、学习、娱乐等为一体的红色旅游景区，进而实现红色旅游与民俗文化旅游有效融合。

（三）务求精准有效，推进建设项目全生命周期管理

县域城镇化背景下的基础设施建设各异，各地资源禀赋千差万别，每个建设项目都应匹配最优的建设项目管理模式。在生态文明背景下推进新型城镇化建设，传统落后的建设项目管理模式已不适应形势发展的要求，必须尽早推广全过程规建管结合的新型建设项目管理模式。

县城基础设施网络化项目可采用 BOT、PFI、DB、BT、E+P+C 模式；公共服务配套项目可采用 BT、DB、E+P+C 模式；生活便利设施项目可采用

EPC+O&M 模式；现代农业产业项目宜采用 DBB 模式；城镇更新项目可采用 BOT、PFI、DB、BT 模式；多元产业融合项目可采用 E+P+C 模式；田园综合体项目宜采用 E+P+C 模式；环境整治中的污水处理项目采用 BOT、DB 与 PPP 模式；移民搬迁安置项目可采用垃圾处理项目采用 E+P+C 模式；DB 与 PPP 工程管理模式等[①]。

建设项目全过程管理中，在建设项目决策与审批管理阶段，政府审批实行环评、能评、风评"一票否决制"，并落实"环保税"相关规定，将环境指标进行货币量化，纳入费用效益分析中；在建设项目招投标管理阶段，鼓励政府投资的县域基础设施建设项目优先选择工程总承包模式，特别是对于建设内容明确、技术方案成熟等适宜采用工程总承包方式的项目，需要融资的绿色宜居村镇项目可采用 PPP 模式；在建设项目实施与监督管理阶段，应落实工程监理制，监理单位要加强对设计阶段方案优选和施工阶段的关键工序、重要部位和隐蔽工程的监督检查；在项目运维评价与管理阶段，建议强化县域基础设施建设项目的运维管理、检查监督和考核评价工作，做好建后管护到位、运维执行有力。鼓励重大绿色宜居村镇建设项目或工程总承包项目采购全过程工程咨询服务对建设项目进行专业化管理[②]。

（四）坚持靶向发力，多措并举解闲置宅基地盘活利用之难

在加强对农村宅基地规范化管理且确保农民自愿参与的基础上，有针对性地合理进行农村闲置宅基地的盘活利用，对于节约集约利用土地、增加农民资本性收入、促进城乡一体化发展等都具有重要的作用。

对于宅基地长期闲置比例较高的村庄，可依据国家已出台的城镇建设用地增加与农村建设用减少相挂钩的政策，将拟整理复垦为耕地的闲置宅基地与拟用县城建设的地块等面积置换，这样既增加了耕地有效面积，又缓解了县城建设用地紧张的问题，促进了城乡用地布局更加合理。

---

① 刘晓君、孙肖洁：《绿色宜居村镇建设项目政府多目标决策研究——以西北地区某重点镇政府投资建设供暖项目为例》，《小城镇建设》2021 年第 8 期。

② 刘晓君、吉亚茜：《绿色宜居村镇田园综合体建设项目管理模式选择研究》，《小城镇建设》2021 年第 8 期。

对于宅基地短期闲置比例比较高的城市近郊区村庄，可将闲置农房用于租赁、转让、合作等，通过合作、自主经营等方式，发展农家乐、特色民宿以及乡村旅游等。也可将闲置的农房用作抵押，向银行申请贷款，进行抵押融资。

对于已经在县城买房或者婚嫁的村民，闲置宅基地上所建的农房可有偿退出，让老宅基地上的农房直接置换成县城安置区的商品房、店面或者股权。

四 结语

笔者聚焦了陕西以县城为重要载体的城镇化发展路径中的核心问题，在探明了不同地理位置、不同经济水平、不同资源禀赋县城城镇化过程中的产业发展模式、基础设施的建设管理模式、宅基地闲置及盘活利用模式的基础上，科学设计了陕西以县城为重要载体的城镇化发展路径，以期因地制宜、因城施策地加快推进陕西以县城为重要载体的城镇化发展。

第三篇

乡村振兴

新农村集体经济赋能乡村振兴实现路径研究[*]

王　丹[**]

【摘要】 中国作为正在城市化高速发展、现代化快速推进中的发展中大国，亟须重视乡村衰退这一问题，该问题关乎我国社会主要矛盾的解决、关乎我国社会主义现代化建设的质量、关乎我国全面建成小康社会的成色。在此背景下，党的十九大报告创新性地提出乡村振兴战略。本文将乡村发展要素归纳为物质财富投入、精神财富投入和生态财富投入三类要素，对乡村发展要素进行全面系统的概括，根据不同的要素聚合效率和要素控制能力，对乡村要素如何影响乡村振兴进行整体性研究；认为陕西省乡村振兴需要高要素聚合效率和强要素控制能力以支撑。要通过创造聚合载体、提供合作平台、发展特色项目构建陕西省新农村集体经济平台，提升物质财富、精神财富和生态财富三类乡村要素投入。

【关键词】 乡村振兴、要素聚合、要素控制、新农村集体经济

---

[*] 本文系"陕西省哲学社会科学研究专项"青年项目"乡村振兴背景下基于'要素聚合—要素控制'的新型农村集体经济研究"（2023QN0336）的研究成果。

[**] 王丹，西安交通大学城市学院讲师。

一 引言

乡村振兴战略是中国领导人基于中国国情在党的十九大报告中提出的重要发展战略。乡村振兴抽象为乡村物质财富、精神财富和生态财富均衡扩张的过程，与之相对应，将乡村发展要素归纳为物质财富投入、精神财富投入和生态财富投入三类要素，对乡村发展要素进行全面系统的概括，构建"要素聚合—要素控制"理论分析框架，对乡村要素如何影响乡村振兴进行理论研究。

提高要素聚合效率和强要素控制能力是陕西省乡村振兴的前提，对实现高要素聚合效率和强要素控制能力的条件进行分析，提出发展陕西省新农村集体经济的乡村振兴路径。根据乡村振兴内涵及总要求构建一套全面且具有可操作性的陕西省乡村振兴指标体系，将抽象的乡村振兴具体化、直观化，在实践中能够及时对乡村发展水平进行度量，了解陕西省乡村振兴战略实施进度、目标差距以及短板。

二 乡村振兴与新农村集体经济的学理内涵

（一）乡村振兴的理论逻辑

农业农村发展的战略部署离不开对国家发展宏观背景的综合考量，乡村振兴是我国在新时代社会主要矛盾发生变化以及"两个一百年"奋斗目标全局背景下提出的重大战略。通过考察乡村振兴战略提出的现实背景、国家战略背景（具体见图1），应用经济学框架，对乡村振兴总要求"产业兴旺、生态宜居、乡风文明、治理有效、生活富裕"进行分析，提出乡村振兴实际是乡村物质财富、精神财富、生态财富均衡扩张的过程。"要素聚合"是指社会生产活动所需要的要素在一定空间范围内的集聚；"要素控制"是指对既有要素资源的管理、利用。要素聚合效率是乡村发展的前提，规模要素和高质要素的集聚促进乡村初期迅速扩张。要素控制能力是乡村持续发展的保

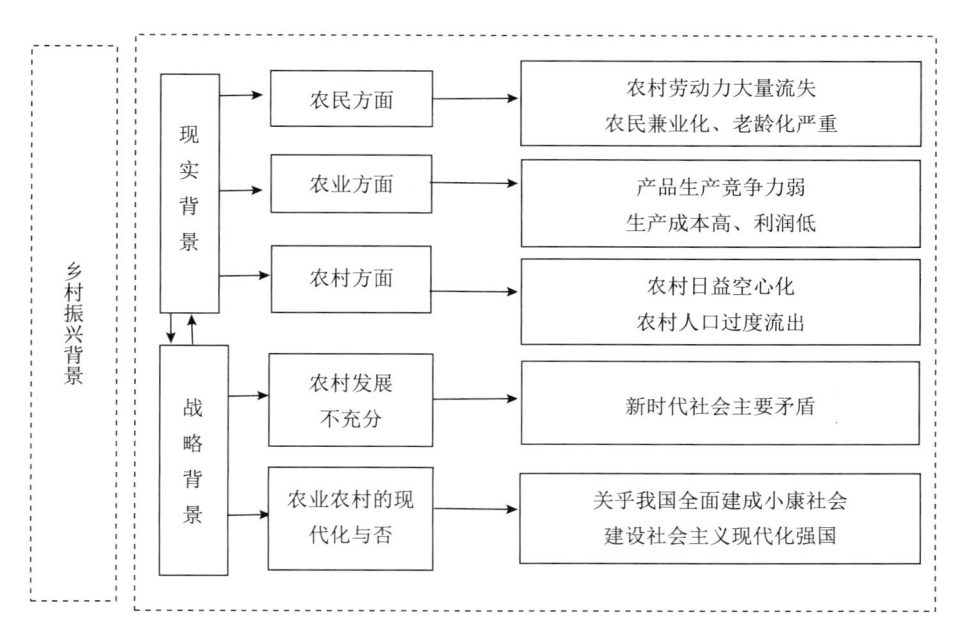

图 1　乡村振兴背景关系

障,生产要素的高效利用有利于将生产要素长期留在农村并吸引外部要素进一步流入农村,促进农村经济持续均衡扩张。通过乡村要素构建"要素聚合—要素控制"的乡村振兴理论分析框架,分析要素聚合、要素控制与乡村振兴的逻辑机理,指出高要素聚合效率和强要素控制能力是乡村振兴的前提。对实现高要素聚合效率和强要素控制能力的条件进行分析,提出发展新农村集体经济的乡村振兴路径。

(二)陕西省乡村振兴的实现路径——发展新农村集体经济

发展新农村集体经济是陕西省乡村振兴的最佳路径。首先,对农村集体经济进行一般意义的系统研究。其次,分析与市场经济相适应的新农村集体经济的新特征。从要素聚合和要素控制两个维度出发对陕西省新农村集体经济与乡村振兴的内在逻辑进行理论研究。陕西省新农村集体经济,一方面通过整合乡村内部资源、承接乡村外部资源提升乡村要素聚合效率;另一方面通过提升乡村主体能力、内化政府扶持外力、提高现代化经营水平、增强乡村要素控制能力提高乡村要素聚合和控制,进而促进陕西省乡村振兴的有效路径。① 最后,将不同经营模式进行对比分析,进一步说明新农村集体经济是推进陕西省乡村振兴的最佳选择。

三 陕西省新农村集体经济与乡村振兴体系构建

(一)构建陕西省乡村振兴指标衡量体系

根据乡村振兴理论内涵以及乡村振兴总要求构建乡村振兴指标衡量体系,以期为陕西省乡村振兴提供度量基础。陕西省乡村振兴指标体系由3个一级指标、5个二级指标、23个三级指标构成,具体见表1所示。

进行乡村振兴水平计算,$S=Wa*S(A)+Wb*S(B)+WC*S(C)$;其中,$Wa$、$Wb$、$Wc$分别代表指标A、B、C权重,$S$代表陕西省乡村振兴水平。

表1 陕西省乡村振兴指标体系

一级指标	二级指标	三级指标
物质财富	A1 产业兴旺	A11 人均农业产值
		A12 农产品加工值与农业产值比
		A13 休闲农业收入与农业产值比
	A2 生活富裕	A21 农村居民人均可支配收入
		A22 农村居民恩格尔系数
		A23 农村最低生活保障人数比
		A24 农村私家车家庭占比
		A25 拥有住房农户占比
精神财富	B1 乡风文明	B11 农民教育文化娱乐支出
		B12 有农民业余文化组织乡村占比
		B13 有休闲健身场所乡村占比
		B14 农民平均受教育年限

---

① 高帆:《乡村振兴战略中的产业兴旺:提出逻辑与政策选择》,《南京社会科学》2019年第2期。

续表

一级指标	二级指标	三级指标
精神财富	B2 治理有效	B21 选举投票参与率
		B22 有村规民约乡村占比
		B23 村干部权力集中度
		B24 社会和谐度
生态财富	C 生态宜居	C11 农村卫生厕所普及率
		C12 生活垃圾处理乡村占比
		C13 乡镇绿化覆盖率
		C21 工业化肥施用强度
		C22 农药施用强度
		C23 耕地节水灌溉率
		C24 中间消耗占农林牧渔业产值比

（二）陕西省农村集体经济与乡村发展的关系分析

利用陕西省乡村调查数据对陕西省农村集体经济与乡村发展的关系进行实证检验。对新农村集体经济村庄进行案例分析，研究新农村集体经济与乡村要素聚合效率和控制能力之间的关系。陕西省乡村振兴需要高要素聚合和强要素控制能力以支撑，然而，从现实状况来看，当下陕西省要素聚合效率和要素控制能力都不高。

第一，陕西省乡村要素聚合效率偏低。从乡村内部要素整合来看，以家庭为单位的经营方式难以实现乡村内部要素聚合，该经营方式导致陕西省耕地细碎且分散化，难以将同类要素聚合在一起发挥其最大规模效应。[①] 从乡村要素内外流动来看，内部要素流失以及外部要素难以流入进一步降低了乡村要素聚合效率。

第二，陕西省乡村要素控制能力较弱。从微观主体来看，陕西省乡村劳

---

① 高瑞霞：《发展特色产业引领转型发展》，《中国合作经济》2020 年第 2 期。

动力虽然数量多，但整体素质偏低，缺乏科学知识、管理经验、市场经济思维的农民在经营过程中难以合理高效利用生产要素。从组织主体来看，陕西省农村基层组织原本是集体经济条件下承担组织主体的最佳选择，然而，当前丧失经济功能的农村基层组织难以集聚和控制要素。①

四 陕西省乡村振兴的政策建议

（一）构建新农村集体经济平台

第一，创造聚合载体。发挥陕西省农村基层组织引领作用和政府支持作用，构建陕西省新农村集体经济要素聚合载体。

一方面，发挥陕西省农村基层组织的引领带动作用，发展新农村集体经济。一是发挥陕西省村两委的领办作用，建立村办合作社，以村办合作社作为新农村集体经济的具体实践形式，为要素聚合提供载体。二是基层组织要根据国家集体产权改革要求加快对农村集体资产进行确权、股权量化，积极推进农村"资源"变"资产"，为农民联合奠定物质基础。三是发挥陕西省农村基层组织的动员作用，在对农村集体资源确权的基础上，以自愿入退为原则，有序引导、组织农民以土地等集体资产入股村办合作社进行股份合作。

另一方面，在陕西省新农村集体经济发展初期需要政府发挥一定的支持作用。一是发挥财政扶持作用，将一部分惠农资金注入集体经济中的合作社，注重对合作社内部产业项目的扶持，并随着集体经济内部产业的不断发展、经济实力的不断扩大，逐步降低对其财政资金的扶持力度。二是利用政府政策引导金融机构和外部要素流入村办合作社。对于从事农村贷款业务的银行给予税收优惠、放宽融资担保等，进而鼓励这些银行向农村贷款。三是对一些地区要素聚合实践效果较好的新农村集体经济加以宣传，使其他更多地区学习到优秀实践经验。

---

① 郭素芳：《城乡要素双向流动框架下乡村振兴的内在逻辑与保障机制》，《天津行政学院学报》2018年第3期。

第二，提供合作平台。利用新农村集体经济为已经聚合的要素资源打造合作平台。在村办合作社与外部主体对这些资源进行开发利用时，要依靠陕西省新农村集体经济平台进行合作。

一是由村集体将聚合到村办合作社的资源进行统一规划，然后根据不同的项目选择不同的经济主体合作。陕西省乡村振兴首先需要由村集体将聚合的要素进行统一规划，然后按照乡村整体规划布局，根据不同的项目选择不同的经济主体合作。例如，对于历史文化资源、山水资源可以发展旅游业，在旅游开发中，村集体可以利用旅游公司的专业优势与外部旅游公司进行合作开发；对于农业、牧业、养殖业，由村办合作社经营管理，在生产中和外部科研机构、技术机构进行合作，获取技术、专业人才支持。

二是在与外部主体合作谈判中，充分发挥村办合作社中间桥梁作用。以村办合作社为代表与外部主体进行合作项目谈判，商讨合作事宜。另外，可以由村办合作社向内传达合作项目内容，成员对此进行讨论表决，然后由村办合作社将成员的合作意愿以及合作条件告之外部主体。

三是加强村办合作社在农业经济活动全链条中的组织功能，由村办合作社与外部销售者和购买者进行买卖活动。因此，要加强村办合作社在农业经济活动全链条中的组织功能，在农户与市场主体的买卖交易环节中，提供统一服务。[①]

第三，发展特色项目。产业是一个地方经济发展的重要支撑，陕西省乡村应结合自身特点发展具有乡村特色的新产业、新业态，延伸农村产业链，提高要素盈利空间，吸引外部资源和乡村流失的资源在利益驱动下自动流向农村。

一方面，陕西省新农村集体经济应充分开发农村资源，发展特色项目，提高农村的综合价值。农村具有土地、山林、瀑布、溪水等丰富的自然资源，开发当地的山林资源发展旅游业；将农业与生态观光相结合发展休闲农业；根据当地的土壤、日照、地形等自然条件，发展特色畜牧业、养殖业等将陕

---

① 张克俊、虞洪等：《实施乡村振兴战略的系统认识与道路选择》，《农村经济》2018年第1期。

西省农村的基本生产功能向生态、文化方向拓展,既满足当前城市居民对休闲、文化、生态的追求,也为陕西省乡村发展带来巨大盈利空间。

另一方面,陕西省新农村集体经济应结合当地人才技能,选择能够发挥人才优势的特色产业项目。

(二)提升物质财富、精神财富和生态财富投入要素

第一,提升物质类投入要素。提升陕西省农村劳动者、土地、技术和资本的自身结构,推动物质类要素从简单、低质量向复杂、高质量方向升级。[①]

一是提高农民综合素质,使农民能够应用新兴的技术、掌握先进的管理方式、满足市场对劳动力素质的要求。二是加快陕西省乡村土地流转,改变既有土地块数多但面积小的状态,通过土地适度"集中化""规模化"破除土地要素对集约经营、农业现代化的制约。三是构建多方位资本融资路径,规范引导金融机构资本、工商业资本投向农村。

第二,提升精神类投入要素。通过增强文化资金投入、开设多元群众性文化活动、加强乡风建设,提升精神类投入要素,并不断改善其结构。

一是增强文化资金投入。加强政府对陕西省农村教育、文化公共服务资金的投入,改善陕西省农村公共服务不足、质量低的发展现状。基层组织在对陕西省新农村集体经济盈余分配时,要提留一部分资金用于农村文化建设。二是开展多元群众性文化活动。陕西省农村基层组织要充分利用乡村既有文娱场地,定期组织开展健身文娱活动,在重大节假日时甚至可以联合周边村庄开展文化赛事活动。加强农村文化队伍建设,使乡村自身能够结合当地文化特色创造文化产品、开展优秀的文化活动,充分发挥农民文化创造力。[②]

第三,提升生态类投入要素。提升陕西省乡村自然生态水平,树立绿色生态观,倡导绿色生产生活方式,形成乡村绿色发展之路。

[①] 王宝珠、王利云:《聚合与控制:实现乡村振兴的要素分析》,《贵州社会科学》2020年第5期。

[②] 孙乐强:《农民土地问题与中国道路选择的历史逻辑——透视中国共产党百年奋斗历程的一个重要维度》,《中国社会科学》2020年第6期。

一是从理念上加强农民绿色生态意识，树立绿色生产生活观。需要在理念上增强农民的生态保护意识，通过教育、宣传、培训等途径向农民传输生态保护的重要性。[①] 二是倡导绿色生产和生活方式。农村在追求经济增长的同时，也要将自然生态作为一项指标纳入经济绩效考核中。

五 结语

构建"要素聚合—要素控制"理论分析框架，深入剖析要素聚合、要素控制与乡村振兴的理论逻辑，根据不同的要素聚合效率和要素控制能力，对发展形态进行分析，陕西省乡村振兴需要高要素聚合效率和强要素控制能力来支撑。本课题对陕西省乡村振兴的实现路径即新农村集体经济进行系统研究，分析与现代市场经济相适应的新农村集体经济的根基、特殊实现形式以及基本支撑，认为要从构建新农村集体经济平台和提升物质财富、精神财富、生态财富投入两个方面来实现新农村集体经济发展从而赋能乡村振兴战略的实现。

[①] 李晓龙：《农村金融深化、农业技术进步与农村产业融合发展》，博士学位论文，重庆大学，2019年。

陇县农业产业链构建主要问题研究*

徐驰文　张　莉　刘　炜**

>【摘要】新的时代背景下探讨县域农业产业链的构建既是一个迫在眉睫的实践课题，也是一个重大的理论命题。本文总结了陇县农业产业链构建中的经验，对陇县农业产业链构建实践中遇到的产业链链条短、组织化程度低、科技支撑水平不高的问题进行了分析。在此基础上，从找准抓手，绘制农业产业链建设图谱；搭建平台，推动特色农业产业链融合发展；建设载体，构筑农业产业链支撑体系；创新机制，激发农业产业链强大活力等对策中找寻县域农业产业链构建路径，以期推动县域农业产业链的现代化，促进县域经济发展。
>
>【关键词】农业产业链、构建、对策

高质量推动现代农业产业链发展，既是农业现代化发展的需求命题，也是重大现实课题。在县域实地调研和与农业龙头企业、农业专家、农业合作组织交流访谈中发现，农业产业链构建发展中遇到了挑战。然而，目前对于

---

* 本文系"陕西省哲学社会科学研究专项"智库项目"陇县农业产业链构建主要问题研究"（2022ZD0761）的研究成果。

** 徐驰文，中共宝鸡市委党校教授；张莉，宝鸡市社会科学院副研究员；刘炜，宝鸡市社科联助理研究员。

县域农业产业链构建的认识和研究不足,探讨县域农业产业链构建问题恰逢其时。

一 农业产业链构建的内涵及意义

(一)农业产业链构建的内涵和主要内容

产业链是一个包含价值链、企业链、供需链和空间链四个维度的概念。农业产业链是农业研发、生产、加工、储运、销售、品牌、体验、消费、服务等环节和主体紧密关联、有效衔接、耦合配套、协同发展的有机整体[①]。也可以依据不同的农产品划分不同的农产品链,如粮食产业链、苹果产业链和食用菌产业链等。

农业产业链的构建,难以依靠小农业产业主体自发完成,需要借助政府、金融及农业相关产业的不同力量共同完成。主要有三方面内容:一是农业产业链的纵向发展。它是指以传统种养业中的种植业、畜牧业和渔业为产业链延伸的基础,通过向上的生产、加工、流通、储藏、运输、保鲜、包装等产业方向发展,通过向下的深度挖掘形成分级、净化、商品化处理等产业方向发展,以发展新产业的方式,贯通生产与销售,创造出新供给。二是农业产业链的横向发展。在传统种养业功能的基础上,融合文旅产业,形成休闲、观光、旅游、餐饮、养生养老等产业,不断拓展农业的新功能。同时,结合时代发展的需要,培育科普教育、电商等新业态,形成农业和乡村产业高效协同的网状结构[②]。三是农业新业态产业链建设。打破传统农业只在一产中做文章的旧格局,以农业产业链各个业态演进为着力点,以打造农业利益共同体为目标,构建符合农业现代化发展趋势的产业形态。

---

① 参见《农业农村部关于加快农业全产业链培育发展的指导意见》(农产发〔2021〕2号),http://www.gov.cn/zhengce/zhengceku/2021-06/02/content_5614905.htm。
② 苏渝、王茂春:《基于三产融合背景下的乡村振兴路径研究:以农业产业链发展为主》,《农业经济》2022年第10期。

（二）构建农业产业链的重大意义

习近平总书记指出，产业兴旺是解决农村一切问题的前提。构建农业产业链是乡村振兴战略的重要支撑和必然选择。其意义体现如下。

（1）发挥农业的多种功能，打牢乡村全面振兴基础。有史以来，农业是万业之母，它兼备多种功能，多种业态。以现代化生产力为基础构建的农业产业链，产业范围和产业功能与传统农业不可同日而语。新兴的休闲农业、体验农业、景观农业等新产业，"互联网+"、新农人等新业态，"农超对接""农企对接"等新模式的出现和发展，促使流走的资源要素重新向乡村汇聚，实现市场化农业，促进传统乡村产业向现代农业产业体系转化，为乡村全面振兴提供保障。

（2）促进农业产业链的现代化，形成国际国内双循环的发展格局。"双循环"背景下农业产业链的现代化，包含了粮食安全与农业产业抗风险能力提升的双重时代内涵，仅仅围绕农业产业链延伸或者断链补齐做文章难以解决，关键在于深入推进供给侧结构性改革，提升供给对需求的适配性[1]。打造现代化农业产业链，扩大农业生产利益空间，旨在将科技、信息、创新等现代化要素引入产业链，跨越空间限制，寻求农业跨境合作，实现与国内产业链、全球产业链的有机交融。

（3）拓展农民的就业增收空间，实现农民的共同富裕。现代化背景下的农业产业链构建，不同于原有农业产业链的发展，是基于传统农业产业链基础的产业链改造和重构。在产业链重塑和优化的过程中，小农户能够被纳入价值链增值收益的分享范围获得增收，通过产业链布局下沉农村，小农户获得就业岗位和生产活动而实现增收，也可以通过将闲置的资金或土地折股投入产业链相关企业获取分红等方式增收。现代化农业产业链可以改变长期以来轻视甚至忽视产业链条各环节主体利益分享的现状，以保障农业和农民利益；以建立生产激励机制为着力点，使链条各环节主体都有机会共同分享农

---

[1] 何亚莉、杨肃昌：《"双循环"场景下农业产业链韧性锻铸研究》，《农业经济问题》2021年第10期。

业产业链整体增值的效应，实现共同富裕。

二 陇县农业产业链发展现状与特征

陇县地处渭北高原西部边缘地区，介于东经106°26′32″—107°8′11″，北纬34°35′17″—35°6′45″之间，东西长63.50公里，南北宽57.80公里。年平均气温10.7℃，降雨量600.1毫米，无霜期198天，境内水资源丰富，大小河流49条，是关中西部重要的生态屏障和宝鸡市水源涵养地。全县辖10个镇，104个行政村，5个城镇社区，面积2276.93平方公里，人口27.24万，其中农业人口24.1万，耕地面积353.2平方公里，农作物播种面积446.8平方公里，林地面积179万亩（1亩约为666.67平方米），天然林存量148.36万亩，森林覆盖率高达50.30%[①]。农业产值占全县生产总值的24%，是典型的山区农业县。

（一）农业产业链布局多元化

陇县是一个以种养殖为主的山区农业县，其优越的地理资源和气候条件，使陇县农产品品种繁多，许多农产品的生产可以延伸为一条农业产品链。陇县依托特色产业优势，多元化布局农业产业链。全县14个重点产业链责任部门制定了各自提升产业链发展规划，组建特色产业链工作专班负责协调解决产业链构建过程中的问题，各镇及县相关职能部门主要领导为专班成员[②]。形成了羊乳、香菇、烤烟、药材、中蜂、核桃、苹果等众多农业产业链，形成"龙头引领、星罗棋布"的发展格局。

（二）农业产业链整合模式多样化

近年来，陇县农业产业链整合以产业的横向整合、纵向整合和特殊目的整合多种方式推进，建立起了陇县现代农业产业链网状链接结构。通过建立

---

① 陇县档案局：《2020年陇县县情及大事》，http://www.longxian.gov.cn/art/2021/1/7/art_4213_1385566.html。

② 《陇县特色优势产业发展奖补资金管理办法（试行）》，2021年10月1日。

现代农业产业链"链长制",加快主导产业建链、加工流通延链、科技创新补链、园区集群强链、融合发展优链,培育新型经营主体、打造行业知名品牌、强化政策科技支撑、促进产业深度融合,农业产业链发展势头迅猛,陇县农业产业链正迈入快速发展的新阶段。

(三)农业产业链发展精准化

针对陇县农业产业链的不同发展阶段和发展条件,在支持鼓励农业产业链的发展上采用因产制宜的精准策略。侧重设施农业的政策支持,在产业链向前延伸方面,依托专家团队,探索开展良种培育及工厂化生产,加强良种开发与高产栽培关键技术的研究与应用,引导企业推广优质高产新品种。注重产后产业的发展,购置配套智能化装袋设备,完善基地冷链、仓储、烘干等相关配套设施。以市场需求为导向,以龙头企业为引领,支持各生产主体以完善加工能力为基础,开发精深加工新产品。

(四)首位农业全产业链构建成型

陇县是世界公认的奶山羊养殖最佳优生区。陇县认真贯彻省委、省政府"3+X"特色产业战略和打造千亿级羊乳产业集群重大部署,把奶山羊产业作为全县首位产业,确立了打造"百亿生态乳都"目标定位。以"首位产业、首位推动",实施"双倍增"计划,发展思路上坚持"科技引领、龙头带动、分户扩群、规模产奶、智能加工、园区承载",依托"饲草、养殖、加工、销售等环节全产业链打造、全产业链协同、全产业链创新"的发展路径,成为全省千亿羊乳集群核心承载区[①]。2022年1月4日,农业农村部发布《关于第四批国家现代农业产业园认定名单的公示》,陇县国家现代农业产业园是全国唯一的奶山羊全产业链发展先行区。

---

① 陇县畜产局:《2022年陇县支持奶山羊全产业链高质量十条措施》,http://www.longxian.gov.cn/art/2022/4/2/art_4221_1489528.html。

（五）农业产业链的龙头企业不断壮大

陇县为加快农业全产业链培育发展，充分发挥农业龙头企业在农业产业链中的核心作用，打造了一批农业产业链上下游发展的"链主型""群主型"农业产业化龙头企业。同时，围绕农业产业化龙头企业，开展家庭农场培育和农民合作社规范提升工程，初步构建形成以合作经济组织为纽带、专业大户和家庭农场为骨干、农业经营主体为主体的新型农业经营体系。

（六）农业产业链成长环境不断优化

陇县按照"政府引导、企业主体、市场运作、科技支撑、农户参与"的方式，通过设施农业奖补、产业奖补、严格农业执法、建立"互联网+农产品"平台等方面，根据不同产业链发展需要有针对性地加强农业产业链的政策环境建设，使陇县农业产业链的软硬环境大为改善。另外，农业产业链的构建也离不开农业科技的全方位支持，在科技支持上，陇县选择了精准对接的发展路径，分类施策的农业科技对接为陇县农业产业链的科技创新提供了巨大支持。

三 陇县农业产业链构建存在的问题

虽然陇县农业产业链已经形成了一定基础，并取得了长足发展，但与农业产业链竞争力提升需要相比，与农业农村现代化、全面推进乡村振兴的发展要求相比仍显滞后，与发达省份相比也存在较大差距。

（一）农业产业链链条仍然较短

（1）产业基础薄弱。农产品供应的规模能力不足是限制产业发展、限制产业链延长的重要因素。以中蜂产业链为例，不仅养蜂规模和产蜜量偏低，规模化发展上不去，过度分散的养殖导致注册蜂产品商标多，品牌多杂散，80%以上的蜂农是自己养蜂、摇蜜、罐装、销售，缺少统一销售渠道。"宝鸡蜂蜜"产品地理标志应用范围小，具有高附加值的高端蜂产品（肥皂、化妆品、蜂疗等）还是空白，没有自营出口权，只能作为中间供货商，难以形成拳头产品和品牌市场[1]。

（2）产业链脱节。农业产前、产中以及产后缺乏有效的产业链整合，存在脱节情况，特别是供需脱节，各个环节各自为政，追求自身短期利益，无法无缝对接。[2] 小农户生产的分散性和消费者的多元化特征，使得深入市场和农村的信息搜寻与甄别较为困难，县域农产品结构优化进程仍然处在自发阶段，政府管理者与农业产业链的经营主体认知仍然框定为以增产为目的，以既有产业链的均衡支持为手段，对于可以优先发展的特色农业产业链、对于根据实际情况优化农业区域布局关注不够。

（3）金融支持不足。农业产业链构建的不同阶段对金融服务需求不同。现有农村金融机构功能不健全，金融支持力度不够。一方面，由于农业产业链链条不稳定，各环节经营主体信用意识薄弱，当农产品价格发生波动时，产业链主体违约现象普遍存在，增加了金融机构融资风险；另一方面，针对农业产业链构建支持的金融创新不足，融资担保机构匮乏。一些中小规模主体在融资过程中常常出现资产抵质押价值普遍被低估的现象，难以达到融资门槛。合作社或农户作为产业链前端的主体，受龙头企业的经营实力或信用影响，不仅融资难以进行，还会出现因信用信息不对称而导致的融资高违约的信用背离现象。

（二）农业产业链组织化程度低

（1）农村集体经济薄弱，吸引带动能力不强。近年来，陇县在农产品基地建设方面做了大量工作，建立多个标准化示范基地，但松散型的小规模特征仍然突出。目前，全县村集体经济组织总资产达到7.51亿元[3]，"空壳村""薄弱村"已经全面清零，但全县农村集体经济整体实力薄弱，增收渠道单一，发展后劲缺乏，村集体资产存在经营管理不善、村级债务负担沉重等问题。较低的产业化集中程度，又进一步延缓了专业化进程。

---

[1]《陇县农业农村工作汇报》，2022年7月7日。
[2] 胡卫华：《陕西省现代农业产业链发展探讨》，《安徽农业科学》2016年第2期。
[3]《陇县年鉴》编纂委员会：《陇县年鉴(2019)》，三秦出版社2019年版，第176页。

（2）农业专业合作组织作用发挥有限。大量的调研情况表明，在工商局登记注册的农民专业合作社实际运作的占比较小。小农户的小生产规模使专业合作社的规模也很小，导致管理成本高。合作社创建品牌、实施标准化生产和管理，以及建立绿色有机产品基地等方面在整个农业产业化组织体系中所占的比例还不高。同时，农业专业合作社的发展机制有待完善，管理不够规范，实力有待提高，无法真正适应现代化农业的发展。

（3）农业服务体系不完善。市场中间组织发育不充分，缺乏对农业生产和市场需求等数据的收集、分析和应用，农户、生产者、加工企业等各个环节之间信息传递不畅，难以及时获取市场需求和供应情况，导致市场不透明和信息不对称，难以制定科学决策。缺乏完善的农业技术培训、市场信息服务和金融支持等服务体系，农户面临生产、销售和风险管理等方面的困难。

（三）农业产业链科技支撑水平不高

（1）技术应用和创新相对滞后。大量小农户仍然采用传统的种植和养殖方式，缺乏现代农业技术的支持，科研机构和农业企业创新能力有限，新技术的研发和推广较为缓慢。缺乏精准农业技术的支持，陇县农业科技人员"传统技能型人才多、特色农业型人才少，指导型人才多、操作型人才少"现象比较普遍，使农业生产中的资源利用不够精细化，科技人才支撑也不能适应现代农业转型发展的需要。

（2）低水平的智能化和自动化。陇县的农业生产方式依然较为粗放，缺乏智能农业技术的应用，全产业链绿色转型刚刚起步，导致农业生产流程较为人工化、低效且易受季节和气象的影响。因为种粮不赚钱，而化肥农药又相对便宜，施用还有国家补贴，现在的小农户已习惯于种懒田，农业面源污染结构性、根源性、趋势性压力依然较大，有效治理模式和长效机制都尚未建立。

（3）缺乏数字化管理系统。目前，陇县数字乡村发展基础依旧薄弱，数字乡村大数据平台稀缺，新一代信息技术应用对农业农村的普及度和覆盖率仍然偏低。农业产业链构建中缺少现代化的管理系统，农业生产中的计划、生产、库存、销售等环节无法通过数字化手段进行高效管理。目前大部分农民文化教育水平普遍偏低且农村青年劳动力不断外流，导致从事数字乡村建设人才匮乏。

四 构建现代化农业产业链路径与对策

坚持正确政治方向，走中国特色社会主义乡村振兴道路，坚持服务于国家重大转型和整体安全，全面构建和推动农业产业链发展，使陇县从农业大县转变为农业强县，使传统的农村、农业和农民转变为现代农村、发达农业和新型农民。

（一）找准抓手，绘制农业产业链建设图谱

（1）培育打造各个农业产业链"链主"，建立产业链链主制。精心选育在农业产业链建设中起主导作用的龙头企业担任链主，牵头构建农业产业化联合体，促进主体联合，要素聚合，利益共享，带动各经营主体融入农业全产业链，形成全产业链，以产业链力量进入市场。担任链长的龙头企业，可以是头部企业或者是骨干企业、领军企业，其类型可以是科技型企业，也可以是育种公司、加工公司或者流通公司等，以企业在整个农业产业链的过程中起到主导作用为主要判断依据。

（2）建立农业产业链负责人制。针对农业产业链跨区域、跨环节、跨业态的特点，按照"一个链条，一个负责人，一套班子，一套政策，一个团队"要求，制定具体实施方案。负责人建立统筹推进、分工协作的工作机制，从产业链整体发展角度寻求新思路，重点是绘制本县农业产业链建设图谱，做好顶层设计，优化区域布局。

（3）聚焦主导产业，加快培育农业产业链重点链。原则上主导产业一定要是在当地产业地位特别突出、带动能力强、就业容量大、产业成长性好、链条参与主体多、连农带农紧的产业。对于优势特别突出但尚未达到标准的农业产业链，政策扶持和产业成长环境上要给予适度倾斜。基于县域财政能力限制，全面发展和重点培育思路上要有所选择，才能在结合本地优势特色资源的基础上构建形成农业产业链梯队发展态势。

（二）搭建平台，推动特色农业产业链融合发展

（1）建设农产品加工园区平台。在原有加工园基础上，利用农产品加工园强化科技研发、融资担保、检验检测等服务，完善设施，成立县域农产品加工园区专管机构，由县区政府主要领导任组长，分管领导任副组长，相关部门负责人为成员的农产品加工业发展工作领导小组，负责出台支持政策，协调解决重大问题，实现农产品加工园从1.0向2.0园区转变。

（2）建立信息汇聚交流平台。将农业全产业链的原料商、加工商、采购商、投资商、营销商等都放在平台上，实现信息共享、数据共享、渠道共享。平台要为全产业链提供产品生产情况、行情资讯、物流配送、资金融通、供需平衡等市场服务，实行链条数据化、数据产业化运作，通过数据平台将各个链条环节主体串联在一起。

（3）搭建科企对接和成果转化平台。梳理链条连接的关键核心技术断点，加大政策支持，设立农产品加工业发展基金，支持原料基地、园区建设、技术改造、品牌培育等，以企业为主体，联合科研单位针对核心技术断点开展攻关，同时组织开展面向全国科研院所、企业征集优秀科技创新成果，健全成果转移转化直通机制。

（4）搭建资源要素对接平台。从一二三产纵向角度延伸产业链，提高农产品精深加工比例，不断健全产业链各环节利益连结机制，改善小而散的生产状态。

（三）建设载体，构筑农业产业链支撑体系

（1）全面深化农业农村改革。探索开展农村集体建设用地腾退和有偿调剂使用，开展农村撂荒地、闲置校舍、厂房、废弃宅基地等清理整治。健全农村产权流转交易机制，推进农村各类产权顺畅流转交易、公开规范运行，有效盘活农村资产资源，解决农业经营主体抵押物不足、融资难、资金不足等问题。

（2）构建农业产业链人才支撑体系。探索建立乡土人才信息库，把各镇有种养技术、懂产业经营的村民纳入进来，加入特聘农技员队伍。支持农村

专业合作社、龙头企业等承担培训任务，扶持培养一批农业职业经理人、经纪人。大力开展校地合作，培养农业人才，加快农业科技成果转化和农业转型升级发展，从产业发展领先地区引进技术、人才、资金，为产业振兴提供坚实的人才基础。

（3）构建农业产业链科技支撑体系。加强质量兴农、绿色兴农技术开发，加大建立良种选育基地和新品种繁育基地的支持力度，提高品种繁育和种养殖技术的创新能力。积极培育和提升农业产业链生产主体尤其是农业企业的创新能力。

（4）引导建立完善中介服务体系。建设完善地区农业大数据平台，整合气象、土壤、作物生长等多维信息，不仅为农业生产提供科学依据，也可以为农民提供实时的农业知识、市场行情和政策信息。建设智能物流系统，发挥宝鸡市全国性综合交通枢纽和生产服务型国家物流枢纽承载城市的优势，构建智能物流系统，提高冷链物流的效率和精准度。发展农业产业链上的共享物流平台，降低小农户和小企业的物流成本，提高资源利用效率。

（5）构建农业产业链金融支撑体系。高度重视合作金融，一方面，鼓励各类金融机构开展针对农业产业的金融创新，以差异化的农业产业链融资服务模式[①]，满足处于不同阶段的产业链资金需要；另一方面，积极对接中省支持政策，积极争取中央转移支付资金和省市农业专项资金，建立政府支持的风险分担机制，降低金融机构对农业产业链的融资风险。

（四）创新机制，激发农业产业链强大活力

农业产业链的创新机制涉及四个方面：一是产业链协同创新。不同环节的经营主体之间加强合作，以利益共同体为原则，由链主企业牵头，聚拢农业产业链各类经营主体一体打造，构建农业产业化联合体，提高整体产业链的效益，形成产业链上下游的协同创新机制。二是创新合作机制。对于农业生产经营主体之间的横向联合，明晰产权关系和责权关系，量身打造相关制

---

① 沈琼：《用发展新理念引领农业现代化：挑战、引领、重点与对策》，《江西财经大学学报》2016年第3期。

度，进一步推行现代管理。对于合作社组织，一方面在其内部采取"成员（代表）大会决策、理事会执行、监事会监督、成员团结合作"的民主管理运行机制，促进合作社不断发展[①]；另一方面，建设农业合作社网络，促进农业企业之间的资源共享和协同发展，以建立长期的信任合作机制，减少信息不对称，促进农业产业链的稳定运行。三是政策支持与法规创新。制定有利于农业产业链发展的政策和法规，激励创新，推动整个农业产业链向高质量发展。四是可持续发展创新。强调环保、社会责任和经济可持续性，建立农产品溯源系统，确保产品的可追溯性和信任度，从而推动农产品定制化生产，满足不同市场需求，提高产品附加值。推动农业产业链向可持续发展方向转变，降低生产对环境的影响。这些方面的创新机制相互交织，共同推动农业产业链的不断发展和升级。

---

① 姚树荣、周诗雨：《乡村振兴的共建共治共享路径研究》，《中国农村经济》2020年第2期。

乡村振兴战略下白水县现代乡村产业发展的模式与路径研究*

雷振东　高　雅　刘黎明**

> **【摘要】** 全面推进乡村振兴是新时代建设农业强国的重要任务。习近平总书记强调，产业振兴是乡村振兴的重中之重，也是实际工作的切入点。白水县是全国最大的有机苹果生产基地，乡村振兴战略目标下，充分发挥苹果产业优势，挖掘生态、文化等地域特色资源，带动现代乡村产业融合发展研究具有重点价值和意义，本文基于对白水县乡村产业发展现状的特征问题剖析，分别从构建现代乡村产业体系、完善现代乡村生产体系、健全现代农业经营体系、加快现代乡村产业融合四个方面提出白水县现代乡村产业发展的模式与路径，以期为该地区同类县域乡村现代产业发展提供借鉴参考。
>
> **【关键词】** 白水县、产业振兴、绿色模式

---

* 本文系"陕西省哲学社会科学研究专项"智库项目"乡村振兴战略下白水县现代乡村产业发展的模式与路径研究"（2023ZD0624）的研究成果。

** 雷振东，西安建筑科技大学建筑学院教授；高雅，西安建筑科技大学建筑学院讲师；刘黎明，陕西创新人才发展研究院乡村振兴研究所助理研究员。

白水县位于渭南、铜川、延安三大城市中间，处于渭北旱塬循环农业产业带与关中渭河平原现代农业产业带之间，关中城市群"咸阳—铜川城镇带"和"渭南—韩城城镇带"的中间地带，是北部黄土高原生态屏障的重要生态节点。白水县域总面积为983.95平方公里。其中，农林用地873.95平方公里，耕地以旱地为主，占耕地总面积的89.67%。园地以果园为主，占园地总面积的79.76%。林地以乔木林地为主，占林地总面积42.69%。林地资源丰富，但水资源约束明显。白水县日照充足，光热资源丰富，适合苹果、小麦、玉米等农作物生长，处于世界苹果最佳优生区，是中国苹果之乡、中国有机苹果第一县、国家出口苹果质量安全示范县。白水县以"3+X"产业布局为指导，在稳定粮食生产的基础上，突出苹果优势产业，加快发展花椒、设施瓜菜、家畜养殖等特殊小众产业，大力推动光伏发电等新能源产业发展。

一 白水县现代乡村产业发展现状

（一）乡村产业发展总体平稳，苹果生产具有优势

白水县农业种植类型较为传统，第一产业以种植业为主，种植规模居全市11个区县第8位。农作物类型包括以谷类、豆类及薯类为主的粮食作物，以油菜籽及花生为主的油料作物，以及蔬菜瓜类作物。其中玉米和小麦种植规模最大，玉米种植面积21.13万亩，单产334公斤，总产7.06吨；小麦种植面积15万亩，单产199公斤，总产2.99吨。在林业方面，总产值0.71亿元；在畜牧业方面，养殖种类主要以生猪养殖为主，存栏规模和肉产量情况在渭南市处于中下水平。苹果生产具有优势，目前，全县苹果种植面积40.06万亩，挂果面积33.89万亩，苹果总产达50.08万吨，实现产值41.69亿元，苹果种植规模居全市第一。

（二）乡村产业体系相对完善，涉农产业园区粗具规模

白水县拥有各级各类涉农园区18个，其中省级园区3个，市级园区5个，县级10个，园区面积扩大后在5万亩左右，总投资3亿元左右。牧原

生猪产业体系项目、生物质原料生产线等重大项目全面实施；杜康酒获评国家地理标志保护产品、中国白酒品牌价值50强；圣亿达包装、山里情豆制品加工生产线投产运营；兴华苹果酒试产运行；苹果科技产业园中小企业孵化中心建成营运，入驻企业增加到38户，获评省级农业科技园区。

（三）农业经营体系发展较快，龙头企业带动作用显著

白水县现已发展各类农民专业合作社608个，认定各类家庭农场85个，其中国家级示范社7个，省级示范社11个、省级示范家庭农场22个，拥有省市级龙头企业47家，市级以上企业园区9家，10家涉农企业获批市级农业产业化龙头企业，兴华果蔬公司晋级为国家级龙头企业。陕西旭峥贸易有限责任公司、白水县兴华果蔬有限责任公司、白水县润泉现代农业科技开发有限公司、白水县果乡情果业科技有限公司等龙头企业对其相关联的农业发展带来了积极的辐射带动作用，在全县经济产业发展中发挥着重要作用。

二 白水县现代乡村产业发展的不足

（一）乡村人口老龄化加剧，果农专业素质不齐

白水县近年常住人口持续下降，城镇化进程稳步推进，同时老龄化问题严重，60岁以上人口占比逐年增加。2019年，白水县乡村户数占比为57%，乡村人口占比为46%，60岁及以上人口占比为19%，略高于全省平均水平（18.12%）。其中，乡村劳动力人口12.36万人，乡村从业人员10.3万人。全县8个镇（办）中，乡村人口占比超过60%的镇（办）有5个，其中西固镇的占比最高；60岁及以上人口超过20%的镇（办）有3个，其中史官镇的占比最高。总体呈现出"年龄偏大，经验陈旧，思想落后"的问题。

（二）精深加工相对滞后，产业链条较短

白水县苹果加工产品已经形成了以苹果汁为主，苹果干装罐头、苹果脆、苹果籽油、苹果醋、苹果酒并存的格局。但是，由于缺乏标准化生产体

系，加工比例较低，且已有的加工产品种类单一，原料利用率低，尚未形成多元发展、二次利用的格局。同时，龙头企业等新型经营主体较少，专业技术人员支撑不足，苹果加工业发展驱动要素缺乏。总体来看，一产以生产为主，向后延伸以初加工为主，精深加工发展不足导致农产品产值低，副产物综合利用程度低；三产发展缓慢动力不足，农村生产生活服务能力不强，产业融合度较低，地域乡村的特色资源挖掘不足，农户企业间的利益联结不足。

（三）乡村产业融合支撑要素不强，产业要素活力不足

白水县乡村产业发展面临着土地、资金、技术、人才和市场等多方面的支撑不足的问题。乡村基础设施建设薄弱，道路、网络通信、仓储、冷链、物流等设施建设滞后，与城市基础设施的互联互通衔接性不强。乡村产业缺乏稳定的资金投入机制，金融服务不足，土地出让金在农业农村中的比例较低。乡村资源变资产的渠道尚未畅通，阻碍了金融资本和社会资本进入乡村产业。农村土地利用存在空闲、低效、粗放利用和新产业新业态发展用地供给不足的问题[①]。此外，乡村发展需要建立融合发展的体制机制，解决农村人才缺乏，科技、经营等各类人才服务乡村产业的激励保障机制不健全的问题。

三 白水县现代乡村产业发展的模式与路径

（一）挖掘生态文化资源，优化现代乡村产业体系

1. 优化乡村产业结构

充分发挥白水县生态环境、自然资源和区位优势等资源禀赋，立足白水现有苹果、设施农业、林木、养殖等农林牧业资源，衔接县域"苹果、煤

---

① 张玉清：《实施乡村振兴战略与精准脱贫攻坚有效衔接的路径探析——以甘肃省靖远县为例》，《农业科技与信息》2020年第21期。

炭、白酒、清洁能源、文旅康养、装备加工制造"六大产业板块发展重点，以科技农业、服务农业、设施农业、低碳农业、循环农业等现代农业为发展方向。按照"稳粮、扩菜、壮牧、优果"的原则，调整和优化农业产业结构，稳固粮食种植，优化苹果主导产业，扩大设施农业，壮大畜牧养殖业，发展光伏农业、花椒、中草药等特色农业，强化以农副产品精深加工、农业机械制造为主的第二产业，提升以冷链物流、休闲农业、乡村旅游、创意农业和农村电子商务、农业生产性服务为主的第三产业，构建县域现代乡村产业体系（图1、图2），全面提振乡村产业高质量发展，形成"以二产带强一产、以三产带活一产"的现代乡村产业发展格局。

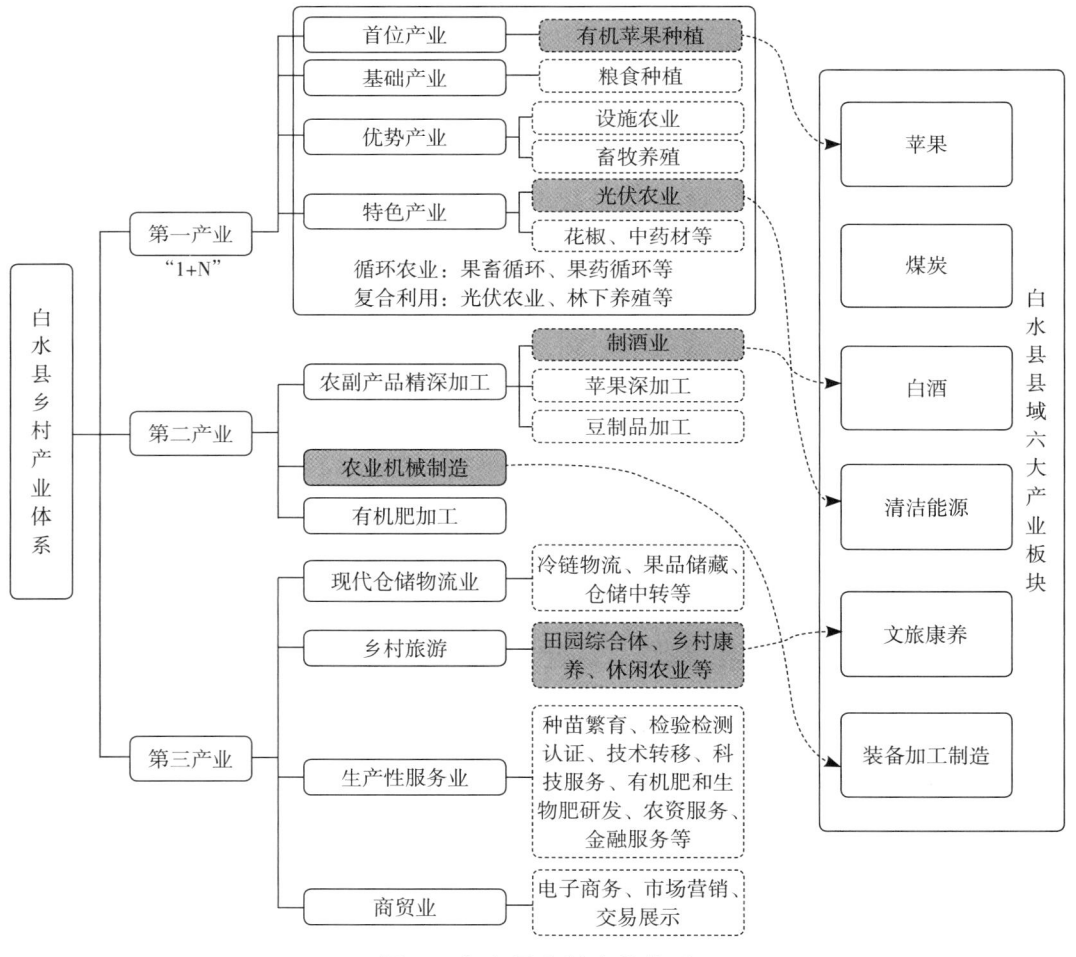

图1 白水县乡村产业体系

资料来源：白水县乡村振兴战略规划研究小组。

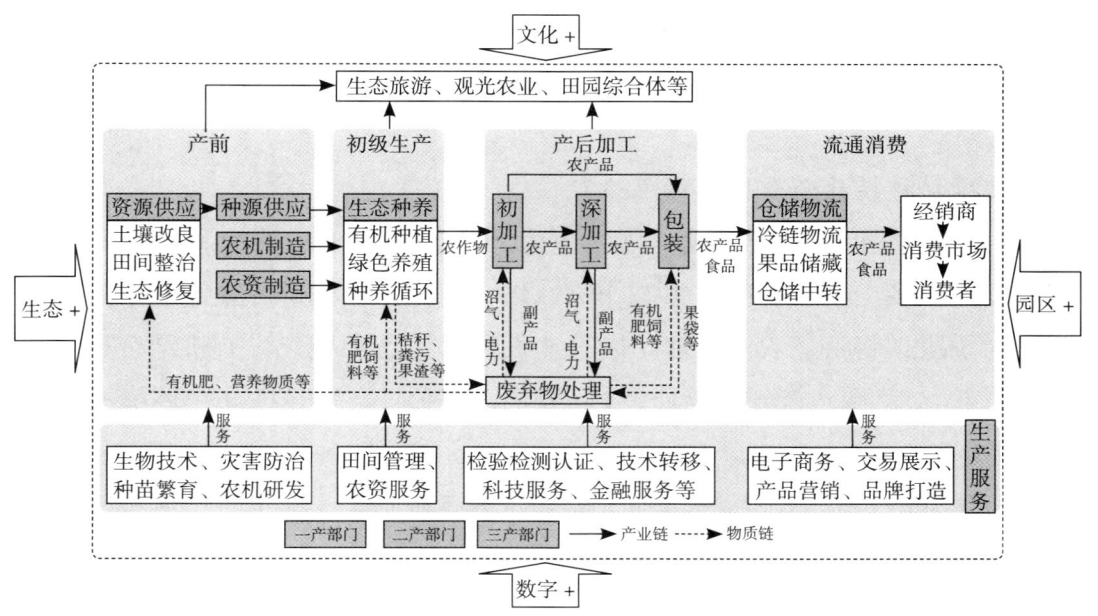

图2 白水县现代农业产业链

资料来源：白水县乡村振兴战略规划研究小组。

2. 保障粮食生产安全

首先，稳定粮食生产面积，确保粮食生产总量。粮食生产要稳字当头，以保障粮食安全为重点，深化种植业结构战略性调整，着力建设优势农产品基地，加大良种引进和推广力度，努力提高综合生产能力。其次，坚持"藏粮于地、藏粮于技"战略，严守耕地保护红线，严防耕地非农化非粮化，加强农田水利基础设施和高标准农田建设，实施高效节水灌溉工程和耕地质量提升工程，推广旱作节水、深松整地、秸秆还田、绿色防控、有机肥替代等技术，稳步提高粮食综合产能和质量，夯实粮食保障能力。

3. 巩固苹果首位产业

坚持苹果首位产业地位不动摇，以苹果产业高质量发展为主体，科学规划布局，建立白水苹果产业发展核心保护区，努力构建完善的现代果业生产、营销、服务体系，使苹果产业现代化水平全国领先。大力实施苹果生产体系"十大工程"，支持以优系富士、瑞阳、瑞雪、瑞香红等为重点品种的标准园、示范园建设。探索建立苹果交易所，统筹果品品质、诚信销售、品牌保护、金融服务，为果农、果企、大宗客户搭建放心"柜台"，打造渭北果业集散地，推动白水苹果高质量发展。

（二）发展绿色循环模式，转变现代乡村生产体系

1. 推动种植养殖业内部绿色生产

（1）改善土壤养分构成，培肥地力。开展耕地田间整治和土壤有机培肥改良，以乡土植被种植、生态作物栽培、中低产田腾退等关键技术的推广应用为手段，将特色农业产业、园艺业发展与生态环境建设有机结合，保证生态系统水资源、养分、物质良性循环，减轻农业生产对自然环境的负面影响。

（2）开展农业面源污染治理，提升新增有机肥生产能力，持续推进化肥农药减量增效和农业废弃物回收处理。按照"两减一改"技术要求，实施减化肥、减农药、土壤质量提升工程，大力推广有机肥、生物肥、果树酵素等"零农残"产品应用。建成"使用者归集、政府扶持与市场运作相结合"的废旧反光膜、农药肥料、果袋等包装废弃物回收处理体系。

2. 发展种养结合的绿色循环农业（图3）

（1）以"种植—养殖—有机肥加工—种植"的种养循环模式为切入点，按照"斤果斤(有机)肥"标准，因地制宜推广果畜循环、果药循环、林下养殖等农林牧种养结合、循环互利模式，实现有机肥、果树酵素等"零农残"产品应用。

（2）以县域为单元进行种养平衡分析，合理确定种植规模和养殖规模，统筹做好县域产业规划。坚持农牧结合、种养配套，制定完善的种养指导方案，形成以养带种、以种促养，构建结合紧密、经济高效、生态持续的绿色新型种养关系。结合设施蔬菜种植、林下养殖等不同农业类型及特征，优化现有"果—畜""猪—沼—果"发展模式。

（3）加强农业生产废弃物循环利用。坚持资源化、减量化、可循环发展方向，建立果树枝条菌料利用、畜禽粪污资源化利用等农业生产废弃物综合利用长效机制。将苹果、粮食等农作物的花果、秸秆、叶片等作为畜禽饲料，畜禽粪便作为农作物有机肥，实现种植业和养殖业生物物质与能量循环

利用，提升资源化利用效率①。

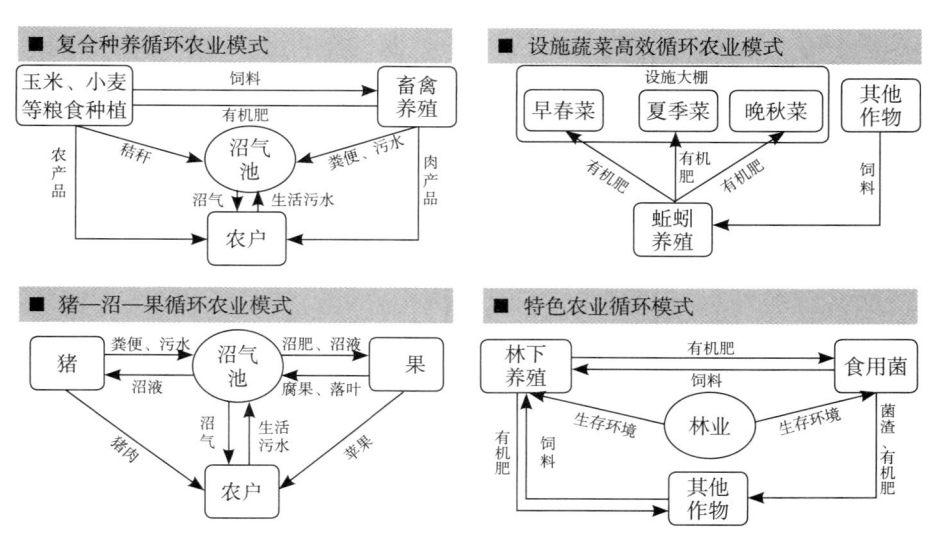

图3 白水县绿色循环农业发展模式

资料来源：白水县乡村振兴战略规划研究小组。

3. 推广农产品副产物综合利用

重点开展对秸秆、米糠、果蔬皮渣、畜禽皮骨内脏等农产品副产物的梯次加工和全值高值利用，健全副产物综合利用技术体系，成立副产物的回收处理中心，开发利用农副产物丰富的营养成分，除用作食品、营养提取、饲料、肥料等之外，加大投资力度，增加精深加工设备，增加其开发利用深度；通过与中小企业建立副产物收集、处理和运输的绿色通道，实现加工副产物的有效供应和加工。促进企业与合作社、家庭农场、农户有机结合，促使种养业主体调整生产方式，使副产物更加符合循环利用要求和加工原料标准；通过技术指导和服务，把副产物制作成饲料、燃料、酒精、肥料、基料、微生物菌、草毯、沼气等，起到综合利用、转化增值、改良土壤、治理环境的作用。

---

① 甘海燕、梁鹏、钟洁等：《基于农业供给侧结构性改革的现代农业示范区创意发展探讨——以广西为例》，《广西农学报》2017年第4期。

（三）创新利益联结路径，完善现代农业经营体系

1. 培育多元新型经营主体

（1）壮大农业产业化龙头企业队伍。结合苹果、杂粮等优势产业基础，引导现有龙头企业采取兼并重组、股份合作、资产转让等形式[①]，对重点龙头企业（合作社）实施梯队培育和"一企一策"精准扶持，鼓励支持企业、合作社向生产基地延伸，创建苹果标准化示范园和中高端市场"直采基地"。

（2）培育与小农户衔接的经营主体。支持农民经济合作组织，积极培育家庭农场、农民合作社等新型经营主体大力发展，围绕"农业+互联网""农业+旅游业""农业+加工业""农业+服务业"等新业态，继续扶持白水县振华苹果专业合作社、杜康镇康家卫集体经济组织等新型经营主体，培育一批农业经理人、职业农民、产业工人，凝集乡村内部分散小农，发挥在农产品交易、农业市场信息收集、农业政策宣传等方面的引领带动作用。

（3）鼓励适度规模经营。发展多种形式的土地经营权流转市场和服务平台，推进土地经营权有序规范流转，特别是向种植大户、家庭农场、合作社等主体流转，通过规模流转、农地入股、托管联营等形式，推动适度规模经营，提高产业聚集度。实施企业联镇包村工程，引导农户、家庭农场、专业合作社梯次发展50—200亩适度规模现代化果园。

2. 完善利益紧密联结机制

（1）组建县级产业联社联盟。打破行政区划和行业限制，把分散的资产、零散的经营联结起来，推动龙头企业、种植大户、家庭农场、专业合作社和小农户等融合发展，构建"龙头企业+合作社+基地+农户"等多种模式的产业化联合体，通过集团化运作，形成优势互补、资源共享、抱团共建、合作共赢的利益共同体，为农民提供产供销一条龙服务，增强村集体经济实力，带动群众增收。

（2）搭建合作化制集体经济经营平台。建立村集体合作社、基层党组

[①]《农业农村部关于印发〈全国乡村产业发展规划（2020—2025年）〉的通知》，农产发〔2020〕4号。

织、社会组织在内的合作化制集体经济经营平台，该平台作为单元内部"资源整合者"，吸纳社会资本以资金入股、技术支持、设备供应、新型劳动力帮扶等形式投入生态资源维育、生态产业、绿色农业等领域，吸引返乡创业人员、城乡两栖居民等优势人口进入乡村，通过PPP模式组合投资、资源性资产直接融资等方式，实现资源的多样性开发和组合性投资，推动生态资源维育和生态产业市场化，实现资本增值。

（3）适应老龄化农业经营模式。基于白水县农业劳动力老龄化趋势，综合考虑农地经营大小、农地质量、规模经营意愿等因素，选择适宜老年劳动力生产耕作的农业作物，如连翘、花椒，合理控制种植规模，一部分土地直接进行农业生产经营，通过生产性基础设施的普惠改善生产条件，提高生产效率与产出；另一部分土地通过出租、转让、分红等方式获得收益，以增加土地财产性收入。

3. 壮大集体经济

（1）盘活资产促生发展动能。盘活利用好各类集体资产。支持集体经济将闲置的场所、校舍、厂房和资金等，通过有偿流转出租、自主开发利用契约投资入股、合作共建产业的形式，实现资产的保值增值。激活农户资产要素。引导农户以劳动、土地、资金、房屋、机械设备等一切可利用的资本入股集体产业，走合作化、规模化发展的路子，实现集体、农户双发展，增加群众财产性收入。挖掘资产潜能提高价值。支持集体经济组织整合集体闲置建设用地、宅基地，采取"所有权、资格权、使用权"三权分置方式，在不改变土地性质、优先保障集体、依法民主决策的基础上，允许以50年为期限转让使用权，与国有土地同质同价进入农村产权市场交易，提高集体资产附加值。

（2）创新路径模式促进提质升级。联合驱动合作共建。以联合为纽带，在产权明晰、风险可控的基础上，打破地域区域限制，推动镇镇联合、镇村联盟、村村联合、村户联合、村企联建等多种叠加的联合发展模式，建立联结各方、优势互补、风险共担、合作共赢的抱团发展机制。因地制宜创新路径。以壮大为核心，依托优势找路子，坚持宜工则工、宜商则商、宜农则农。围绕"资源开发、资产运作、生产服务、商贸带动、物流物业、乡村旅游、特色产业"七种发展类型，合理确定发展的途径，通过"自主发展、招商引资、筑巢引凤"等方式，引导农户参与集体经济发展，撬动工商资本、新型农业经济主体投资合作开发经营。长短结合突出特色。以产业为支撑，推进集体经济一二三产融合发展，打造"立体产业"结构。推动集体经济产业长短结合、种养结合一体化，通过发展牛羊鸡等短周期畜牧养殖，套种间作秋冬季短线农作物，种植食用菌、圣女果、蔬菜、中药材等小众产业，实现集体经济多类型、多元化、全方位协调可持续发展。

（四）培育特色产业集群，推动乡村产业深度融合

1. 培育优势特色产业集群

（1）以产业园区引领三产融合。按照"延伸链条、园区承载、集群发展"的思路，深入推进农业产业延链、补链、强链，以加工流通联结业态融合，以功能拓展带动业态融合，以信息技术创新业态融合，集聚产业融合发展新动能，打造区域性农业现代化示范样板。培育和引进一批农产品加工龙头企业，加快推进苹果核心区、牧原公司、苹果小镇等重点项目建设，打造一批三产融合示范区。

（2）打造产学研融合的产业联盟。以节本增效、质量提升、产品研发为主攻方向，多种形式打造产学研融合的创新团队或产业联盟，集中优势力量攻克关键核心技术难题，推进农业科技进步和成果转化应用。实施现代种业工程，健全完善种业质量及转基因生物安全监管体系，加强种质资源保护和利用，培育壮大种业主体，创建国家区域性（苹果）良种繁育基地，加快农作物和畜禽品种选育更新。围绕全程、全面农业机械化目标，提升农机装备水平，推进农机农艺融合。

2. 建设产业融合发展平台

依托县城腹地，引导社会资本向社会化服务、乡村旅游等第三产业投入，围绕生态种养循环产业链提供农资销售、农业金融、农业电子商务等服务，促进产前、产中、产后全产业链构建，充分发挥县城区位及资源优势，构建三产融合的综合性产业发展平台。

依托产业强镇，引导社会资本向农产品深加工技术、农产品流通包装等

第二产业领域投入，就地发展农副产品初加工业，重点发展农业机械等辅助生产类设施，建设以工业化产品支撑生态种养循环产业链为核心的产业园区平台。

依托新型农村社区和集聚类村庄，挖掘特色地域资源，打造"一村一品"，引导社会资本向高科技种植技术、规范化农田管理等第一产业领域投入，以构建林果业、养殖业、种植业与沼肥之间形成生态种养循环产业链为目标建设标准化、绿色化生产基地。

3.促进农、文、旅融合发展

（1）挖掘历史文化遗存，促进文旅融合发展。强化县域特色保护型村庄的保护与发展，深入挖掘县域历史、红色、乡土文化资源，加强与当代休闲文化需求对接，依托自驾游精品线路、古树古墓旅游线路等县域旅游线路建设，引导乡村旅游与传统村落、特色小镇融合发展。融入新发展理念，大力开展群众参与性强的文化旅游活动，如结合史官北塬等历史文化资源开发高校实习基地、非遗青少年研学课堂等业态；支持传统戏曲的排练演出场所、传统手工艺的传习场所和传统民俗活动场所建设，打造特色鲜明、艺术水准高的专场剧目等。

（2）拓展农耕文化内涵，推进文化农业联动。加强休闲农业及旅游产业建设，挖掘民俗游、生态游、农家乐等业态。大力提升酒店、旅馆、民宿等服务水平，做大做强辣子汤、豆腐瓢等具有地方特色的传统餐饮，形成以大众化市场为主体，满足多层次多样化消费需求的住宿餐饮新格局。创新农业旅游模式，采用线上线下互动强化农事体验。重点推进生态农庄休闲旅游，积极发展亲子教育、文化体验和研学旅游相融合的创意休闲农业。完善交通、餐饮、住宿、商业等配套，带动本地农产品的加工销售。因地制宜发展集循环农业、创意农业、农事体验于一身的田园综合体，以发展"共享农庄"为抓手，推动田园综合体和美丽乡村建设。优先选择一批基础条件较好的农业基地，创建各具特色的共享农庄，为消费者提供土地租赁、托管代种、产品认养、自行耕种等多种形式的订制服务，培育农旅融合发展新业态，提升农业综合效益。

四　结语

　　产业振兴是乡村振兴的重中之重，无论是发展县域经济还是推进乡村振兴，产业发展都是关键。白水县乡村产业的转型发展不仅对县域经济有重要带动作用，同时也是县域乡村高质量发展的核心动力所在。本文立足白水县乡村资源禀赋优势、产业发展特征与问题，分别从现代乡村产业三大体系与产业融合发展等四个方面提出挖掘生态文化资源，优化现代乡村产业体系；发展绿色循环模式，转变现代乡村生产体系；创新利益联结路径，完善现代农业经营体系；培育特色产业集群，推动乡村产业深度融合的白水县现代乡村产业发展的新模式与新路径，不仅为白水县乡村振兴提供了理论支持和实践路径，也为全国范围内的同类乡村产业发展提供了经验参考。

关中乡村传统理水智慧系统

——以韩城柳枝村为例*

欧亚鹏　蔡　臻**

> 【摘要】作为古人长期同旱涝博弈共生的产物，黄土高原地区的乡土聚落普遍形成了丰富的理水智慧。关中地区的传统村落作为典型代表，在绿色营建、景观营造、人文化育、社会凝聚、风险应对等方面蕴含着系统性的理水智慧。本文梳理聚落规划、传统村落人居环境营建和理水之间的关系，并以陕西韩城柳枝村为例，对其传统山水人文空间格局进行历史复原研究，在"水村和谐"格局营建、"适水宜居"人居环境营建、"人水共生"场所营造三个层面，挖掘并梳理其理水智慧系统。本研究可为新时期陕西省城乡绿色宜居人居环境营建和生态理水设施建设，提供理论和实践经验借鉴。
>
> 【关键词】理水、传统智慧、水村格局、人居环境、场所营造

---

* 本文系"陕西省哲学社会科学研究专项"青年项目"陕西黄土沟壑区乡村传统理水智慧挖掘与传承研究"（2023QN0085）、陕西省社会科学基金项目"陕西关中传统村落水适应性景观营建智慧及其传承研究"（2023J032）、陕西省哲学社会科学重点研究基金年度项目的研究成果。

** 欧亚鹏，西安建筑科技大学中国城乡建设与文化传承研究院助理教授；蔡臻，西安建筑科技大学建筑学院硕士。

关中地区保留至今的传统村落普遍呈现出极具地域特色的水适应性景观，蕴含着丰富的绿色营建、景观营造、人文化育、社会凝聚、风险应对等方面的地方知识，彰显出古人因地制宜的营建智慧、趋利避害的生存之道以及天人合一的思想追求。[①] 当前，受气候变化影响，关中地区旱涝灾害多发。但乡村地区的传统理水系统衰微乃至消失，而现代理水系统建设仍显滞后且低效，难以有效确保气候安全和水生态安全。因此，陕西省在以水环境治理为核心的城乡人居环境建设过程中，迫切需要加强传统水遗产、优秀水文化的发掘保护以及传统理水智慧的传承发展和提升。

本文以韩城柳枝村为例，综合应用文献研究、无人机采集近地遥感影像、口述史采集等田野调查方法，并结合20世纪60—70年代历史遥感影像比对，旨在对新中国成立初期，柳枝村的山水人文空间格局做历史复原的基础上，深入挖掘并梳理其理水智慧系统，即宏观的"水村和谐"格局营建、中的观"适水宜居"人居环境营建和"人水共生"场所营造。研究结果可为新时期陕西省城乡绿色宜居人居环境营建和生态理水设施建设，提供理论和实践方法借鉴。

一 理水与传统村落营建

（一）理水与聚落规划营建

多数学者认为在村落空间格局、聚落景观风貌和社会文化肌理演进过程中，传统水环境治理实践发挥了重要作用。[②③] 在农耕社会，"水"始终是村

[①] 欧亚鹏等：《半干旱区传统村落基于理水的绿色人居营建——以关中地区涝池为例》，《城市规划》2022年第11期。

[②] 李雪华等：《中国传统村落水环境营建智慧及复兴策略研究——以河北省大贺庄村为例》，《古建园林技术》2021年第4期。

[③] 杨贵庆等：《传统村落总体布局的自然智慧和社会语义》，《上海城市规划》2016年第4期。

落规划建设必须考虑的关键要素。① 传统雨洪管理设施发挥着控引乡村"有机生长"的作用。正如关中的典型传统理水设施涝池，即是构成基层村落单元的核心决定因素，当村落人口规模超出涝池服务能力时就会新建涝池，从而产生新村落单元。② 有学者认为，城乡景观和空间大都具有水适应性特点。③④ 可以说，同水空间、水文化相关的规划实践，都包含着古人技术性、生态性、文化性、社会性的智慧创造。⑤⑥⑦⑧ 因此，新时期的城乡规划和建设，应以城乡建设要适应水系统的新价值观为指引，⑨ 将地方性知识融入现代水生态基础设施建设和空间治理。⑩⑪

（二）理水与人居环境营建

传统村落通过长期理水实践，往往也构建出有较高宜居性的人居环境。

---

① 刘华斌等：《传统村落水生态智慧与实践研究：乡村振兴背景下江西抚州流坑古村的启示》，《三峡生态环境监测》2018年第4期。

② 徐岚等：《关中传统村镇旱涝平衡经验及其当代规划启示》，《西安建筑科技大学学报》(自然科学版)2017年第1期。

③ 俞孔坚等：《黄泛平原区适应性"水城"景观及其保护和建设途径》，《水利学报》2008年第6期。

④ 王明泽等：《豫南传统村落水适应性空间模式探析》，《中外建筑》2022年第5期。

⑤ 李雪华等：《中国传统村落水环境营建智慧及复兴策略研究——以河北省大贺庄村为例》，《古建园林技术》2021年第4期。

⑥ 吴艺婷等：《关中民居建筑雨水利用演变规律及优化策略研究》，《世界建筑》2021年第9期。

⑦ Sayigh, A., *Sustainable Vernacular Architecture: How the Past Can Enrich the Future*, Cham: Springer, 2019.

⑧ Gautam, D., Thapa, B.R., Prajapati, R.N., "Indigenous water management system in Nepal: Cultural dimensions of water distribution, cascaded reuse and harvesting in Bhaktapur City", *Environment, Development and Sustainability*, Vol. 20, 2018.

⑨ 俞孔坚等：《"海绵城市"理论与实践》，《城市规划》2015年第6期。

⑩ 黄梅等：《实践自然观下侗寨理水智慧及其生态治理启示》，《城市规划》2023年第1期。

⑪ 乔杰等：《乡村小流域空间治理：理论逻辑、实践基础和实现路径》，《城市规划》2021年第10期。

这首先体现在村落"中庸式"选址策略上：从宜居性和安全性两方面考虑，"人之居处，宜以大地山河为主"（《阳宅十书》），村落选址需要靠近水源，但同时"高毋近阜而水用足，下毋近水而沟防省"（《管子·乘马》），又不能太靠近水源。因此，一方面必须平衡好用水和避险这对矛盾，才能同时实现"趋水利"和"避水患"。① 这也表明，趋利避害是传统乡土聚落立村选址、营宅造院所遵循的普遍原则。② 另一方面，河流凸岸（又称"汭位"）即河湾凹处成为村落的理想选址。这一选址不仅能保障生产生活用水，确保用地安全，③ 满足古人所需的领域感，还能依托地势防洪排涝。④⑤ 其次，宜居性也体现在通过理水营造出的兼具物质性与社会性的公共空间上。传统雨洪管控空间通过承载人水互动和人际互动，可增进集体凝聚力，对于社群共存至关重要。⑥

二 理水营村典型：柳枝村

柳枝村⑦位于韩城市西庄镇，大约元末明初建村，现为省级传统村落（第一批）、中国传统村落（第四批）。平均海拔高度约490米，呈西北高、东南低之势。柳枝村属"北部高中山平原盆地—黄土高原地貌区，暖温带半干旱区、大陆性季风气候，平均年降雨量为440多毫米。该村历史上的营建

---

① 张思远等：《传统村落宜居水环境构建策略研究——以福州市月洲村为例》，《福建建设科技》2022年第2期。
② 王圣等：《大利侗寨宜居水环境构建策略研究》，《水利规划与设计》2023年第4期。
③ 河流凹岸（河湾凸处）面临着河水常年的冲击侵蚀，河床不稳，不适宜建设；而河流凸岸（河湾凹处），因水流向心力的作用，水流会裹挟泥土不断沉积在河湾凹处，河床面积经年累月会有所扩展，更适于居住与农作。
④ 张思远等：《传统村落宜居水环境构建策略研究——以福州市月洲村为例》，《福建建设科技》2022年第2期。
⑤ 高富丽等：《徽州传统村落防洪减灾措施之启鉴》，《建筑与文化》2022年第5期。
⑥ Hester, R.T., *Design for Ecological Democracy*, Cambridge: MIT Press, 2006.
⑦ 据《韩城地名志》记载："明朝成化年间，村北竹林寺有一柳树死而复活，且南枝特别茂盛直指该村，迷信以为吉祥，遂改名柳枝村。"

依循地形地貌，注重关联自然山水、因地制宜和人文营建，形成了历史文化底蕴深厚、肌理特色鲜明的山水人文空间格局"（图1）。结合口述史、近地遥感影像和20世纪60年代历史遥感影像比对，可知该村曾有完备的理水系统，自建村以来，鲜有水涝灾害发生。[①]

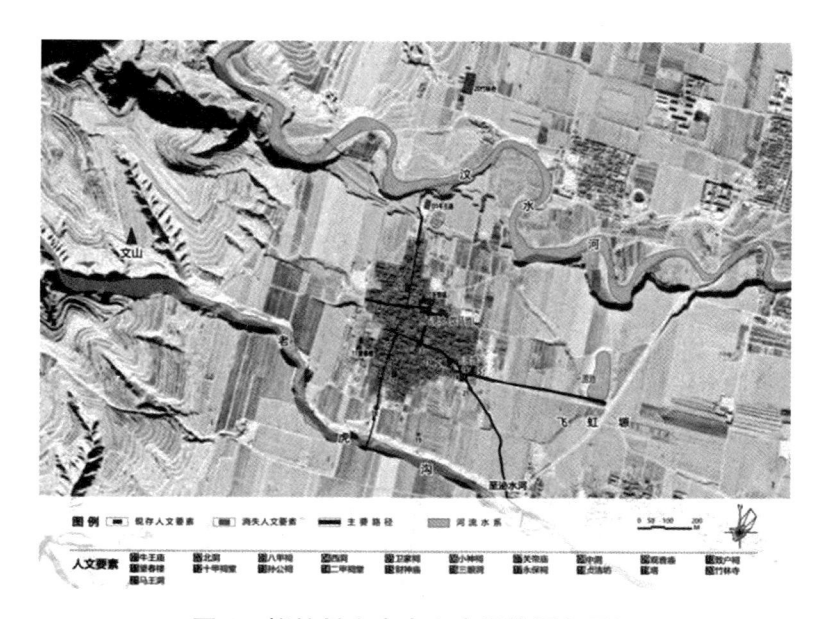

图1 柳枝村山水人文空间格局复原图

资料来源：笔者自绘。

三 柳枝村理水智慧系统

（一）水村和谐：水村格局营建智慧

柳枝村历史上的规划建设，巧借山峦屏障和自然河流水系，顺应地形地势，整合多级路网汇排系统与涝池蓄排系统，营建出"背山面水""南北二水环绕，内外三涝池"的山—水—村格局（图2）。具体而言，首先，村落位于梁山山脉东麓，择址村西丘陵底端，坐西向东，向阳背风，布局于村北汶水河和村南老虎沟两河之间、河道凸岸，距此二水均200—250米。这一

---

① 孙智省编：《古柳逢春——柳枝村文史资料》，柳枝村村委会，2017年。

"近水而不亲水""双重汭位"的择址策略，使其在易于获取水源、确保用地安全的同时，得以留出一定的泄洪区域。此外，该村顺应西北高东南低的地势特点，在较高势位处择址并充分利用邻近自然水系，便于涝水出村后顺势排入村南地势较低处的老虎沟。其次，村内的建筑排布方向、街巷整体走势与自然地形相契合，营建出水适应性的村落空间格局。该村西北高东南低，落差近12米，[①]而村内主要道路的基本走向约为东偏南14°，几近垂直于等高线（最大坡降），这表明了结合自然地形设置道路以强化排水功效的水环境管控策略。最后，通过在关键势位排布公共雨洪管控设施，进一步强化了村落空间格局的水适应性（图2）。

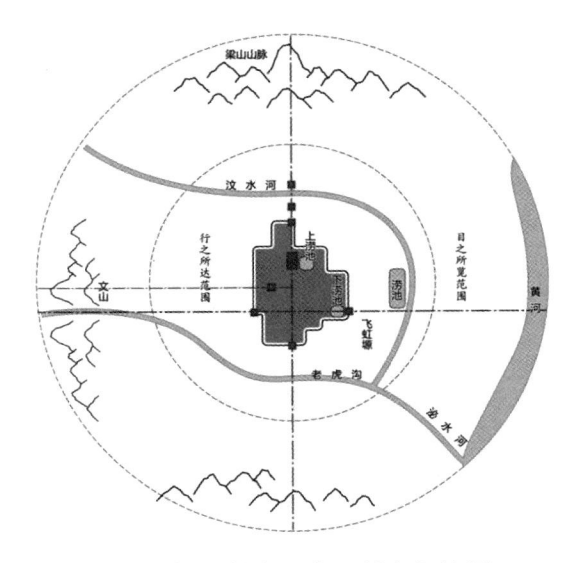

图2 柳枝村山—水—村空间格局

资料来源：笔者自绘。

（二）适水宜居：水适应性人居营建智慧

1."水路"：街巷排汇导引

柳枝村西北部地势高，为"水来处"（上游），东南部地势低，为"水去处"（下游）。古人在察水究源的基础上，随形就势排布街巷，使其充当天

---

① 根据中国地理空间数据云DEM数据计算，柳枝村海拔为451—463米。

然"水路",将上游雨水排汇导引至下游。村内以中心巷道(俗称"老门巷")和东、南、西、北四主巷构成基本道路骨架,并于中心巷道北端、西巷东端布置村内中心门洞,又于东、西、南、北四巷端头各设巷口门洞一座,与街巷共同构成"五巷五门洞"的街巷格局(图3)。

每逢大暴雨,各支巷作为三级"水路",主要发挥排水功能;南、北、西三条主巷作为二级"水路",主要发挥汇排导引功能;老门巷、东巷则作为一级"水路",主要发挥排引功能。雨水沿西巷、北巷因势自然汇排,由二巷导引排入上涝池;沿南巷、村西南巷道、神道排汇入东巷,由东巷导引排入下涝池。这一"水路"网络结合上下涝池的布局,实现了村内"水系贯通"。

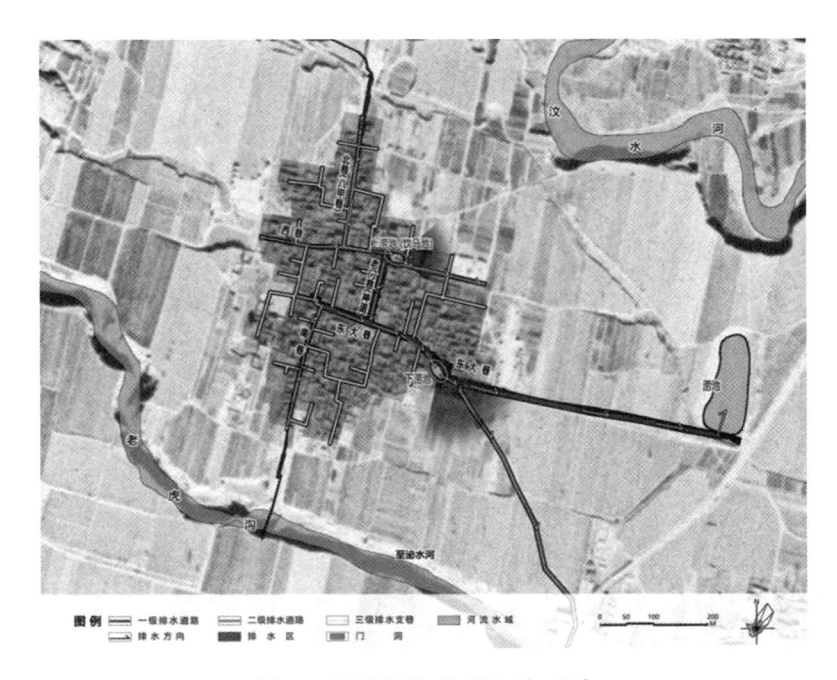

图3 柳枝村街巷排汇水系统

资料来源:笔者自绘。

2. 水池:涝池生态理水减灾

居于柳枝村传统理水系统核心的是涝池。村内原有上下两方涝池:上涝池(也称"饮马池",已填)位于关帝庙东大门外偏东处;下涝池(已填)位于地势更低的东巷南端。此外,村外往东600—700米处还有一口大涝池

（已填）。

作为重要的传统理水系统，涝池的生态理水智慧首先体现在其旱涝调节能力，即根据不同的降雨情况灵活调整自身功能，实现旱涝响应。日常一般降雨时发挥雨水集蓄功能，较强降雨时发挥蓄排功能，特大暴雨时则以导排功能为主。而在干旱少雨季节，涝池则一定程度上能保障村庄生产生活用水。

其次，通过集蓄雨水，涝池确保了良性水文循环。集蓄的雨水能堵塞水土流失的源头，增大有效水资源总量，优化水资源结构，改善生态环境。在维系水生态的同时，涝池也满足了村民日常生活尤其是旱时用水需求，如浇灌菜畦、饮牲畜、建房和泥等，实现了对雨水资源的综合利用。

最后，涝池也能排涝防洪，发挥着重要的防灾减灾功能。如上文所提，雨涝经由街巷导引，就势自然排汇至村内地势低洼的东南部。但古人并没有放任涝水在这一区域漫流，而是挖修涝池来集蓄雨涝。同时，在下游不同区域修建涝池，能够将雨涝压力分解，从而降低村庄面临的雨涝风险等级。

（三）人水共生：亲水性场所营造智慧

涝池在过去不仅是保障村落水生态安全的物质空间，也是标识性人文景观和关键公共空间，柳枝村涝池即呈现出"上下涝池日月交辉，相互印映"[①]的景致。该"一村之胜"蕴含着丰富的场所营造智慧。

首先，尤为注重涝池同周围人文环境的关联和融合。事实上，在关中传统村落中，涝池往往同周围的各类人文建筑共同构成核心公共空间。比如上涝池关联村中关帝庙人文群域，同紧邻的中门洞和关帝庙戏楼及庙门前场地、老门巷北端、木牌坊等，在西巷村口围合形成"内圈"公共空间，同稍远的关帝庙建筑群又构成了"外圈"公共空间（图4）。

---

① 东北角竹林古寺，鼎盛一时；西北角古堡雄立，固若金汤；西南角柿叶秋霜，红林尽染；东南角宝塔耸立，形若卫士；村正中元代庙宇，雄伟古建；上下涝池日月交辉，相互印映；池边古树十围左右，苍劲挺拔；南巷子望春楼，明代建筑；东巷三眼洞，名盖关中；孙家三祠，各放异彩；三座陵园，古朴典雅。

图 4　柳枝村上涝池人文场域

资料来源：笔者自绘。

其次，注重通过自然要素的融入，营建出人与自然和谐共生的公共空间，强化涝池这一亲水空间的社会功能。柳枝先民在上下涝池边栽植杨树，至 20 世纪 60 年代仍有"池边古树十围左右，苍劲挺拔"之景。据村志和口述史，[①]树下曾是村民休闲放松、赏景避暑、观鸟听蛙的乐往之处。虽然古杨已毁逾半个世纪，但至今仍为村民所津津乐道，可知其也是维系社群的记忆空间。[②]

最后，涝池场所营造注重通过关联人文典故、历史名贤、民间信仰等，弘德褒善，传承文脉，从而厚植乡土社会的道德力。关帝庙东大门外的上涝池，村民称其为"饮马池"，缅怀与关公精神气节融为一体的赤兔马。此外，古人也会在涝池周边布置体现一定民间信仰或观念的建筑物来指引行为、培育风气。恰如上下涝池护墙外各建有一座惜字炉（图 4），体现了古人敬惜

---

① Hester, R.T., *Design for Ecological Democracy*, Cambridge: MIT Press, 2006.
② 村志中有如是记载："每逢春夏时节，两棵白杨树上百鸟争鸣、鸟语如歌，枝繁叶茂的大杨树是多种鸟类繁衍生息的天然住所，也是村民休闲避暑、观鱼听蛙的好去处。"

字纸、崇尚文化的理念。[①]

四 结语

作为关中先民同旱涝博弈共生智慧的典型代表，韩城柳枝村的传统理水系统蕴含着丰富的传统智慧。首先，柳枝村的历史营建，顺应地形地势和自然水文，整合路网汇排系统与涝池蓄排系统，营建出"背山面水""南北二水环绕，内外三涝池"的山—水—村格局。这些择址营村策略，彰显出以"水村一体、内外贯通、水村互适"为核心要义的水适应性整体格局营建智慧。其次，其涝池系统蕴含着旱涝自调节、维系良性水循环、排涝防洪等综合生态理水智慧，营建出以水适应性为突出特征的绿色、安全、宜居的人居环境。最后，柳枝村的涝池系统也注重同周围人文环境的关联和融合、注重营建人与自然和谐共生的公共空间、注重将理水实践同文化育人相结合等。这些场所营造智慧在过去培育有活力、凝聚力和道德力的和美乡土社会上发挥了重要作用。新时期，面对气候变化适应和新型城镇化建设的双重需求，关中地区的城乡建设迫切需要复兴和创造性传承以传统理水智慧为代表的优秀乡土生态文明，从而助推宜居宜业和美乡村建设。

---

① 欧亚鹏等：《半干旱区传统村落基于理水的绿色人居营建——以关中地区涝池为例》，《城市规划》2022年第11期。

第四篇

社会治理

党建引领基层治理"城固模式"的实践与启示*

李 鹏 陈建有 曹 坤**

【摘要】县域基层治理是推进国家治理体系和治理能力现代化的重要课题，全面推进乡村振兴是全面建设社会主义现代化国家的内在需要。本课题以基层治理为研究对象，以城固县基层治理实践为分析对象，通过调研和文献梳理，在把握其县域基层治理实践探索的基础上，尝试总结其党建引领基层治理的典型做法，进一步深化对县域基层治理的规律性认识，以期对破局县域治理难题、提升全省县域治理能力、推进县域经济高质量发展提供有益启示。

【关键词】党的领导、基层、治理

基层治理是国家治理的基石，县域基层治理是国家治理的重要部分。习近平总书记在党的二十大报告中指出，要"推进以党建引领基层治理，持续

---

* 本文系"陕西省哲学社会科学研究专项"智库项目"党建引领基层治理城固模式构建研究"（2022ZD0612）的研究成果。

** 李鹏，西北工业大学马克思主义学院副教授；陈建有，西北工业大学党委副书记、研究员；曹坤，西北工业大学马克思主义学院硕士研究生。

整顿软弱涣散基层党组织，把基层党组织建设成为有效实现党的领导的坚强战斗堡垒"[1]，为坚持和加强党的领导、夯实党长期执政的组织基础、推进基层治理体系和治理能力现代化指明了方向。城固县位于陕西南部汉中盆地腹部，北依秦岭南麓，南屏巴山北坡，地理位置优越，人居环境优良。近年来，面对乡村治理难题，城固县充分发挥党组织政治功能和组织功能，挖掘地区资源优势，调动群众参与热情，着力构筑"党建+基层治理"新模式，打造新时代"枫桥经验"城固样板，先后获得省市级表彰和上级部门肯定，为陕西省全面推进乡村振兴战略提供了经验借鉴。课题组通过实地走访、集中座谈、书面访谈，先后赴城固县博望街道办事处、文东社区、城东社区、沙河营镇等开展调研，对城固县党建引领基层治理的做法和思考有了较为全面的认识，在此基础上形成了城固调研报告，以期为提升全省城乡社会社区治理提供有益启示。

一 "城固模式"的主要做法

高质量发展是全面建设社会主义现代化国家的首要任务。没有坚实的物质技术基础，就不可能全面建成社会主义现代化强国。城固县立足本县实际，挖掘特色治理资源，坚持经济高质量发展，坚持以人民为中心的发展理念，不断营造良好社会风尚。

（一）立足统筹特色资源，点燃产业发展"新引擎"

2023年7月29日，习近平总书记在考察陕西汉中时指出，"要发展壮大特色产业，更好带动群众增收致富"，对县域经济高质量发展指明了方向。城固县充分发挥地区特色资源优势，最大限度发挥政企合作效应，由政府牵头吸引产业落地，发挥区域经济特殊优势，坚持厚植基础、产业推动、创新引领的发展思路，推动三大产业融合发展。一是依托特色资源，推动农业

---

[1] 习近平：《高举中国特色社会主义伟大旗帜　为全面建设社会主义现代化国家而团结奋斗——在中国共产党第二十次全国代表大会上的讲话》，人民出版社2022年版，第67页。

产业化。围绕市考县等主要涉考指标，制定任务分工及责任落实方案，保障基本农田38万亩不动摇，切实抓好秋冬抢种抢播攻坚行动，预计农业总产值突破百亿大关，农村人均可支配收入不断提升；依据地区资源特色优势，积极推动以粮油、蔬菜、茶叶、中药材等为重点的特色农产品资源开发行动，加强产业链建设，实现产销一体化，培育新型产业主体，加快绿色产业发展。二是构建稻鱼综合产业模式，振兴集体经济。根据乡村资源禀赋，自2017年开始，城固县适时深化集体产权制度改革，找准发展定位，大胆开拓，走出了一条"劳动力转移稳就业、个体私营经济发展促增收、资产效益最大化稳增长"的发展之路，以因地制宜为准则率先试点。一方面发挥有限土地等资源的价值性开发和水稻种植优势，大力扶持推广稻鱼综合种养技术模式，截至2021年底，城固县水稻种植面积24.5万亩，实施稻鱼面积8781亩，在2020年基础上新增6261亩，完成市级下达任务的123.67%；另一方面实施长期产业化投资增收增效，鼓励居民发展自主创业，在此利好的改革背景下涌现出诸如汉中阳光食品有限责任公司、东方大酒店、赵记酒家、食话食说酒店等12家优秀骨干企业，带动村民就业，大大增加了家庭可支配收入。三是牵住"牛鼻子"，释放技术创新潜力。城固县以省市"十四五"发展规划为牵引，坚持科技兴农，培育发展高新技术企业，促进科技型企业集群发展，以技术创新带动经济飞跃，形成了以光电产业园、陕飞、航空零组件、蓝天精密等企业为代表的高新技术产业带动县域经济发展的产业格局。

（二）构筑网格管理模式，搭建基层治理"新平台"

坚持"群众决策—纠纷化解—网格管理"三位一体治理新模式，提高社会治理能力，推动"善政"向"善治"的转变。一是群策群力化解矛盾纠纷。城固县坚持将党的领导落实到基层，使基层党组织成为防范化解矛盾的"主心骨"，其所开创的"说事大院""院坝说事会"等社会治理新模式，通过"找、分、商、办、评"五字说事法，形成以走村入户找事、协商合理分事、明确职责办事、督导反馈评事相结合的治理新模式，使群众社会评价满意率达99.08%，入选中央文明办《建设新时代文明实践中心工作方法100例》，成为全省基层组织建设示范点。二是网格化服务提升便民服务水平。针对社会矛盾的复杂性和治理的碎片化困境，城固县全面实施"网格化"治理模式，实现了一网统管、一网通办、一网协同，着力打造"1+e"小程序、"智慧莲花平台""网格议事厅"等治理平台，实现社会宣传、纠纷调处、群防群治等工作相统一，充分体现服务群众、以人为本的服务宗旨。例如，文东社区坚持把"信息处理、力量调度、指令发出"作为网格化治理的核心要义，建立"镇党委—村党支部—网格党小组"三级体系，实现"小事找网格、大事找支部"，打通服务群众"最后一纳米"；城东社区通过"党支部＋物业"的党建联建方式，探索出"135"工作法（"1"——以小区党支部为引领，"3"——小区党支部、物业公司、业主委员会三方力量，"5"——党员代表同提议、三方力量出主意、支部大会共决议、党群协作圆心意、居民群众来评议的"和谐五部曲"），社区治理能力和服务水平不断提升。三是服务对接推动资源开放共享。为有效解决群众反映集中的停车难、如厕难、文体活动场所少等问题，城固县创新设立城市资源共享区，免费开放城区内部分机关事业单位内部停车位398个、机关单位厕所67座和6所城区中小学校的体育场馆，规范全县公共文化馆、图书馆、博物馆的免费开放管理，推动城区服务对接、资源共享。

（三）丰富乡村文化载体，引领社会文明新风尚

立足于国家乡村振兴战略的总要求，城固县坚持党建引领，重塑社会新风，推动乡村移风易俗的实现。一是唱好志愿服务"一台戏"。坚持以群众需求为导向，创新理论宣讲、乡村振兴、文明新风等贴近群众生产生活的志愿服务类型，丰富群众生活、调解邻里纠纷、化解家庭矛盾、塑造文明乡风，引导群众在乡村治理中实现自我服务、自我管理，激发乡村治理内生动力。二是用好思想引领实践"新载体"。通过媒体宣传、德治教化、志愿引领等方式，多措并举提高群众对党中央战略方针的思想认同。通过打造"乡风文明一条街""手绘文化墙""文化宣传牌匾"等文化载体，将中华优秀传统文化融入其中，以人民群众喜闻乐见的形式，引导村民弘扬崇尚科学、文明节俭的时代风尚。

二 "城固模式"的主要成效

在基层治理过程中，城固县坚持出实招求实效，努力为谱写县域高质量发展新篇章提供价值引领、物质基础和文化风尚。

（一）产业发展基础逐步夯实

通过对乡村集体经济的组织领导，通过深化产权制度改革、盘活集体资产、鼓励群众创业，出台改革方案，强化专家指导，积极引产投资。一些产业基础比较好的地区，还在探索构建"党支部+村集体经济组织+专业合作社+农户"的基层党组织建设模式，把党支部或党小组建在产业链上。2021年，城固县生产总值282.44亿元，同比增长10%，新签约落地招商项目106个，引进内资219.04亿元，实际利用外资762万美元，增长27%，荣获市招商引资工作先进县；108个重点项目完成投资209.8亿元，同比增长66.5%，智造机加产业园、光电新材料产业园等项目跑出"城固加速度"，连续三个季度蝉联全市"四个一批"暨重点项目观摩考核双第一，成为县域经济发展新引擎。

（二）社会治理水平显著提升

坚持"以人为本"的治理理念，全面落实为人民服务的工作总要求，2021年城固县通过"说事大院""院坝说事会""网格治理""1+X联动机制"等方式，实现"政策宣传—集体协商—纠纷处理"一体化发展，确保"矛盾不出社区"，着力打造"三位一体"社会治理体系。以文东社区为例，该社区坚持"矛盾不上交、平安不出事、服务不缺位"目标，社区大局和谐稳定，连续8年被镇党委政府表彰为综合工作先进社区，2017年被评为市级文明社区，2017年、2018年连续2年被评为县级人民调解先进集体，2018年被评为县级平安村，2022年计划创建省级文明社区。2022年引导41名在职党员到社区报道，汇聚14家企事业单位推进11项共建项目，31件需求有效解决，治理水平不断提升。

（三）乡风文明建设明显改善

在推动乡村经济建设工作开展的同时，城固县政府也高度重视乡村文化软实力的塑造。常态化开展"五美庭院""道德模范""十星级文明户"等群众性创评活动，广泛开展社会宣讲，设置文明牌匾，组建文化墙，设立"善行义举榜""红黑榜"，开展"青春健康大讲堂"、防震减灾知识讲座、普法知识宣传、文明旅游、文明交通等常规性志愿服务，针对辖区留守儿童、困境老人、残疾人等弱势群体开展帮扶，树立典型模范、弘扬主旋律、传播正能量。2021年，城固县新建分布式图书馆、城市书房、智能阅览室10个以上，完善覆盖城乡的公共文化服务体系，大力倡导全民阅读活动，共举办民族音乐晚会、开展文化惠民演出270场次以上，让广大群众在生活中接受中华优秀传统文化与社会先进文化潜移默化的影响，为建设美丽宜人、业兴人和的社会主义新乡村提供了有益探索。

三 "城固模式"对推动县域基层治理的启示

习近平总书记在庆祝中国共产党成立100周年大会上的重要讲话中指出，江山就是人民、人民就是江山，打江山、守江山，守的是人民的心。城固县在推动基层治理过程中，坚持以党的建设为引领，坚持人民至上，守好民心、赢得人心。

（一）强信心

坚持支部书记带头示范引领。党的基层组织是确保党的路线方针政策和决策部署贯彻落实的基础，是群众的"主心骨"。给钱给物，不如建个好支部。基层党组织书记是乡村振兴的带头人，在基层治理中发挥着关键作用。城固县在实施乡村振兴过程中，选好配强农村党组织书记，落实书记工作责任制，发挥党组织在纠纷调解、产业振兴、乡风建设等工作中战斗堡垒作用，同时注重发挥乡贤（退休教师、党员干部、致富能手等）能人作用。城固调研的实践证明，在实施全面乡村振兴战略的过程中，不断提升党组织在政治引领、产业发展、乡村治理和乡风塑造等方面的统筹引领作用是乡村组织振兴的关键。例如，城固县基层普遍推行的"党支部＋院坝说事会"议事机制，具有鲜明的区域特点，丰富了新时代村民自治的内涵，夯实了党组织的群众基础，引领广大群众听党话、跟党走，为陕西省乡村组织振兴提供了有益启发。

（二）稳重心

瞄准农民增产增收发力。近年来，城固县在推动产业振兴的过程中，一方面充分发挥技术创新引领作用，积极吸引外资投产，形成了以光电新材料产业园、航空高新产业园、陕飞等为代表的高科技产业群，有效缓解了地区就业难题，带动地区经济发展；另一方面发挥集体经济效能，完善产权制度改革、盘活集体资产、激活发展后劲，将地域优势与产业特色有机结合，开源节流，鼓励群众创新创业，打造龙头产业，有效带动社会就业，增加群众收入，促进农业高质高效、乡村宜居宜业、农民富裕富足，百姓尽享"幸福果"。

（三）聚民心

完善网格队伍工作机制。在多元化治理主体中，城固县构筑"网格化管理"新模式，选聘群众威信高、公道正派、热心服务的党员、群众、离退休干部担任网格员，实行网格化管理，实现社会治理从"碎片化"向"整体性"转变。打造"1+e"小程序，兼顾政策宣传、便民惠民、老年人服务等五大板块，实现户籍办理、兵役登记、纠纷调解、乡村救助等"一网通办"，完善"网格化治理"机制，建立"镇党委—村党支部—网格党小组"三级治理体系，常态化开展民生服务、治安联防、疫情防控等工作，实现"小事找网格、大事找支部"，打通服务群众"最后一纳米"；开创"党建＋院坝说事"确保"矛盾不出社区"，对群众反映的问题实行"三色"分类、"两级清单"管理[①]；探索符合时代特征、满足人民期盼、体现基层特色的治理新路

---

① 对能立即解决的问题，标为黄色，"日清周报"；对需要认真研究并多方联动的问题，标为橙色，"周清月报"；对需要较长时间解决或与上级联动的问题，标为红色，"月清季报"。

子，如"334"工作法（以人防为基础，健全"三级体系"强管理；以物防为重点，搭建"三个平台"解难题；以技防为核心，落实"四项举措"提实效），建设基层治理共同体，推动基层治理"换新颜"。

（四）暖人心

大力营造文明和谐乡风。乡村振兴既要塑形，也要铸魂。城固县坚持"党建引领、德治教化、法治保障"的工作思路，以新时代文明实践站为平台、以志愿服务为依托，开展好各种活动和服务，定期开展"十星级文明户"、"好公婆、好儿媳"和优秀网格员评选活动。广泛开展脱贫攻坚、乡村振兴、民生保障、生态环保等"三农"政策和强农惠农富农重要举措宣讲，组织各类主题宣讲1000余场次，受众15.6万人次，让党和政府方针政策深入民心。实践证明，推动乡风文明建设必须坚持党建引领，通过加强思想宣传、完善基础设施，不断改善农民精神风貌，提高乡村文明程度，推动乡村文明建设焕发"新气象"。

党建引领乡村治理创新的"合阳路径"

——基于"一核四会五个一"探索的调查与研究*

何得桂　韩　雪　王嘉瑜**

【摘要】 乡村治理体系和治理能力现代化是中国式现代化的核心底色。新发展阶段,陕西省渭南市合阳县发挥党建势能,始终贯彻"以人为本"发展理念,注重高位推动和系统集成,以"一核四会"为抓手筑牢基层基础,以"五个一"为载体提升乡村治理效能。突出多维赋能和内源发展,实现从政府主导到多元协同、从被动应对到主动回应的有效转化,助推乡村善治迈向新台阶,群众的获得感、幸福感和安全感显著增强。党建引领乡村治理要重视守正创新和久久为功,要聚焦党建引领主线,筑牢乡村战斗堡垒;激发改革创新活力,培育乡村发展动能;践行为民服务宗旨,夯实乡村治理根基;优化协同共治格局,绘就乡村善治图景。

【关键词】 党建势能、改革创新、治理有效、共同缔造

---

* 本文系"陕西省哲学社会科学研究专项"智库项目"黄河流域社会治理样板县建设与易地扶贫搬迁后续扶持长效机制构建"(2022ZD0616)的研究成果。

** 何得桂,西北农林科技大学人文社会发展学院教授;韩雪,西北农林科技大学人文社会发展学院社会学博士研究生;王嘉瑜,西北农林科技大学人文社会发展学院社会学博士研究生。

治理有效是推进乡村振兴的重要维度，也是基层治理现代化的应有之义。当前我国乡村治理实践在一定程度上面临群众参与动力不强、自治组织作用发挥不足、自治法治德治融合不够的问题，需要积极探索乡村高效能治理的有效实现路径。陕西省渭南市合阳县凝魂聚气、强基固本，依托"一核四会五个一"创新和完善乡村善治体系。它以党建势能[①]引领高质量发展为主线，以耦合协同四会共治力量为基础，以系统集成多维治理工具为导向，构建全方位、全过程乡村治理体系，提升服务可及性、治理效能感和生活幸福感。

一 注重高位推动和系统集成，健全乡村治理体系

（一）协同发力，以"一核四会"为抓手筑牢基层基础

中国共产党的领导是当代中国的最大国情[②]。合阳县坚持以党建势能为乡村治理注入强劲动力，全面推行以村民委员会为自治主体、村务监督委员会为法治主体、村民理事会为德治主体、村庄建设监督委员会为重要支撑的乡村治理体系。

突出"一核"引领，把稳基层治理"方向盘"。聚焦基层党组织"主心骨"角色，系统搭建"党的领导全覆盖、党员全覆盖、党员作用发挥全覆盖"引领体系，建立村"两委"干部轮值代办机制，推行"支委包片、党员联户"制度，落实村干部队伍"设岗定责"、无职党员"领岗定责"，推动党建势能有效落地并持续发挥势能。建立村组干部绩效考核、农村党员分类管理、村级财务"双领双审双签"等制度，探索建立联村党委20个，不断提升乡村治理体系化、规范化和精细化水平。创新实施五色花志愿服务机制[③]，激励党

---

① 何得桂、刘翀：《党建势能：基层党建引领乡村产业发展的实践机制——以陕西H县党建"三联"促发展为例》，《中共天津市委党校学报》2022年第2期。
② 习近平：《毫不动摇坚持和加强党的全面领导》，《求是》2021年第18期。
③ 五色花志愿服务机制是合阳县委组织部于2019年推行的以红色先锋引领暖心服务、绿色生活绽放生态之美、蓝色守护打造和谐社区、橙色寄托邻里守望相助、粉色力量传承文明新风为主题的"五色花"志愿服务活动。

员发挥先锋模范作用，组建1110支"五色花"党员志愿服务队伍，推动党的组织优势、服务优势转化为治理效能。创新实施党建引领"乡里乡亲·共同富裕"行动，集成党建、政务、司法、治安、卫健等治理力量，搭建215个有温度、聚人气的"乡里乡亲"党群服务中心。深化"街社吹哨、部门报到"改革，着力打造支部创星、干部创优、党员创先"三创三强"[①]党建品牌。营造齐头并进、追赶超越的发展氛围，以五类星级村[②]创建工作为抓手，激发党支部发展动能和党员参与活力。

强化"四会"支撑，激活乡村发展"内动力"。打造"村民委员会贯彻执行、村务监督委员会监督检查、村民理事会反映社情民意、村庄建设监督委员会具体实施"的"四会"共治运行体系，促进乡村社会同频共振发力。其一，提升村民委员会自治水平，夯实乡村治理基础。加强村级公共事务和公益事业管理，深化诉源治理、敏捷治理和积极治理，确保乡村社会既安定有序又充满活力。其二，强化村务监督委员会保障能力，维护群众合法权益与集体利益。保障村民重要事项知情权、村务公开审核权、村级管理建议权和民主评议参与权。其三，增强村民理事会德治效能，提升村务管理水平。积极发展乡村协商民主，注重回应社情民意、深化移风易俗，及时回应群众利益诉求。其四，压实村庄建设监督委员会督导责任，重视规划先行和日常管理。制定《乡村建设指导手册》《农村民居设计图集》，引导农村民居标准化、规范化建设，从源头筑牢房屋安全建设防线。开展乡村风貌提升工程，坚持活化利用、保用协同，保护传统关中村落风貌，留住美好乡愁。截至2023年9月，合阳县建设关中民居样板房230个，传承保护国家和省级传统村落26个。

---

① "三创三强"是指抓支部创星，开展"一镇一品牌"创建活动，拓展"党组织+"模式，深化"联村党委+"组织效应、县季+镇月观摩形式，创新开设"线上观摩"，建强组织基础；抓干部创优，开办西北农林科技大学—合阳乡村振兴学堂，举办"大比拼、创业绩"乡村振兴擂台赛，建立星级村与软弱涣散村党组织书记结对帮扶机制，建强人才队伍；抓党员创先，创新实施"双培双带"工程，深化党员"十二分制"管理，开展"党员亮身份"活动，推行"支委包片、党员联户"机制，深入推进"我为群众办实事"实践活动，持续深化党员"五色花"志愿服务，建强服务驿站。

② 指的是基层党建、集体经济、产业发展、美丽村庄、基层治理五类星级村创建。

（二）多措并举，以"五个一"为载体提升乡村治理效能

共享发展是国家的要求、时代的要求以及人民的要求[①]。聚焦乡村治理难点堵点，合阳县聚力聚能聚智，以"五个一"为载体助力末梢治理提质增效。统筹服务管理一张网，权力规范一清单，积分激励一超市，文明实践一阵地及协同治理一平台，以深化网格化治理工程，落实乡村治理清单制、积分制，打造乡村文明实践样板，充分激活乡村高效治理活力。

"服务管理一张网"：深化网格化治理工程。积极借鉴江苏省镇江市镇江新区经验[②]，合阳县以系统化思维筑牢全域网格治理。依托"横向到边、纵向到底、共建共治共享"理念科学编网定格，最大限度整合服务资源和力量。组建环境卫生网格、疫情防控网格、治安巡防网格、信息收集网格等多网合一、多岗融合的"全科网格员"队伍，达至"人在格中走、事在网中办"。搭建多维系统管理体系，落实网格员"日汇总—周分析—月通报"工作制度，拟定4大类312项责任清单保障网格员线索上报及时、工作处置科学、服务回访有序，实现全域联动促和谐、服务群众零距离。激励网格长、网格员发挥职责，将乡镇干部工作嵌入网格化治理工程，增强乡村治理力量，从而发挥网格化治理在基层公共事务治理中的基础性作用，为民提供高效而优质的服务。

"权力规范一清单"：推进乡村治理清单制。系统梳理村级重大事项、日常事务、土地管理等农村"小微权力"，形成8类73个事项清单、24项可代办事项。绘制适用范围、办理时限、手续资料流程图，明确村级组织和经办人员职责，全过程、全覆盖、多维度监督村级"小微权力"规范运行。切实推动村级事务公开透明，在政府网站、村（社区）公布栏等公开晾晒"小微权力"清单，将乡村治理清单制优势有效转化为治理效能。同时，"小微权力"行使情况被列入镇村干部述职述廉和绩效考核内容。集成613项行政

---

① 何得桂、李玉：《习近平关于扶贫工作重要论述的三大贡献》，《开发研究》2021年第2期。

② 江苏省镇江市镇江新区坚持党建引领聚合力，三张清单压责任，宜地网格促和谐，不断探索打造新区基层网格化治理新模式。

审批服务事项到县级政务服务中心，推行"一窗受理、一次办好"制度以优化政务服务环境，深化权力规范运行。建立政策咨询、事项办理、帮办代办等全流程服务机制，组建帮办代办志愿服务队215支，做到小事不出村、群众少跑路。合阳农村"小微权力"清单做法被国务院督查组作为典型案例进行推广。

"积分激励一超市"：落实乡村治理积分制。以满足群众需求为出发点，以"爱心超市"为主要载体，以多维度积分激发群众参与动力。按照"布局合理、面积适宜、方便群众、便于管理"原则，建立标准化"爱心超市"117个并科学管理。量化基层治理重要事务，制定14项积分评分标准，完善捐赠物资接收、积分兑换、实物采购、货品领取、积分手册五本台账。夯实村委会主体责任，按照"两评一定一公示"程序，每月开展评分活动，科学计算每户所得积分并及时兑换。截至2023年8月，累计兑换积分72万分值，受益群众2.1万人次。同时，合阳县因地制宜、因事制宜，依托实际情况优化奖评内容，合理调整积分分值，形成动态管理、操作有序的积分管理体系，助力乡村振兴和治理惠民。

"文明实践一阵地"：打造乡村文明实践样板。实施村级文明实践站所清零工程，整合村级基础设施，盘活农村闲置资源，探索构建党员教育大学堂、技术培训大课堂、道德法治大讲堂、文化活动大礼堂、村民议事大会堂"五堂合一"模式。截至2023年8月，建成村级"五堂合一"新时代文明实践站所226个，实践基地18个，文明实践示范带4条。常态化开展理论宣讲、政策宣传、法治教育、科技培训、家风宣教活动，充分发挥"红白理事会"、"道德讲堂"和老年人协会积极作用。开展支书领诵村规民约、志愿献唱红色经典、广泛植入家风家训、楷模分享道德故事等活动，培育文明道德新风尚，以积极向善氛围涵养社会良好秩序。坚持正向引导和反向鞭策相结合，深入开展十星级文明户评选挂牌，持续涵养文明新风、良好家风、淳朴民风，大力弘扬和践行社会主义核心价值观。

"协同治理一平台"：激活乡村高效治理活力。发挥信息化在新时代乡村治理中的积极作用，推进"一键申报"管防贫、"智慧农业"管产业、"平台监控"管环境、"网上支付"管财务、"雪亮工程"管平安等数字化协同治理应用平台建设。及时搭建融智慧党建、应急指挥、政务公开等为一体的数字化乡村信息服务与治理平台，推行"一号接收、按责转办、限时办结、统一督办、评价反馈、分析研判"的运行机制，集成受理镇村两级涉及脱贫成果巩固、社会民生等事项3.1万余件。技术赋能乡村治理提质增效，实施"互联网+基层治理"行动，建立全域覆盖、全网共享、全时可用、全程可控的"互联网+"管理平台，建成数字乡村示范村20个。建成"合阳人居环境智能管护系统"，确保改厕后设施维护、粪污处理、垃圾清运等环节管护信息化、智能化。强化敏捷治理驱动功能并筑牢县域高效能治理根基，着力提升乡村治理精准化能力，持续发挥协同治理效能并造福群众。

二 强化多维赋能和内源发展，提高乡村治理能力

基础不牢，地动山摇[1]。乡村场域是若干群体责任共担、行动共为、价值共通、情感共融、利益共享的共同体[2]。加强和创新乡村治理，要着重抓好乡村治理体系和治理能力建设，促进乡村有序、充满活力以及乡村善治。

（一）以自治为基础绘制和美乡村"同心圆"

内生动力培育是提升治理效能的核心举措。合阳县注重引导和支持群众积极参与，增强乡村治理活力。其一，搭建村务治理载体促进群众深度参与。依托村规民约，乡村治理清单制、积分制和网格化治理，充分调动乡村居民参与社会公益、平安建设、人居环境整治等公共事务治理的积极性。坚持群众路线和群众观点，营造乡村善治共同缔造的良好氛围，推动村级事务有效运转和效能提升。其二，有效释放基层群众自治组织活力。注重优化村民自治单元、网格治理单元和公共服务单元，依托居民议事会[3]广泛动员党员、

---

[1] 习近平：《加强基层基础工作　夯实社会和谐之基》，《求是》2006年第21期。
[2] 廖慧勤：《建构乡村社会治理共同体的境遇与选择》，《理论导刊》2022年第1期。
[3] 居民议事会按照主体多方、各方平等的原则，吸收驻区单位党组织、在职党员、小区居民、业委会、物业企业等各方力量，坚持以和谐共建为目标，引导区域内各方主体广泛参与小区治理。

社会组织、居民等力量参与社区治理。探索建立基层民主协商"7+X"机制[①]，不断提升群众协商意识和协商能力，形成民事民议、民事民办、民事民管的村级协商格局。其三，依托诉源治理推动矛盾纠纷良性化解。开展"开门纳谏、下沉问访"活动，推行"知心事、听心声、解心结、暖心窝、定心丸"五心工作法，搭建横向到边、纵向到底的矛盾纠纷调解格局，全方位保障乡村社会和谐稳定。

（二）以德治为纽带营造乡村治理"好氛围"

有效治理蕴含群众讲政治、讲文明、讲道德、讲法治。一是注重依托新乡贤力量助推社会和谐稳定。充分挖掘利用新乡贤资源，将德高望重、备受爱戴的乡村能人纳入人民调解队伍。坊镇灵泉村积极探索符合村情的矛盾化解机制，创设"乡贤工作室"，促进家庭和睦、邻里和谐，该村入选"全国乡村治理示范村"。二是积极选树先进典型，引导群众崇德向善。发挥"一约四会"作用，修订完善村规民约，依托红白理事会力量把关标准、讲明规定、具体监督。深入宣传优秀典型和先进事迹，发挥好媳妇、好公婆等榜样作用，以榜样促新风，充分营造乡村善治氛围。建成86个乡风文明一条街，美丽乡村示范村十星级文明户挂牌率超过95%。黑池镇入选陕西省公共文化服务高质量发展示范镇，合阳县被评为省级文明县城。三是充分挖掘村域资源，加强乡村文化建设。厚植红色资源，传承红色基因，精心打造爱国主义教育基地，建设党史教育主题公园初心公园、爱国主义教育基地杨荫东故居、合阳县委旧址三条红色资源精品教育基地，打造李立科甘井科研所旧址、八路军东渡旧址、张富清东马村战斗旧址、皇甫庄起义旧址四个学习教育示范点。

（三）以智治为手段夯实高效治理"定盘星"

注重利用信息化手段赋能乡村社会治理。充分发挥全域智治"一张网"

---

① 基层协商民主"7+X"机制："7"为七类固定成员，即村"两委"委员、监督委员会成员、群众代表、社会组织、"两代表一委员"、专家学者和威望较高的老干部（提供经济、建筑、法律等专业技术和咨询的人士）、老党员；"X"即诉求利益方。

的重要作用，形成情况及时发现、问题实时感知、平急快速转换的敏捷治理态势。强化智慧赋能，依托"智慧合阳"将民生领域存在的问题统一聚集于集成管理平台，采取工单办理"六步闭环"法[①]，及时、高效发现和解决基层问题，提高末梢治理活力，让居民"智"享幸福。整合雪亮工程、平安校园、智慧城管等13个数据平台，建成集成网格化管理指挥中心，运用智慧手段赋能网格管理。搭建全局性、闭环化的数字化管理平台、数字化广播平台、数字化监控平台、数字化读书平台，有效实现村级"三务"和政策宣传、群众读书、智能监控、档案资料管理的智慧化、可视化。巩固拓展"雪亮工程"，"猎鹰"视频巡防、专业网格巡防做到常态化。建成10个"智慧安防小区"，拓展智慧治理应用领域。基于智能化服务平台和集成网格化管理推进"数据多跑路，群众少跑腿"。2018年以来合阳县共集成受理5.6万余件群众诉求，办结率超过90%，实现"人在格中走、事在网中办"。

（四）以法治为保障撑起群众利益"平安伞"

强化村务财务监督，村级事务决策、实施和结果的全过程监督。其一，明确主体责任，确保监督有效。村庄建设监督委员会全面监管村庄建设行为，保障农村建设用地规范化、科学化；以"小微权力"清单规范自治组织用权，打造"权力运行监督图"，健全依法治村制度；坚持民主决策、民主协商结果及时公开，自觉接受社会监督；以"一核四会五个一"治理体系保障村级组织运行透明化、阳光化。其二，夯实法治主体，抓强村务监督。建立村组干部绩效考核、农村党员分类管理、村级财务"双领双审双签"、村务公开监督、民主管理责任追究等制度，对村级重大事项监督实行事前、事中、事后"三提醒"，推行村务、财务定期化公开、全过程监管。其三，建强乡村法治队伍，夯实基层治理之基。打造"一公里法律服务圈"，在镇（街）设立公共法律服务工作站12个，在村（社区）安装公共法律服务终端156台，全县223个村（社区）实现法律顾问全覆盖，群众居家即可享受"点对点、面对面"法律服务。基于乡村法治、德治、自治"三治融合"基础，推行"三

---

① 即发现问题、集成受理、集成办理、集成处理、处理反馈、核查办结。

力联调"矛盾纠纷化解机制,联合法治力量、行政力量和道德力量筑牢乡村善治基础。

三 重视守正创新和久久为功,拓展乡村善治实现路径

基层治理是国家治理的基石。习近平总书记2020年12月在中央农村工作会议上强调,要加强和改进乡村治理,加快构建党组织领导的乡村治理体系,深入推进平安乡村建设,创新乡村治理方式,提高乡村善治水平[①]。实现乡村善治要聚焦党建引领主线,激发改革创新活力,践行为民服务宗旨,优化协同共治格局,以营造共建共治共享的乡村治理新生态。

(一)聚焦党建引领主线,筑牢乡村战斗堡垒

党的二十大报告提出,把基层党组织建设成为有效实现党的领导的坚强战斗堡垒[②]。作为乡村治理领导核心的中国共产党,是历史和人民选择的结果,也是其所发挥的领导作用、服务功能相融合的必然结果。要创新新时代基层党组织设置方式,科学定位农村基层党组织功能,加强农村党支部基本队伍建设,探索组织群众、动员群众、教育引导群众和密切联系群众的新路径新方法。渭南市合阳县"一核四会五个一"治理体系强化党建势能,有力提升基层党组织领导力和党员干部综合素质,筑牢基层党组织治理根基。要加强基层党组织对群众的组织引领和服务,以"五色花"志愿服务活动为抓手,以党员干部为主体组建乡村志愿服务队伍,激励在职党员到基层报到领岗、常态化开展志愿服务,进一步密切党群关系和干群关系,推动党建优势落到实处并持续发挥势能。建立健全监督考核机制,强化督促指导、压实工作责任,推动多方主体积极投身基层治理实践,推动党建优势、组织优势转

---

① 《坚持把解决好"三农"问题作为全党工作重中之重 促进农业高质高效 乡村宜居宜业 农民富裕富足》,《人民日报》2020年12月30日第1版。
② 《高举中国特色社会主义伟大旗帜 为全面建设社会主义现代化国家而团结奋斗——习近平同志在中国共产党第二十次代表大会上的报告》,《人民日报》2022年10月26日第1版。

化为基层发展效能。鼓励党员干部在特色产业发展、乡风文明建设、人居环境整治等方面亮身份、做表率、晒实效，进而激励群众以更高涨的热情投身乡村治理现代化发展。

（二）激发改革创新活力，培育乡村发展动能

改革创新是助力基层善治的重要法宝。新时代乡村治理要与时俱进、因地制宜探索有效实践机制和路径，注重以机制革新推进基层有效治理[①]。要尊重实践、尊重群众，注重基层探索，激活基层经验。建议结合县域实际，瞄准治理靶心，突出乡村建设和乡村发展，优化乡村治理体系。加强新时代文明实践阵地建设，筑牢思想文化阵地，培育文明道德新风尚，更好凝聚群众、教育群众和服务群众。持续深化"心连心工作室""周二说事"，深化网格化治理、积分制治理和清单制治理改革创新，更好构建基层治理共同体，全面增强乡村治理能力。围绕深化村民自治和强化民主激励，构建积极参与、受益机会平等的乡村治理积分制，并将积分制治理与乡村产业发展、人居环境整治、平安乡村创建以及文明乡风建设相结合。大力推进村级综合服务站建设，探索推行村级便民服务代理工作，为群众提供"一门式"办理、"一站式"服务，做到全程帮办、少跑快办，让群众在"家门口"享受全方位、高质效服务。加快推进城乡一体化融合发展，大力建设产业园区，深入推进全域旅游、乡村振兴、集体经济、美丽乡村建设，促进农工融合、农旅融合。建立科学性和综合性的考核奖励机制，避免以单一经济指标、创新指标为主导标准，要把握地方特色，在途径合法、程序合规、手段正当的前提下，因地制宜地开展科学考核、民主评议，激活基层干部干事创业热情。

（三）践行为民服务宗旨，夯实乡村治理根基

习近平总书记强调，"全党要坚持全心全意为人民服务的根本宗旨，树牢群众观点，贯彻群众路线，尊重人民首创精神，坚持一切为了人民、一切

---

① 何得桂等：《乡村振兴背景下山区贫困有效治理的石泉样本研究》，知识产权出版社2020年版，第25—26页。

依靠人民，从群众中来、到群众中去"①。农业农村现代化进程中，不论是乡村建设、乡村发展，还是乡村治理都要将群众需求与利益置于首位。要贯彻党的群众路线，坚持直接联系、管理和服务群众，整合下沉资源、力量和平台，创新为民解忧、为民谋利、为民办事机制，使群众享受可及性服务和高品质生活。坚持以人民为中心的发展思想，顺应民意、汇聚民智、凝聚民力，以高效能治理推进乡村共同缔造。巩固拓展乡村自治基础，深化村民自治制度，强化群众的主体性意识培育，拓宽村务参与渠道，完善民主协商机制，构建民事民议、民事民办、民事民管的协商格局。织密建强乡村发展组织体系、支持体系和宣传体系建设，依托互联网、大众媒体等媒介加强政策宣传、系统指导和资源支持，以最大限度回应多元主体差异性发展诉求，为乡村产业的个性化与特色化发展奠定物质基础和技术支持。要切实优化农业资源配置，支持农业经营主体发展，建立紧密型利益联结机制，将农民镶嵌到产业发展链条中，带动农民增收。

（四）优化协同共治格局，绘就乡村善治图景

乡村善治要充分调动社会各方面力量和积极性，形成强大治理合力。基于党建势能作用，统筹发挥村民委员会、村务监督委员会、村民理事会、村庄建设监督委员会的协同作用，保障村级公共事务有序开展和效能提升。健全乡村治理责任体系、考核体系和奖惩体系，成立专项领导小组，强化主体责任，确保治理任务高效落实。统筹协调治理场域各方面资源要素，积极推动相关部门系统联动、分工协作，凝聚发展共识，形成发展合力，强化左右协同，打造乡村治理多元主体协同联动机制，推动乡村善治迈出坚实步伐。通过志愿组织孵化、群众参与激活、社区帮扶助力方式培养乡村自我治理力量，鼓励乡村自组织举办公共文化活动，以增强社会凝聚力和向心力，调动村民参与共建共治共享的积极性。要团结相关企业、群团组织、社会组织，凝聚广泛共识，形成"最大公约数"和强劲合力，推动各层级形成社会自治

---

① 《高举中国特色社会主义伟大旗帜　为全面建设社会主义现代化国家而团结奋斗——习近平同志在中国共产党第二十次代表大会上的报告》，《人民日报》2022年10月26日第1版。

管基本、党政势能担要事、群团组织做辅助、辖区部门注活力的闭环治理格局，为多元主体参与乡村治理搭建和拓展平台。要以务实管用的乡村治理机制充分激发群众内生动力，发挥多元主体作用，积极探索简约高效治理有效形式，以营造共建共治共享的乡村治理新生态。

陇县基层社会治理机制优化研究*

田　晶　付　敏**

【摘要】乡村治理既是国家乡村振兴的重要内容，也是基层治理的重要组成部分。乡村社会的发展、繁荣和稳定程度取决于乡村治理能否有效。在国家推动乡村振兴和国家治理现代化的双重战略背景下，乡村治理迎来了新的机遇和挑战。农村经济的快速发展推动着乡村治理，但在大多数农村地区，经济发展相对滞后、产业基础薄弱、人口流失严重，难以实现真正的乡村振兴和有效治理。本文以多元治理理论为依据，总结陇县各乡镇在提升乡村治理能力，促进乡村振兴的成功经验与创新举措，其中"网格化管理＋多元化调处""八帮八解""十小自治"等治理新举措，结合乡镇不同特色，全方位提升乡村治理能力，有效落实了"构建共建共治共享的现代化社会治理体系"的要求，形成了能推广、易复制的乡村治理机制，助推乡村振兴全面实现。

【关键词】乡村发展、乡村治理、乡村振兴

---

* 本文系"陕西省哲学社会科学研究专项"智库项目"陇县农村社会发展与基层社会治理机制优化研究"（2022ZD0759）的研究成果。

** 田晶，宝鸡市社科联原党组书记、主席；付敏，宝鸡市社科联实习研究员。

20世纪90年代末期，随着国家对"三农"问题的重视，"乡村治理"这一概念逐渐成为学界关注的热点话题，学者们从管理学、政治学、社会学等视角分析中国乡村治理问题。党的十八大以来，国内关于治理理论的研究与实践进入一个新阶段。学界围绕着乡村振兴、乡村发展、乡村治理现代化等方面进行了诸多探索与研究。党的二十大报告中强调"全面实现乡村振兴""健全共建共治共享的社会治理制度，提升社会治理效能"[①]仍是未来一个时期全面建成社会主义现代化强国的重要举措。

乡村治理的现代化决定着乡村振兴战略和农业农村现代化的成败，对于促进农村经济发展和农村社会和谐稳定发挥着重要作用，也体现出国家治理体系和治理能力现代化水平的高低。西方发达国家的乡村治理经历了几个世纪的发展演变，最终形成了既具有共性又符合本国特色的治理模式。如日本的造村运动、韩国的新村运动、美国的小城镇建设、加拿大的农村计划模式，尽管这些国家在自然条件、经济水平和历史文化传统方面存在较大差异，但是在乡村治理模式方面仍存在着共性特征，如注重构建网络化层级结构、完善基础设施建设、保护人文自然景观、培育村民自治能力和组织等，可以为我国的乡村治理提供参考。同样，国内涌现出一批乡村治理的优秀经验可供参考，如浙江省"区域党建联合体""三治融合"模式，四川省"区社合一"模式，湖北省村民自治互助会等，从党建引领、居民自治、"三治融合"等方面对乡村治理进行了深入探索，成为对全国其他乡镇有很强的学习借鉴意义的榜样。

一 陇县乡村社会治理面临的问题

在乡村振兴新时期，我国乡村发展面临着人口外流、产业模式落后、基础设施与公共服务建设不完善等问题与挑战，需要加强党的领导，完善乡村治理体系，实现乡村治理有效。陇县在乡村社会治理方面进行了积极探索，

---

① 习近平：《高举中国特色社会主义伟大旗帜　为全面建设社会主义现代化国家而团结奋斗——在中国共产党第二十次全国代表大会上的报告》，新华社，2022年10月25日。

同时也面临着各种困难与挑战。

（一）乡村基层党组织治理能力有待提升

乡村基层党组织作为乡村治理能力建设中的核心，承担着领导乡村社会发展、实现农业现代化、促进农民稳定增收的重任。通过调研发现，陇县的农村基层党组织建设还存在着后备力量薄弱、运行机制不完善、领导能力参差不齐等问题。乡村党员数量逐渐减少，乡村基层党组织后备力量严重不足，导致乡村治理的领导能力无法有效发挥。乡村基层党组织领导队伍的老龄化趋势明显，领导能力差别较大，使乡村治理组织软弱无力，乡镇基层政权治理能力弱化，难以履行乡村治理的职能。

（二）人才队伍不足，治理效能低下

乡村社会经济发展缓慢，年轻人才不断流向城市，乡村缺乏人才干部储备计划。四级网格员是陇县社会治理的神经末梢，他们多数由热心公共事务的群众或退休老党员担任，承担着政策宣传引导、疫情防控、矛盾纠纷化解、重大风险排查等多重任务，工作量大、需要精力多，与其他等级的网格员相比，在身份和待遇上难以得到有效保障，无法吸引更多人参与到村务治理中来，尤其缺乏年轻力量的参与，后备力量严重不足。

（三）农村治理重维稳，公共服务供给不足

陇县的基层社会治理更侧重于维持社会稳定、解决群众上访、化解矛盾纠纷，公共服务和解决群众需求的能力还有待提高。在调研过程中发现，陇县相关部门在制定社会治理方案之初就以解决群众反映强烈和影响社会和谐稳定的突出问题为目标导向，公共服务相关内容所占篇幅较小。网格员承担着多重任务，尤其是四级网格员，不仅要发现并上报问题，同时还要解决问题，因此他们更倾向于选择容易解决或在考核中分值比较多的任务，而对需要长期支持与见效缓慢的公共服务供给，如农村社会保障、法治建设、农业科技推广等方面的关注度相对较低。

(四)社会组织和村民参与治理程度较低

在"三治融合"的乡村治理体系中,自治处于核心地位,发挥着主体性作用。陇县现有的网格化管理模式通过行政权力的直线式下沉,将政治力量无缝对接到社区,从县域到村民小组的网格化严重压缩了村民和社会力量参与社会治理的空间。同时,农村人口和社会结构的变化削弱了村民自治能力。随着城镇化和工业化的持续推进,大部分农村青壮年劳动力流入城市,在外务工的村民无法或不愿意参与村级事务,留守的人员由于年龄和能力限制参与的意愿不强,导致村民自治制度相关安排难以有效落实。

二 陇县在基层社会治理方面的实践做法

陇县地处山区,交通不便,经济基础薄弱,为解决长期以来群众需求与农村基础设施和公共服务之间的矛盾,加强基层社会治理、维护全县社会和谐稳定,陇县学习发扬新时代"枫桥经验",创造性推出"八帮八解+网格化"工作机制,全面推行"十小自治"工作法,每个乡镇根据各自的实际情况,因地制宜对乡村治理机制进行完善和创新,探索出不同的治理模式。在坚持党的领导、推进矛盾纠纷排查化解常态化、构建"三治融合"治理格局、组建志愿服务队伍、树立文明乡风、数字化治理与信息化乡村有效结合、健全多元主体共治共享格局、实现乡村经济与治理协调发展等方面奠定了良好的基础,形成了可供复制可推广的经验(表1)。

表1 陇县各乡镇社会治理模式

治理模式	主要目的	治理体制	主要特点	发展道路
城关镇"八帮八解+网格化"模式	预防和化解基层社会矛盾	党建引领,建设网格体系	强调党员的模范带头作用	通过四级网格实现疫情防控、安全生产、防返贫动态监测、乡村振兴等目标

第四篇　社会治理

续表

治理模式	主要目的	治理体制	主要特点	发展道路
温水镇"1234"治理模式	实现乡村治理信息化，满足群众需求	以四级网格管理体系为基础，做到处置三个到位，在四个方面取得新成效	以信息技术提高治理效能	随时收集社情民意，及时处理矛盾纠纷，极大方便群众办事
东南镇创新"六用"举措	积极回应群众关切	用情暖人，用心待人，用理服人，用力助人，用法育人，用责管人	对"十小自治"的重大创新，关心人民群众生活	为建设平安型、便利型、美丽型、幸福型新东南创造更加良好的社会环境
东风镇创新"175"基层治理新模式	重点预防化解市域社会治理的难题	坚持以党建为引领，"七项支撑"，绘制共治"同心圆"，"五治融合"打造基层治理新格局	全面提升治理水平	通过打击违法犯罪、健全矛盾纠纷化解机制、提高智能化水平等方式提高社会治理能力
八渡镇"党建+531"工作机制	以实现共建共治共享为目标	坚持党建引领，推进"五治"融合，夯实"三项"基础，建强"一支"队伍	基层党建和社会治理有机结合	基层党建为基础，不断壮大乡村治理工作队伍
固关镇突出"三个三"	建设社会治理新格局	坚持党建引领，规范打造，治理重心下移	不断创新理念思路，健全各类机制	构建以网格为基本单元、以镇村综治中心为枢纽、以共建共享为支撑的网格化服务管理新模式
天成镇"红马甲"服务队	帮增收、解困难	"红马甲"服务队进行24小时田间巡逻、小麦代收、麦草打捆、农机联系等服务	志愿服务帮群众解决实际问题	提高服务群众能力
河北镇完善"八帮八解"工作机制	深化"八帮八解""十小自治"工作法	通过定期排查矛盾纠纷，及时解决各类问题	细心化解矛盾纠纷，真正做到群众无小事，事事必尽心	"八帮八解"工作机制

续表

治理模式	主要目的	治理体制	主要特点	发展道路
曹家湾镇办好"小事务"	防范化解社会矛盾风险	以群众关注度高、受惠面广的民生问题为重点,办好"小事务"、化解"小矛盾"	有效解决了群众"出行难"问题	补充完善"十小自治"
八渡镇"凉亭说事会"制度	破解沟通不畅、征集意见"两面人"的难题	把群众从村委会办公室搬到凉亭里,大家围坐在一起,围绕邻里关系、村庄治理拉家常、聊工作、提建议	提升基层社会自治能力	党员干部与群众关系更密切
新集川镇"红燕党群便民服务驿站"	深入基层,服务群众	树立"党建引领发展,服务凝聚力量"意识,立足"方便群众、服务游客"的理念	发挥党员在基层社会治理工作中的先锋模范作用,延伸便民服务的触角	探索建立"1+6+N"工作模式

(一)"网格化治理"强化矛盾源头防范治理

陇县的城关镇是县城所在地,全镇现有版图面积是171平方公里,耕地面积8.9万亩。管辖13个村民委员会,156个村民小组,2个社区,共有76208人。[①] 因为地处老旧城区交汇点,人口集中,涉及老旧城区改造和移民搬迁等事项较多,群众纠纷频发、上访事件较多。为了及时发现并掌握环境突出问题、群众矛盾纠纷,反映和协调人民群众各方面各层次的利益诉求,城关镇推行网格化治理,从源头上对影响社会和谐稳定的各种深层次问题进行解决处理。

---

① 《陇县城关镇基本概况》,陇县人民政府(http://www.longxian.gov.cn/art/2021/3/24/art_15216_1304763.html)。

（二）"八帮八解""十小自治"模式，探索"三治融合"新路径

农村经济社会的发展对乡村治理的现代化进程有至关重要的影响。① 随着脱贫攻坚的实现与乡村振兴战略的持续推进，近年来，陇县充分挖掘本地资源，发展畜牧、养殖、种植、旅游业，农民收入持续增长，农村集体经济快速发展，极大地改善了农村生活面貌。农村经济日益繁荣，让陇县居民对自身权益的维护更加关注，各类社会矛盾日益凸显，对乡村治理体制提出了新的要求。陇县城关镇、东风镇、河北镇等乡镇创造性地提出"八帮八解""十小自治""十个结合"的工作机制，探索自治、法治、德治相结合的乡村治理体系。

（三）温水镇"1234"乡村治理模式，推动数字乡村建设

数字乡村治理的概念是随着科学技术在城乡社会治理中的广泛应用而提出的。2019 年中共中央办公厅、国务院办公厅印发的《数字乡村发展战略纲要》，提出了数字乡村发展战略的顶层设计和整体规划，将数字化乡村治理的政务体系、乡村数字技术设施、技术规制以及乡村数字经济社会民生的发展机制作为数字乡村发展的重要内容。② 浙江省在全国率先开展了"数字浙江"建设，建立了浙江数字政府和智慧政务，"互联网+政务服务"的模式逐渐在全国推行。

陇县温水镇因镇域面积全县最广，存在偏远村组多、治理难度大等问题，创新实施了以智慧温水平台为主体，以推进乡村治理信息化、现代化为抓手，以群众需求为导向的"1234"③乡村治理新模式。

---

① 赵一夫等：《中国乡村治理发展评价报告》，中国农业出版社 2021 年版，第 49 页。
② 吴文旭、吴业苗：《数字乡村建设如何促进乡村振兴——基于政策法律文本的扎根理论研究》，《中国农业大学学报》（社会科学版）2022 年第 5 期。
③ "1234"是指一套网格体系管理，两个信息平台支撑（智慧温水平台、数字乡村平台），三个到位全程服务，四个途径提升成效。

（四）"四美"红旗村创建，党建引领促进乡村振兴新举措

陇县严格贯彻落实《宝鸡市抓党建促农村振兴工作规划》，提升县镇领导班子和干部队伍能力，围绕"共同富裕"目标，始终坚持发挥党建工作的带头作用。按照县委牵头，部门支持，镇村联动推进的工作思路，着力打造产业美、乡风美、治理美、生活美"四美"并重的示范村。通过示范带动发挥榜样力量的方式，激发农村内在的振兴动力，使全县农村呈现出生机勃勃的新风貌。

三 陇县基层社会治理的经验与启示

（一）党建引领，加强农村基层党组织建设

党组织在"三治融合"中始终处于领导地位，各项治理工作都离不开党的领导。[①] 一是压实基层党组织责任分工。在"八帮八解"工作过程中，各镇党委、政府班子定期研究安排，主要领导排查村民小组、网格，掌握社情民意，积极跟进镇村干部工作开展，加强与公、检、法、司及信访部门的沟通交流，及时排查通报苗头性、倾向性问题，形成上下联动、协调联动的工作格局。二是发挥党员先锋模范作用，严格落实主题党日、民情议事、结对帮扶等制度，积极组织和参与矛盾纠纷的调处化解工作，引导群众养成相信党组织、依靠党组织的认识。三是定期开展"争星夺旗"活动，评选出在基层党建、产业发展、生态环境、文明乡风、乡村人才等方面有突出贡献的党组织和党员，组织全县基层党员干部观摩学习，获得星级党员的干部在晋升时有优先权，充分调动党员干部的工作积极性，提升其干事创业的能力。

[①] 胡宝珍等：《新时代"五治融合"乡村治理体系之建构——基于福建乡村治理实践的考察》，《东南学术》2022年第2期。

（二）网格化排查与多元化调处结合，推进矛盾纠纷排查化解常态化开展

强化网格治理单元。以镇维稳中心和司法所为一级网格，围绕"十个结合"，充分利用人民调解、党建、脱贫攻坚、村风民风治理、思想教育、普法宣传等多个工作平台，整合法律顾问、驻村法官、片区民警、党员、群众代表"四支力量"与业务分管干部等各类资源，打造集政策宣传、隐患排查、信息收集、矛盾调解职能于一身的网格员队伍，不断筑牢基层治理基础。扎实开展"网格化排查"全面掌握辖区内群众的各种诉求，达到倾听民意零距离，明确化解责任。坚持"多元化调处"机制。由村综治中心牵头，调解组织、法律顾问和社会力量参与，整合各类社会资源，积极参与矛盾纠纷化解，切实提高调处成功率和及时率。

（三）构建"三治融合"治理格局为基础，促进村民自治与法治结合

强化自治基础作用，制定《居民自治章程》《居民公约》等村规民约，形成"民提、民议、民决、民办"工作法，居民自我管理、自我服务水平进一步提高。以激发群众积极参与社会治理热情、主动作为、增强自觉性为目的，组织评选"好媳妇""最美庭院""十佳农民""红黑榜"等活动。强化法治保障作用，以法治思维和法治方式化解社会矛盾，在城关镇13个村4个社区组建了综治中心、人民调解委员会，及早掌握社情民意，提供零距离服务，解决群众急难愁盼问题，排查调处矛盾纠纷。

（四）组建志愿服务队伍，树立文明乡风

从陇县发展历程来看，乡村治理的议题已经发生了较大的转变，过去矛盾纠纷突出、基层群众需求难以及时解决等治理难题已经逐渐得到解决，通过完善各类议事组织，健全各项矛盾纠纷化解机制，强化了村民自治的组织保障基础，形成了完善的协商议事和多元调处制度。陇县各镇村党组织依托120个新时代文明实践所（站），组建志愿服务队580支，以扶危济困、爱老助幼、法制宣传、红色故事宣讲等为主要内容，通过积极开展志愿服务活

动，形成了天成镇"关山新声"、曹家湾镇"小王普法"、固关镇"红丝路放映站"等志愿服务品牌，累计解决群众"急难愁盼"事1.3万余件，举办文化演出、宣讲活动460余场次，切实满足群众物质文化生活需求。①

（五）数字化治理与信息化乡村有效结合，提高了社会治理的精准化

随着城市化进程的推进，村里的青壮年大多外出务工，年纪大的则选择居家养老。很多老年人不习惯使用智能手机，无法及时获取乡村中的最新政策和需要办理的事务。在外地的年轻人可以通过村庄微信群或智慧平台代替父母办理各项事务、反映问题，也可以参与乡村开展的道德评议、文化传播、文明创建、依法治理等活动，实现与故乡亲人跨地域跨时空的互动，构建和谐乡风。

（六）健全多元主体共治共享格局，实现乡村经济与治理协调发展

陇县八渡镇党家河村以村组织为龙头，采取"党支部+合作社+农户"的模式，村集体以股份合作社的形式流转土地，发展产业，带动村民就业，村民通过土地入股、资金入股和务工劳动获得收益。天成镇张家山村先后在烤烟、奶山羊、药材种植3大产业链上组建3个党小组，41名党员当探路先锋，带动320余名群众嵌入产业链，通过入股分红和入社务工的形式共享发展红利。②

四 优化基层社会治理机制的对策建议

（一）加强基层党组织建设，完善网格化管理的体制机制

在新时代，深入推进基层治理现代化，必须更加自觉地坚持党的全面领导不动摇，把党的领导贯穿于社会治理的各领域、全过程，不断增强党组织

---

① 陇县政法委：《陇县乡村治理典型案例汇编》，2020年9月。
② 陇县政法委：《陇县乡村治理典型案例汇编》，2020年9月。

的思想引领力、群众组织力、社会号召力，确保社会治理现代化沿着正确的方向不断前进。首先要加大对村、组、村改社党组织设置和隶属关系的调整优化力度，切实加强对农村各类组织的党组织领导，在农民合作社、企业和社会化服务组织中建立党组织。其次是增强党组织的服务意识和服务能力，实施农村基层干部驻村振兴培训计划。基层干部通过乡村振兴培训计划、学历提升工程等活动不断加强学习，提高自身能力水平。最后是基层治理改革全面深化。加大对本村致富能手、外出务工经商回乡人员、本地高校毕业生、复退军人中的党员的培养选拔力度，选优配强农村党组织书记队伍。[①]

（二）强化基层队伍管理，完善基层人才储备机制

基层干部是加强基层基础工作的关键，既是乡镇的代理人，又是村民的当家人，在乡村实践中扮演着至关重要的角色，全方位培养引进用好基层人才，完善人才储备机制，聚天下英才而用之是推进乡村振兴，实现治理有效的必备手段。针对四级网格员缺乏和经费保障不足等问题，着力推进基层人财物资源向农村倾斜，鼓励青年农民特别是致富能手、农村外出务工经商人员积极入党，提供就业机会，吸引他们服务家乡发展或返乡创业。将三四级网格员纳入村级后备干部队伍，通过推行村干部成长帮带制度，加强村级后备力量培养。持续深化"争星夺旗"活动，推选一批先进典型，用先进典型现场说法、现场教学，增强村党支部成员的荣誉感、使命感，提升村党组织带领群众脱贫致富的能力和本领。

（三）提升农村公共服务水平，打通服务群众"最后一公里"

立足宝鸡市"四型"社区建设，完善社区便民服务，通过统一场所标识和工作制度、建设文化广场、配备文体器材、配套便民设施，实现村级服务"一门式"受理，启动"家门口"服务体系建设。协调社区服务资源，保证社区内生活琐事都能迎刃而解，方便快捷的服务触手可及。积极整合各类

---

① 秦中春：《乡村振兴背景下乡村治理的目标与实现途径》，《管理世界》2022年第2期。

服务资源，充分利用志愿者等服务团队，结合乡镇、村组实际，以党建为引领，以网格化管理为基础，因地制宜探索民生综合体一体化供给机制。变"条块分割、低层次"服务为"集约高效"服务。将不同部门、不同领域及各镇街的财力资源集聚集中，突破单建单设服务场所的短板弱项，全面提高财政资金使用绩效。[①]

（四）利用数字赋能，创新现代化治理手段

网格化向网络化转变。在网格化管理的基础上，引入信息化、数字化治理手段，借助数字乡村建设，完善乡村数字化基础设施建设。在街道或乡镇层面建设微服务中心。形成较为成熟的"微服务中心"网络，实现"线上服务点单＋线下枢纽配送"的社会服务模式。协助在外务工人员办理相关业务，解决父母日常生活照料、子女教育等生活难题。开发数字民生地图，在民生地图上动态实现场地介绍、活动预约、项目体验等功能，重点解决老年人"数字鸿沟"问题，设置"一键养老"板块，让民生综合体成为老年人在数字化改革过程中的"培训室"和"体验馆"，为留守老人提供免费智能电器的使用培训。[②]

（五）加强社会力量参与，完善多元化治理体系

农村治理效能的高低取决于村集体经济的发展程度，社会组织只负责经济生产，在社区服务和村级事务方面参与度不高。要完善社会力量参与机制，充分发挥涵盖党委、政府、高校、社会组织专家学者等各方的积极性，广泛听取各方意见。从完善决策机制入手，在政策制定、工作部署、财力资源、干部配置等方面向乡村倾斜、向基层倾斜，真正体现乡村治理是全党工作重中之重的战略思想。健全运营管理机制。各民生综合体明确运营管理主体，提前介入设施改造、功能设置，选择有社会服务经验的社会组织整体运营，

---

① 民政部信息中心：《浙江杭州：以民生综合体打造社区服务体系建设新样本》，中国网（https://xxzx.mca.gov.cn/n784/c24694/content.html）。

② 杭州市西湖区委政研室：《探索打造"幸福荟"民生综合体　创共同富裕"民生之治"新样本》，《政策瞭望》2021年第12期。

切实提高民生综合体设施和服务的专业性。

（六）提升村民自治水平，实现共建共治共享

陇县现有的网格化管理模式通过行政权力的直线式下沉，严重压缩了村民和社会力量参与社会治理的空间①。同时，农村人口和社会结构的变化削弱了村民自治能力。充分利用各种新闻媒介广泛宣传，使村规民约制定的目的意义、方法步骤和详细内容家喻户晓，尽人皆知。探索"网络票决"参与形式。在法律政策层面开展研究，争取下一步创新实践的政策空间；探索线上线下同步投票机制，以解决偏远山村村民代表参会率不高、外出代表无法参会等问题。通过宣传引导，全县村规民约主要以"结构式＋条款式"为主体，以"三字经"顺口溜为附件，既便于操作施行，又利于村民记忆，同时，大力推行村规民约百分制管理，与群众的表彰奖励、村级集体经济分红等挂钩，不断提升村规民约的激励性和约束力，确保其真正发挥作用。

---

① 何瑞文：《网格化管理的实践困扰》，《苏州大学学报》（哲学社会科学版）2016年第1期。

宝鸡市推动社会信用体系建设高质量发展路径研究

周保君　张　鹏　张志华[*]

>【摘要】宝鸡市社会信用体系建设整体稳居全省前列，为助力全市放管服改革、优化营商环境、推动社会治理提供了良好的信用支撑。中共中央办公厅、国务院办公厅印发的《关于推进社会信用体系建设高质量发展促进形成新发展格局的意见》为新时期社会信用体系建设的高质量发展提供了全面系统的安排，对宝鸡市推动信用建设迈向新阶段具有重要政策支撑和路径指导。本文在指出新形势下宝鸡市推动社会信用体系高质量发展的必要性后，总结了当前宝鸡市在社会信用体系建设方面所取得的成果，从全国、陕西省两个维度分析了宝鸡市在信用体系建设上面临的挑战，并对于如何进一步提升宝鸡市社会信用体系建设的高质量发展提出相关的措施建议。
>
>【关键字】信用体系、示范城市、诚信档案、信易贷

---

[*] 周保君，宝鸡市发改委主任；张鹏，宝鸡市发改委副主任；张志华，宝鸡市信用办主任。

宝鸡市社会信用体系建设整体稳居全省前列，为助力全市放管服改革、优化营商环境、推动社会治理提供了良好的信用支撑。中共中央办公厅、国务院办公厅印发的《关于推进社会信用体系建设高质量发展促进形成新发展格局的意见》为新时期社会信用体系建设的高质量发展提供了全面系统的安排，对于宝鸡市推动信用建设迈向新阶段具有重要政策支撑和路径指导。本文指出了新形势下宝鸡市推动社会信用体系高质量发展的必要性，分析了当前宝鸡市在社会信用体系建设方面所取得的成果及面临的挑战，对于如何进一步提升宝鸡市社会信用体系建设的高质量发展提出相关的措施建议。

一 新形势下推动宝鸡市社会信用体系建设高质量发展的必要性

党的十八大以来，我国社会信用体系建设取得了显著进展。当前，宝鸡市经济社会发展正面临新形势、新使命和新要求。加速构建适应新时期高质量发展的社会信用体系制度和运行机制具有主要的现实意义。

（一）宝鸡市创建全国信用示范城市具有现实意义

宝鸡市委、市政府坚持把加快社会信用体系建设，打造"信用宝鸡"摆在突出位置，成立由市长担任组长的创建领导小组。作为陕西和关中平原重要的副中心城市，努力争创全国社会信用体系建设示范城市，不仅可以推动宝鸡市经济社会的创新发展，增强城市综合竞争力；还可以提升社会治理能力和文明城市建设的信用环境，彰显区域性中心城市的形象，从而进一步提升城市的软实力。

（二）宝鸡市打造经济发展新增长点需要信用建设的推动力

目前，宝鸡市正深入学习贯彻习近平总书记来陕考察重要讲话精神，按照省市党代会总体部署，深入实施新"一四五十"战略，锚定"加快建设副中心、全力打造先行区"总体目标，树牢大抓项目、大抓招商的鲜明导向。宝鸡市加快推进信用建设、努力创建全国社会信用体系建设示范城市，对持续优化提升营商环境、打造经济发展新的增长点具有重要意义。

（三）宝鸡市开展社会信用体系建设具有厚重的诚信文化底蕴

宝鸡市作为中华诚信文化的发源地，文化底蕴深厚，先后荣获全国文明城市、国家生态园林城市和中国人居环境奖等20多项国家级荣誉。"剪桐封弟""徙木立信"的诚信理念就诞生于此，"一言九鼎、诚实守信"自古以来就是宝鸡人为人处世的第一原则。全民信用意识明显提高，营商环境持续改善，为助力全市经济社会高质量发展发挥了重要作用。

二 宝鸡市社会信用体系建设高质量发展的有效做法

宝鸡全国城市信用排名由2022年10月的第240名，提升至今年8月的第86名，在省内地级市排名由第7名提升至第1名，成为全省首家人民信用"政务诚信管理"试点城市，"信用+调解"案例创新获司法部表彰，"信易贷"平台运营指标在全省综合排名第一，金台区荣获全省第二批信用示范区称号。

（一）严抓常规工作，信用基础好

首先，严格把控"信用平台"运行质量。自2020年平台运行以来，严格开展信息报送抽查制度，确保信息归集无缝隙全覆盖，"信用宝鸡"网站访问量超过487万次，进一步增强了行政决策的透明度和政府公信力。其次，严控信用修复时效。提高企业信用修复效率，在参与招投标、政府采购和评优评先等活动中为企业扫除了障碍，社会公众对信用建设的认识进一步提升。最后，每季度对各县区、市级部门信用体系建设工作开展排名通报，呈报市级四大班子、政府督查室和考核办，工作考核排名稳居全省前列，2021年度全省政务诚信评价宝鸡市被评为优秀等次。

（二）精细化信用管理，治理效果好

一是强化了信息查询服务。市级层面实现了公共信用信息系统接入政务

服务平台，市县区政务窗口安装信用信息查询应用插件。二是政务失信存量清零。积极推行政务公开承诺制，持续开展政府机构对企业失信事项排查整改工作，全面实现"清零"目标。三是建立了严重失信企业行政审批环节拦截和市场监管环节加强监管频次等联合惩戒机制，对相关企业起到了很好的警示作用。四是信用监管不断深化，推动16个市级行业主管部门制定信用查询、信用分级监管工作实施办法，在医疗机构等18个行业领域开展信用分级分类监管工作。五是建成全宝鸡市联合奖惩平台，细化落实国家44份联合奖惩备忘录，使全市失信被执行人占比下降到0.32%。

（三）亮点工作突出，工作方式好

一是在全国创新出台了《宝鸡市公共信用评价与市场信用评价等级互通共用标准》，实现了政企信用评价结果的标准统一，全省首家完成全市8万公职人员信用建档评级工作。积极推进15类重点职业人群建档立信，1000多家企业自主申报完成立信建档和信用评级，公示首批诚信企业84户。二是全国首创成立"宝鸡市诚信企业孵化中心""宝鸡市诚信宣传志愿服务队"等新型信用服务机构，引导企业逐渐加强行业自律。三是扩大信用知识宣传，通过网站、公众号发布文章240余篇，累计阅读量超278万余次；通过举办线上和线下活动，提升了信用建设社会参与度和覆盖面。

（四）探索信用应用，服务效果好

近四年来，宝鸡市创新打造出"信用+调解+销售+可视+志愿服务+履约+孵化"等多个信用产品，实现了信用应用场景叠加赋能、信用建设高质量发展的态势。在全省地市中率先建成"信易贷"平台，平台各项运营指标在全省市级平台中综合排名第一。创新"信用+"应用范围。宝鸡市事中事后监管工作获得国务院办公厅、省政府表彰，在信易销方面，为每个产品量身制定"信维码"，实时消费评价和监督。"信易收"案例获省第二届信用建设典型案例、第三届"新华信用杯"全国优秀案例，被全国10多个地市学习复制。茵香河土蜂蜜农民专业合作社采用"信易销"模式，在"陕西农民丰收节"一天时间销售土蜂蜜2000余元，销量达到平时的10倍。

三 宝鸡市社会信用体系建设高质量发展面临的挑战

虽然宝鸡市在社会信用体系建设高质量发展的过程中取得了一些成果，但仍面临着挑战。

（一）从全国看，信用示范城市创建竞争激烈

全国信用示范城市创建已开展了四批，第一批从 2015 年启动，2018 年公布，12 个城市创建成功，通过率仅 27.9%；第二批 2019 年公布，16 个城市创建成功，通过率仅 51.6%；第三批 2021 年公布，34 个城市创建成功，通过率仅 40%；第四批 2023 年公布，通过率为 50%。从前四批创建情况看，创建工作时间一般在 2 年左右。宝鸡市 2022 年启动，力争 2023 年底前完成主要工作任务，2024 年迎接创建验收。全国参评城市数量逐批增多，时间紧任务重，竞争非常激烈。新的国家《社会信用体系建设示范区评审指标（2022 年版）》，共 13 项基础指标和 10 类 28 项评分指标，涵盖领域更加全面、评审要求更加具体、评分标准更加严谨、考核体系更加完善，使宝鸡市创建难度加剧。

（二）从全省看，信用示范城市创建存在短板

（1）统一社会信用代码重错率较高。统一社会信用代码重错率（包括错码、一码多赋、重复赋码等占比情况）是国家信用监测排名的重要指标之一。

（2）"双公示"信息及时率、合规率低。"双公示"数据由市县行政机关和执法机关归集，县区级部门上报数据会出现不及时；人员调动影响工作效率和质量，使得合规率降低。

（3）信用贷款支持实体经济覆盖范围小。实体经济是促进经济发展的重中之重，有些企业可能会由于流程复杂或者要求严格无法贷款。

（4）信用奖惩机制运用效果不明显。宝鸡市初步建立了全市公职人员诚信档案，但运用范围不广，企业失信被执行人黑名单占比较高。守信联合激励、失信联合惩戒是社会信用体系建设的必要手段和重要途径，各部门间还

处在初步探索阶段。

四 宝鸡市社会信用体系建设高质量发展的路径和对策

要把创建全国社会信用体系建设示范城市作为信用体系建设领域的最高荣誉来抓，以示范城市创建为契机持续推进信用宝鸡建设。具体的路径和对策是：

（1）降低统一社会信用代码重错率。市委编办、市场监管、行政审批、民政等部门要加强与国省的协调对接，建立重错码核查和信息共享机制。

（2）完整准确归集公共信用信息。各县区、市级各部门特别是行政审批、市场监管、公安、住建、交通、文旅等行政许可、行政执法职能较多部门，要依据权责清单，梳理编制本级公共信用信息目录，做好信用信息归集公示，实现基础指标全达标。

（3）大力推进"信易贷"支持实体经济。宣传企业入驻"信易贷"使用平台，扩大平台线上贷款规模。涉及纳税、公积金、水电气、不动产、生态环境、仓储物流、科技研发、新型农业的市县牵头部门，归集相关涉企信息，满足"信易贷"业务需求。

（4）加大行业信用分级分类监管。重点在食品药品、生态环境、教育、金融、文化旅游、房地产、安全生产等领域，健全完善行业信用分级分类监管制度，以宝鸡企业"九鼎分"公共信用综合评价或行业信用评价结果等为依据，采取差异化监管措施，提升监管水平。

（5）健全完善公务员诚信档案。明确公务员信息归集路径，将公务员履职过程中相关诚信记录和违法违约行为信息纳入诚信档案，作为干部考核、任用和奖惩的依据，推动公务人员带头在全社会树立守信践诺表率。

（6）完善企业信用奖惩机制。要重点在招标投标、政府采购、政府性资金项目安排、国有土地出让、评先评优、融资授信等领域，健全完善联合奖惩机制，将查询使用信用信息嵌入办理流程，加大对诚信主体激励和对严重失信主体的惩戒力度。

（7）探索合同履约监管新模式。各县区、各有关部门要充分运用信息化手段，探索开发合同履约监管系统，将产生的合同信息数据全部归集至市信用平台，建立健全合同履约全流程跟踪监管机制。

（8）探索信用促进放管服改革新途径。各县区、市级各部门进一步发挥信用在创新监管机制、提高监管能力水平方面的基础性作用，将信用监管贯穿事前、事中、事后监管全过程，打造以信用监管为基础的新型监管机制。

（9）探索信用惠民便企新应用。各县区、市级各部门加快推动政务、企业、金融等领域信用场景落地，推广"信易批""信易收""信易贷"等产品应用，在街区、社区打造更多信用超市、信用站点，真正让示范创建扎根在基层。

第五篇

文化发展

新时代秦腔音乐创新发展的路径研究[*]

刘晓丹[**]

>【摘要】秦腔作为我国的艺术瑰宝，是中华优秀传统文化的重要组成部分，探究秦腔音乐的发展路径有助于秦腔艺术的推广与革新，增强民族文化认同感和文化自信，为中国式现代化做出贡献。本课题在广泛收集相关文献资料、发放问卷调查、实地走访、典型解剖、深入研究的基础上，回顾秦腔音乐的发展历程，归纳秦腔音乐发展面临的问题，提出新时代秦腔音乐创新发展的若干建议，希望为中华优秀传统文化的创造性转化与创新性发展提供借鉴和参考，为推动中华优秀传统文化的发展起到积极作用。
>
>【关键词】新时代、秦腔音乐、创新发展

秦腔是陕西最主要的地方剧种，主要声腔为梆子腔，其声腔的流播形成了以秦腔为代表的蒲州梆子（蒲剧）、晋剧（山西梆子）、豫剧、河北梆子等声腔系统。现主要流行于陕西、甘肃、宁夏、青海、新疆西北五省区，在陕西除安康外的9个地市均有流布。目前，全省一共有各类的秦腔艺术团体

---

[*] 本文系"陕西省哲学社会科学研究专项"青年项目"新时代秦腔音乐创新发展的路径研究"（2023QN0222）的研究成果。

[**] 刘晓丹，西安文理学院音乐学院讲师。

173个，其中，国办专业团体有25个，改制转企团体有33个，民营团体有50个，民间班社有65个。秦腔音乐由声乐和器乐两大部分构成，其中声乐为主，器乐辅之。唱腔音乐是由完全音乐化的唱腔和具有一定音乐因素的念白（吟诵）组成，兼备抒情性和叙事性双重功能。秦腔的器乐伴奏分为文场和武场。文场乐器有板胡、二弦子、二胡、笛、三弦、琵琶等，武场乐器有暴鼓、干鼓、堂鼓等。秦腔音乐韵味独特、个性鲜明，有"欢音"和"苦音"两种不同的色彩旋律。

一 秦腔音乐的发展历程

（一）起源

《秦腔记闻》中记载："秦腔形成于秦，精进于汉，昌明于唐，完整于元，盛行于明，广播于清。"[①] 明代万历年间传奇抄本《钵中莲》中出现"西秦腔二犯"及相关曲调，清朝初期至乾隆年间"花雅之争"促进了秦腔的发展。20世纪，陕西易俗社的成立，推动了秦腔的振兴发展。改革开放以来，特别是进入新时代，秦腔音乐得到了进一步的发展和繁荣。

（二）沿革

随着时代的发展，秦腔音乐不断地发展、创新，以满足人们的艺术欣赏需求。这一沿革，不仅顺应了时代的要求，而且借鉴了其他传统剧种和兄弟国家的音乐元素，从而使这一传统艺术为广大人民群众所喜闻乐见。

1. 新音乐风格逐步形成

广大秦腔音乐工作者对传统剧目进行整理和加工的同时，为歌颂英雄人物，反映时代主题，创作出《商汤革命》《屈原》《刘巧儿》《看女》《三滴血》《大树西迁》《西京故事》《陕北往事》《生命的绿洲》等优秀剧目，与之相适应，新的音乐风格也不断涌现。例如，唱腔风格更加委婉、细腻、文雅、

---

① 王绍猷：《秦腔记闻》，陕西易俗社1949年版。

清新，突破了秦腔以七字句和十字句为主的唱腔的格律，出现了三字、四字、八字等字数不一的唱句，改变了方整、对称的结构，给人以"活"与"动"的感觉，深受广大人民群众的欢迎。

2. 唱腔语言和板式逐步规范

随着秦腔音乐的发展，秦腔唱腔的用语去除唱腔行腔中不必要的衬字、虚词（哪、呀、伊、嗨），使得唱腔更加干净、清新。与此同时，始创了"闪板腔"和"碰板腔"，丰富了板腔形式，为秦腔音乐的发展与创新起到了积极的推动作用。

3. 新音乐元素逐步融入

随着秦腔艺术和京剧等其他传统剧种的互鉴，传统民族音乐和西洋乐器的交流和借鉴，秦腔音乐逐步吸取西洋乐器和西方的作曲手法，在唱腔部分增加合唱、领唱、伴唱等形式，极大地丰富了秦腔音乐的表现形式，获得了广泛赞誉。

4. 秦腔乐队逐步完善

随着秦腔音乐的发展与创新，秦腔乐队在保持本剧种特色的基础上，增加了相应的乐器，用板胡逐渐替代二股弦，其中文场增加二胡、高胡、琵琶、扬琴等，武场增加定音鼓、吊钗、三角铁等。此外，还融入了大型民族管弦乐队以及电声乐队，使乐队的音区、色彩更加丰富，富有立体感，音乐的表现力更强，音响效果和视听效果也更加理想。

二　新时代秦腔音乐发展面临的问题

秦腔音乐的发展虽然取得了可喜的成绩，但与广大人民群众对秦腔音乐的期待相比，与振兴秦腔音乐传承优秀文化的要求相比，与加强秦腔演出效果弘扬社会主义核心价值观的目的相比，还存在一些薄弱环节。

（一）受众规模不够广

秦腔作为具有鲜明特色的地方剧种，其传播范围受到一定地域的限制，加之宣传力度不够，有些剧目的影响力还不足，使很多人接触不到或者不够了解秦腔艺术，难以产生足够的兴趣。2023年3月对陕西部分高校学生的问卷调查表明，普遍对秦腔音乐知之甚少。受众规模不够广是当前秦腔音乐发展中急待解决的一个问题。

（二）教化功能不够强

要紧扣时代主题，满足人民群众的文化需求，弘扬社会主义核心价值观，就要有好的剧目，好的团队，好的表演技巧以及全方位的宣传。但秦腔的现状与以上要求暂时还不适应，秦腔艺术弘扬社会主义核心价值观等教化功能还不够强。

（三）优秀曲目还不够多

目前，由于剧本的创作力量和新剧目推出的需求还不适应，反映新时代要求的优秀曲目也不够多，秦腔音乐的演出中沿用历史传统的曲目较多，和新剧目相配套的秦腔音乐与当代人们的生活契合度不够高，精品少，难以满足群众日益增长的文化生活需求。

（四）从业者素质还不够高

任何艺术的发展都需要源源不断的人才供给。据了解，目前陕西省各类秦腔艺术人员不足500人，秦腔艺术的编剧队伍、导演队伍、作曲队伍、演出队伍的素质也不够高，优秀的艺术家更是凤毛麟角，后继乏人的问题比较突出，这一问题直接影响着秦腔的振兴和繁荣。

三 秦腔音乐创新发展的若干建议

针对以上问题，按照繁荣秦腔艺术，满足人民群众文化生活的需求和弘扬社会主义核心价值观的要求，现提出秦腔音乐创新发展的五点建议。

（一）扩大受众群体

无论任何艺术形式，受众都是其赖以生存的土壤。要扩大受众群体，一是要创作新时代短小精悍的戏曲，以大众审美认知为主体，顺应大众的消费和审美习惯；二是充分发挥秦腔艺术服饰的华美、唱腔的壮美、程式化动作和舞蹈的意境美，激发大众了解和传播秦腔的热情；三是定期举办"秦腔艺术节"活动，吸引全国戏迷参加，对秦腔艺术的发展与传播产生积极作用。

（二）突出教化作用

艺术的社会使命不仅在于娱乐，更在于教化大众。要加强教化作用，一是要增强秦腔从业者的政治素养；二是要使作品主旨紧扣时代主题，内容更多取材于当代生活；三是定期举办"秦腔进校园"等活动，使广大学生与艺术家近距离地接触，从而促进秦腔音乐的教化作用。

（三）发展文化产业

发展秦腔文化产业，能够借助市场的力量反哺秦腔艺术。要发展文化产业，一是借鉴流行音乐、影视、动画等受众较广的艺术品种，将秦腔音乐与现代科技、新媒体相融合，努力孕育出新的艺术形式；二是推动文化与旅游相结合，依托旅游业，运用现代科技手段推出历史文化情景剧目，进而促进文化交流乃至经济合作；三是要推进秦腔演艺团体、大专院校和企业的合作，发展各具特色的秦腔音乐研学团队、展示平台、创作基地。

（四）提升从业者素质

提高秦腔从业人员的综合素质，改善其生活待遇，能够激发秦腔艺术的内生动力，推动艺术可持续发展。陕西省曾在这方面有所尝试。2017年，西安演艺集团面向西北五省招收120名学员，联合西安市艺术学校成立秦腔委培班，聘请30余名秦腔名家担任教师。目前，这批学员已毕业，组建西安秦腔青年团，为秦腔艺术的传承提供了充足的后备力量。这一宝贵的经验值得推广。

（五）拓展传播方式

对于大多艺术形式，传播方式会直接影响其生命力。当前，秦腔艺术过度依赖剧场的传播方式已不合时宜，亟须革新。在当今自媒体崛起的时代，应当充分利用互联网唤醒大众对秦腔的热爱。拓展传播方式，一是利用社交平台宣传秦腔艺术，为秦腔音乐传播提供新的平台；二是打造传播的新场所，通过鼓励秦腔进校园、进乡村、进社区、进军营，资源共享、项目合作，为秦腔演出提供场所，实现场所效益和秦腔演出效益的双赢；三是推进现代科技与秦腔音乐相融合，建立数字化艺术博物馆、创办微纪录片、小讲堂、模拟变装，普及秦腔演唱技巧、脸谱、服饰、道具等知识，推动全社会关注秦腔。

秦腔艺术是中华传统文化的重要组成部分，探究秦腔音乐新的发展路径有助于秦腔艺术的繁荣与发展。加之秦腔音乐具有鲜明的地方特色，它的创新发展还有利于传扬三秦人文特色、弘扬中华传统文化，有利于助推文化强省的建设。大众会因为秦腔音乐的创新发展而更加热爱和传播这一传统的艺术形式，秦腔音乐也会因自身的创新发展而更好融入大众生活，获得更加持久的生命力。

用红色文旅助力县域经济高质量发展

——澄城县红色文旅调查研究[*]

徐军义[**]

【摘要】 澄城县有悠久的文化历史，深厚的文化底蕴，丰富的文化资源，特别是尧头窑古村落遗址、壶梯山红色文化资源以及县域内相关文化遗址、自然风景等，使之能够成为黄河金三角现代文旅的重要组成。调研发现，澄城县域内各景区开发不均衡，还存在景区整体发展不景气、文旅开发相对困难、文旅产品比较单一、相关产业融合不足、文旅带动辐射功能不强的问题，县域文旅一体化建设尚未完成。因此，澄城县亟须优化县域文旅空间布局，发挥文旅资源特色优势，有组织开展红色文旅与现代产业融合发展模式，助力县域经济社会高质量发展和关中文化生态保护区建设。

【关键词】 壶梯山、尧头窑、红色文旅、高质量发展

---

[*] 本文系"陕西省哲学社会科学研究专项"智库项目"澄城县壶梯山红色文化旅游发展研究"（2022ZD0722）的研究成果。

[**] 徐军义，渭南师范学院教授。

澄城县有悠久的文化历史，深厚的文化底蕴。抗日战争时期，澄城县以首家武装起义方式响应了西安事变，推动了澄城县解放事业发展。1948年，彭德怀、习仲勋等老一辈无产阶级革命家在澄城县指挥了壶梯山战役，拉开了我党我军解放大西北的序幕。壶梯山战役沉淀了壶梯山革命文化基因，创造了澄城县红色革命文化，是澄城县红色文化资源的重要组成。2018年，澄城县被认定为革命老区县，成为传承红色革命精神的重要基地。2021年，澄城县被确定为陕西省乡村振兴重点帮扶县，成为聚焦乡村振兴，社科助力县域经济社会高质量发展的重点县。

一 壶梯山红色文旅资源的调研情况

壶梯山在澄城县西北40公里处，高96米，海拔1200米，位于冯原镇北部，与黄龙山斜坡相连，山势巍峨，林木繁茂，山上有泉，林中有庙，四季空气清新，周围30公里内无污染企业，自然景色优美，被誉为天然氧吧。根据《澄城县志》记载，因其形似阶梯、状如水壶而得名壶梯山，有"壶山樵子"之名。清代姚钦明有诗曰："一抹名山似海州，拾薪穿露岂仙流。独呼明月陪幽赏，信步青天亦胜游。叱石聊成羊牧戏，烂柯应为局棋留。遥遥人世浮云外，万顷松风次第收。"在壶梯山周围的村落流传有许多民间故事和神话传说，附近还有保存相对完整的壶阳书院，是澄城县现存唯一的民间私塾遗址，修建于清乾隆四十一年（1776年），距今已有240余年历史，见证了清中叶以来澄城县域的文化教育。

冯原镇位于澄城县西北，地理位置非常重要，是陕北进入关中的交通要道，历来都是兵家必争之地，在这里产生过许多可歌可泣的历史故事。壶梯山战役是淮海战役的重要组成部分，是解放军从陕北进入关中的第一场大战役，在有效牵制国民党军队进入中原的同时，解放了澄城县、合阳县，为红军解放西安和大西北创造了重要条件，也为壶梯山自然风景区注入了丰富的红色基因。

为传承革命文化基因，弘扬红色文化精神，冯原镇人民政府组织设计，在山上修建壶梯山战役纪念碑，栽种纪念松柏，在山下修建壶梯山革命纪念馆，收藏搜集整理的革命遗物、照片、历史故事及领导人的题词等，建成壶梯山军民融合红色文化教育基地，为红色革命文化传承创造条件。壶梯山红色文化教育基地建成后，曾经参加过壶梯山战役的参战部队以及烈士后代多次前来瞻仰革命遗址，聆听革命故事，向革命纪念碑敬献花圈等。相关地方政府和企事业单位也多次组织人员到壶梯山参观旅游，接受红色革命教育，讲述红色革命故事，取得良好社会效果。

二　壶梯山红色文旅景区的发展现状

壶梯山革命战争遗址作为黄河金三角红色文化旅游的重要组成部分，承载着厚重的革命基因，蕴藏着巨大的发展潜力，但在打造红色文旅基地，传承革命文化精神，繁荣县域经济发展的同时，还存在着不容忽视的现实问题。

一是旅游景区人气低迷。壶梯山红色文化旅游基本上是单一性的旅游参观和教育研学，周边缺少相关的文旅配套设施。这里文旅资源丰富，但开发相对单一，游客参观多以人员讲解获取信息，现代化信息建设和运用整体较少，营运方式也比较简单，多是接待旅游参观，与周边20多个产业没有充分融合，不能有效提升壶梯山红色文旅的品牌效应。

二是景区独立开发困难。壶梯山红色文化纪念馆及景区开发由冯原镇人民政府近年筹资完成。因冯原镇独特的地理位置，在历史上形成了"冯原八景"，与之相关的有诸多传说故事。当地的吉安城村在2019年被评为第五批中国传统村落，村内的壶阳书院是澄城县内保存最古老的私塾，属于国家重要文物保护遗址，有很高的研究价值。壶梯山红色文化景区目前还没有完全与这些景点进行一体化开发，与县域内其他景区联合开发也不很充分，面临着独立开发、资源浪费的问题。

三是景区优势彰显不足。壶梯山自然区域景色优美，红色文化资源丰富，两者能相得益彰。但诸多文化旅游资源还未完全开发，特别是实地景物与历史故事之间的组合还不充分，景区的特色优势没有完全彰显，有限的人力对区域资源的挖掘不深，难以实现革命故事的现代开发利用。红色革命文化与现代科学技术的融合不充分，已开发的文旅资源对游客的吸引力不强，与之相应的文旅产品开发比较迟缓，没有打造出特色鲜明的红色文旅产品。

四是县域一体化文旅格局还未形成。澄城县域内还有尧头窑、壶梯山、龙首坝、良周秦汉宫遗址和龙首现代化农业园景区等多种文旅资源，这为县域文旅一体化开发创造了重要条件，也为县域文旅产业辐射带动经济社会发展提供了条件。从历史角度进行空间布局，打造澄城文旅观光线路，辐射带动观光沿线各村落各产业发展协同提质。目前以尧头窑—壶梯山一线为核心区的"传统文化+现代农业+红色文旅"的生态产业链还未形成。

调研认为，尧头窑—壶梯山一线景区旅游业还停留在浅层次的观光旅游和文创产品购买，尧头千年窑黑瓷文化的内涵价值和壶梯山红色文化资源还没有被充分挖掘和宣传，文旅开发思路整体比较狭窄，文化和旅游的研发融合度还不全面、不深入，表现在文化资源虽然丰富，却没有形成文旅发展的龙头产业和特色品牌，文化资源优势尚未真正转化为区域高质量发展的产业优势。各种文旅产品的生产和销售还比较零散，集体研发、生产、包装、营销的一条龙全产业链运作还不充分，没有真正形成县域文旅资源、现代农业、文化产业相互融合的发展模式。

三 尧头窑—壶梯山一体化的开发问题

澄城县域内的尧头窑—壶梯山一体化文旅开发有较好基础，但两景区整体发展水平还不高，两景区之间的观光线路设计还未形成，沿途的现代农业、文旅产业、自然观光开发利用整体较低，特别是沿途相关村落的有机链接以及相关人员的有组织参与度，都会影响两个景区的一体化文旅开发。调研认为，尧头窑—壶梯山一体化文旅发展还存在以下主要问题。

一是尧头窑—壶梯山文旅产业融合形态单一。尧头窑文化遗址开发时间较长，发展相对充分，文创产品较多，各种基础设施比较完善，但景区人气依然不足，许多游客来一次就很少会有第二次或第三次参观旅游。壶梯山景区专注于红色文化资源的发掘利用，倾向于红色文化参观教育，几乎没有文创产品，与周边自然环境融合紧密，但与相关产业融合不足。从尧头窑到壶梯山一线的农业农村农民还比较传统，受自然条件限制，产业融合状态仍处于较低阶段，但沿线一带的农文旅产业融合要素相对丰富，各种自然资源还没有充分发掘，文旅规划设计也没有完全开展。两个景区的融合发展还停留在旅游观光、研学教育、农舍食宿、特产售卖、农旅结合等形式上，农文旅融合还处于较低层次，还没有形成持续健康发展的良好效应。随着壶梯山爱国主义教育基地和尧头窑千年黑瓷文旅基地的持续建设，更需要强化县域多种资源的对接，实现旅游业与现代农业、文化产业、科教研学等之间的联合互动，将红色文化、生态旅游、休闲农业、地域民俗、运动康养等因素进行有机融合，实现县域内多种资源的相互促进，协同发展，形成综合性和复合型的文旅产业形态。

二是尧头窑—壶梯山文旅产业融合效应不足。尧头窑—壶梯山一线的文旅产业融合水平整体不高，产业融合效应有限，对相关产业转型升级和促进作用不明显。调研发现，县域旅游收入中相当一部分来自景区门票收入，这不利于持续健康的县域旅游业发展。壶梯山红色文旅基地与尧头窑遗址开发多以政府投资和社会捐助为主，游客观光研学或购买文创产品的收入占比非常小，有组织的研学会增加人气，但多是一天或半天，很难带动周边产业或消费。实践证明，在全域文旅背景下，地方文旅发展要注重产品创新、内涵建设和服务体验，要逐步延长产业链，不断提升产业附加值，带动关联产业的联动发展，提高消费质量，实现文旅经济向产业经济转变。因此，对尧头窑—壶梯山一线的村落分布、自然地貌、特色物产等要进行有针对性的研究设计，通过尧头窑、壶梯山两个高品质文旅景区建设，逐步扩大和提高其文旅的辐射范围和带动能力，实现县域农文旅协同发展。

三是尧头窑—壶梯山旅游产业融合水平不高。一般认为，县域旅游业发展都与第三产业有一定程度的关联性，如此才能带动当地劳动力资源的开发，从而促进县域经济社会发展。澄城县农业发展基础好，目前已有澄城苹果、樱桃等有特色的经济农产品，大面樱桃种植已成为当地农民增收的重要来源。由于苹果、樱桃种植面积较大，具备与文旅产业融合发展的基础，不同区域不同农产品还可以相互补充，规划文旅景点与农业生产区的融合，实现文旅开发与特色农业协同发展，逐渐延长产业链，增加产业之间的关联性，不断提高县域旅游基础设施、旅游宣传营销、旅游管理体制、专业技术人才、特色农产品打造等因素之间的协同提质，促进县域经济社会高质量发展。农民作为文农旅融合的重要主角，目前还没有真正形成自我发展的能力，各种农业市场化还处于较低阶段，集约化和组织化程度整体偏低，相关技术装备也比较滞后，产业链条还比较短，缺少高技术、高附加值产品，也影响了尧头窑—壶梯山一体化文旅开发的质量和水平。

四 打造尧头窑—壶梯山一体化文旅基地

低密度、慢节奏、短周期、近距离是乡村旅游未来发展趋势。澄城县域乡村有丰富的文旅资源和广阔场所，农文旅发展有较好基础，坚持发展乡村文旅，整合域内人文、自然、经济资源，打造尧头窑—壶梯山一体化文旅基地，落实乡村振兴战略，用文旅带动乡村发展，用乡村资源充实文旅内涵，打造农文旅一体化基地，服务关中文化生态保护区建设，助力县域经济社会高质量发展。

一要充分开发尧头窑—壶梯山观光沿线资源。从尧头窑到壶梯山目前有三条线路：第一条是从尧头窑出发经108国道、201省道和蟠坡路到达壶梯山。第二条是从尧头窑出发经善尧路、242国道到达壶梯山。第三条是从尧头窑出发经善尧路、242国道、冯庄路到达尧头窑。调研认为，可以在尧头窑到壶梯山一线打造一条长约42公里的观光线路，重点发展以中华优秀传统文化、红色文旅资源与绿色生态农业融合的县域农文旅产业链。

在此观光线路上可开发的农文旅产品包括：一农业景观观光游。依托县域独特的自然地形，优美的乡村环境，结合沿途农作物种植，以农作物集中种植区和区域特色地貌为对象，开发农文旅自然景点。二家庭农场体验游。利用节假日城市居民到附近郊区体验农业、参与农业劳动休闲需要，该沿线区域内农民可以"农家乐""渔家乐""采摘园"为游客提供吃农家饭、住农家院、干农家活的农文旅体验游。三农业庄园度假游。以沿线区域田园生活为依托，向游客提供绿色农产品和绿色休闲环境，推销绿色农产品，着力打造县域特色品牌，通过土特产吸引城市消费者，带动县域农文旅发展。四乡土风情游。以区域农村风土人情、民俗文化为吸引点，突出当地农耕文化、红色文化、民俗文化，开发农耕展示、民间技艺、时令民俗、节庆活动、乡土建筑等乡村风情游。五研学亲子游。有针对性地建设亲子农场，为城市孩子提供户外教育，以农场为载体实现亲子研学游，提高县域农文旅质量。

二要聚焦黑瓷文化和渭北红色文旅产业研究。尧头窑位于澄城县西南10公里尧头镇尧头村，面积约4.5平方公里，有元、明、清和民国时期古窑129座，古民居75处，古作坊78处，庙宇祠堂17处，是目前国内规模最大、保存最完整、遗存最丰富的古瓷窑露天博物馆。尧头窑遗址也是世界上现存最完整的古民窑遗址，有"中国原生态陶瓷活化石"的美誉。县域农文旅开发可依托尧头窑遗址，着力开发非遗手工文化、黑瓷展览文化、民俗表演文化和考古研学文化等，带动周边农业农村发展。

进一步发掘壶梯山红色文旅资源。一是挖掘壶梯山红色文旅产品内涵，改变壶梯山红色文旅展陈模式，深度挖掘、精心提炼、系统整理，强化壶梯山红色文化精神的凝练和宣传。二是打造壶梯山红色文旅品牌。深入研究壶梯山战役的意义，利用现代传媒手段，打造壶梯山红色革命故事宣传片，充分展示县域人民在解放战争时期英勇风貌和奉献精神。三是加强相关文旅资源整合，拓展与县域周边红色文旅资源的综合化利用，将壶梯山红色文旅基地与韩城八路军东渡景区、华州区渭华起义、荔北战役、永丰战役等进行有机整合，充分反映解放军解放西北的革命情形等。规划区域红色文旅景区，发展红色旅游，辅以自然风光，带动区域农业产业资源开发利用，实现区域农文旅的联合开发和共同提高。

三要探索"文化+旅游+农业"乡村振兴发展模式。"文化+旅游+农业"融合发展模式是解决目前乡村振兴的重要方法之一。调研发现，一是目前各文旅景区单打独斗比较普遍，影响了农文旅的融合发展和新产品开发，可进一步优化县域相关政府部门、企业的管理方式，提高文旅在农业、文体、商贸、环保等之间的桥梁纽带作用，因地制宜，积极打造县域休闲度假旅游、森林生态旅游、运动康养旅游、文化体验旅游、科教研学旅游等区域农文旅精品，服务区域经济社会发展需要。二是积极探索"公司+农户"的发展模式。目前县域内多数企业规模比较小，难以发挥引领作用。处于多数农村农户由于信息不对称、身份不平等的弱势地位，影响了农民参与公司的主动性，可以建立乡村旅游合作社，将农户有效组织起来，通过各种参股方式参与农文旅的运营和管理，将其作为公司与农户沟通的重要桥梁，采取"公司＋合作社＋农户""公司＋协会＋农户""公司＋基地＋农户"等模式，构建农业产业化联合体，推动其与区域文旅产业协同发展，促进文旅与乡村旅游发展、新城镇化建设的相互融合，延展区域文旅发展产业链条，带动农户致富，服务区域经济社会发展。

五　促进县域红色文旅发展的对策与建议

一要强化顶层设计，统筹文旅资源开发。要加强顶层设计，统筹县域文旅资源的开发利用，制定促进县域文旅产业发展相关政策，出台文旅产业融合发展标准，有条件的可设立"县域文旅产业融合专项基金""文旅产品创新开发基金""产业融合人才引进基金"等，有组织地开展文旅活动，推动文旅产业快速发展。结合县域区域发展实际和农业产业结构，因地制宜，创新财政、金融、土地政策，探索财政资金贴息、奖补、保费补贴、风险补偿等方式，搭建服务平台和交易市场，为县域产业融合和乡村振兴提供政策支持和资金保障。还可以开展集体资产的清产核资和股权量化，引导建立乡村文旅专业合作社，搭建组织协调平台，创新农文旅融合模式，在尧头窑、壶梯山两个高品质文旅基地的辐射带动下，全面提升县域乡村文化旅游的品质和水平。

二要鼓励企业参与，助力乡村振兴战略。目前县域存在农业现代化进程整体较慢，文旅产业基础相对薄弱，商贸业发展动力不足，文旅业规模较小，经济发展水平较低等普遍问题。县域内各龙头企业在产业融合发展中的作用发挥不足，需要不断完善市场环境和法规制度，有战略性、方向性地扶持和培育龙头企业，发挥龙头企业的辐射带动作用，助力区域农业农村发展。不断完善文旅基础设施建设，加大对文旅产业的各种投资，加快文创产品的研发利用，做好广告设计和信息传播，增强文创产品的品牌意识，促进县域农文旅之间的协同发展。

三要创新文旅融资，构建健康生态文旅。针对县域文旅资源发掘不足、利用不充分的现状，要深化农村信用体系建设，引导信贷资金有针对性地向农文旅产业领域投放，拓宽融资渠道，鼓励商业性金融机构对县域农文旅扶贫项目扶持。拓展农文旅发展新路径，引导龙头企业创新融资模式，催生区域农文旅特色品牌化建设。积极推进全域旅游，搭建农文旅产业融合的公益性、普惠式服务平台，向更多农民提供政策咨询、产品研发、农业技术、市场营销、电商交易、创业服务等公共服务。吸纳更多社会资本、信息进入县域农文旅发展新业态，形成健康生态农文旅，激发县域农文旅产业发展的内生动力，提高农文旅产业的社会贡献率。

四要转变传统观念，鼓励农民多元参与。引导农户转变发展观念，适应经济转型发展。目前县域农文旅发展主要是政府主导、企业参与的模式，普通农户参与整体较少，各企业与相关合作社等新型农业经营主体间的利益链接机制还没有真正形成，或不够紧密，区域内农户分散经营情况比较普遍，这也造成县域农文旅发展缓慢、品牌效应难以形成。要鼓励更多农户积极参与，选用"公司＋合作社＋农户"运作模式，保障农户同步共享农文旅产业融合带来的收益，可以按照保底收益＋按股分红＋土地租金＋就业工资＋返利分红等方式，激发农民参与区域文旅发展，形成可持续发展的长效机制，实现区域"农业＋文化＋文旅"协同发展。

总之，有组织开展农文旅与现代产业融合发展模式，可以构建尧头窑—壶梯山的"农业＋文化＋文旅"的农文旅产业链，在传承中华优秀传统文化、弘扬革命文化精神中，盘活县域内各种闲置资源，全力打造农文旅示范县，助力县域经济社会高质量发展和关中文化生态保护区建设。

子洲县红色文化资源挖掘与推广策略研究*

袁小陆　张　莹　杨振刚　王媛　郭小华　王　鹏**

【摘要】 保护和利用好红色文化遗产，对于传承红色基因和延续国家记忆具有重要的现实意义，也是凝聚民族力量的途径之一。本研究选取榆林市子洲县的丰富红色文化旧址、遗址、纪念场馆为基本研究对象，以传播学理论为指导，通过实地调研具有代表性的红色资源，了解这些资源在挖掘、开发、整合和利用过程中存在的问题，针对红色文化资源挖掘与保护、推广与宣传的现状及问题进行梳理与研究，进而提出子洲县红色文化资源挖掘与推广对策建议，使红色文化资源蕴含的革命精神和红色基因得到高效传承，最终通过落实与合理利用，促进当地经济发展，推动子洲县域经济发展。

【关键词】 子洲红色文化、子洲红色资源、国际传播、文化资源保护

---

* 本文系"陕西省哲学社会科学研究专项"智库项目"子洲县红色文化资源挖掘与推广策略研究"（20222D0665）的研究成果。

** 袁小陆，西安翻译学院高级翻译学院、英文学院教授；张莹，西安翻译学院高级翻译学院教授；杨振刚，西安翻译学院高级翻译学院副教授；王媛，西安翻译学院高级翻译学院讲师；郭小华，西安翻译学院高级翻译学院副教授；王鹏，西安翻译学院高级翻译学院副教授。

红色文化包含无数可歌可泣的革命故事、强大的思想力量和精神力量。随着全国一系列红色旅游发展规划的相继颁布，国内迅速形成了"红色文化研究热"和"红色文化资源开发热"。红色文化遗产价值与功能的充分发挥，能够助力国家形象塑造、坚定文化自信，从而能为推动文化传播打下坚实的基础并发挥不可替代的引领作用。经实地调查，现将子洲县红色文化资源保护和宣传推广现状整理如下。

一 子洲县红色文化资源保护现状与问题分析

（一）子洲县红色文化资源保护现状

经普查调研，子洲县现有红色文化资源43处，其中较有影响力的红色革命旧址、遗址、纪念场馆共计30余处。马蹄沟镇的最多，为15处，约占到总数的一半。多数旧址、遗址、纪念场馆无人居住，未加以维修，交通不便，无卫生间、停车场等配套设施。目前，有人居住的仅有8处，产权清晰的16处，已维修的13处，正在维修的2处。已维修的13处红色革命旧址、遗址、纪念场馆中，除了中共中央西北局旧址交通不便外，其他多数道路畅通。已维修的13处红色革命旧址、遗址、纪念场馆中，仅有西北野战兵团司令部（会议）旧址、马文瑞故居、三里路周恩来旧居、雷珠山夺枪遗址、马文瑞生平事迹图片展览馆、南丰寨中共陕北第一次党代会旧址、高家塔毛泽东旧居7处配套设施较齐全。其他基本无配套设施。"陕甘宁边区政府旧址"指引牌错写成"中共中央西北局旧址"。[①]

（二）子洲县红色文化资源保护问题分析

第一，有关方面重视和认识不足，红色资源维修策略不准确、保护力度不够。例如，部分已维修的红色革命旧址、遗址、纪念场馆未按照原貌修复，不遵循"依旧修旧，修旧如初"的原则。维修后的旧址、遗址与原貌相差甚

---

① 数据均来源于子洲县委史志研究室。

远,甚至被破坏。有20多处重要的红色革命旧址、遗址、纪念场馆,未采取任何维修保护措施,无人居住、无人管理、无人维修。如不采取有效措施,若干年后这些见证红色革命历史的旧址、遗址将全部坍塌,甚至消失殆尽。比如中共陕北特委第一次扩大会议遗址,本研究团队实地考察时发现,距离该红色遗址约2公里处道路狭窄,机动车辆无法通行;距离该红色遗址约500米处,道路旁边土块垮塌,路面出现不小于0.5米直径的雨水造成的塌陷。该红色遗址院落内部杂草丛生。①

第二,部分红色革命旧址、遗址、纪念场馆,产权不清晰,给维修改造带来诸多不便,实施起来困难重重。已统计的较有影响力的32处红色旧址、遗址中,产权问题分为四种情况:集体公有(7处)、私人多家所有(8处)、私人一家所有(12处)、产权情况不明(5处)。私人多家所有和一家所有都不同程度地给资源保护维修造成了困难。例如,维修改造过程中,由于产权问题,多方不能及时沟通,意见不能达成一致,导致影响维修改造进度,甚至阻碍维修改造工作。少数红色革命旧址、遗址政府维修改造后,因其产权归私人所有,政府相关部门不便介入,而产权所有人又疏于管理和日常维护,致使红色文化资源旧址、遗址荒草满院、屋舍破败。②

第三,红色资源挖掘和保护方式比较传统,缺少红色文化资源相关的数字资源建设和积累。红色文化资源挖掘和保护工作多停留在原址复原、场馆图片文字展出,有些图片模糊不清,保护挖掘方式比较传统,未能借助音频、视频等多媒体手段进行保护和挖掘。对现存老一辈革命家及其后辈、当年直接接触老一辈革命家的群众及其他红色文化传承者等珍贵的红色革命精神资源挖掘甚少。他们是红色革命的见证人,具有不可复制性,是子洲红色文化和红色精神不可缺少的一部分。例如,高家塔毛泽东主席旧居遗址和南丰寨红色革命旧址。展馆中红色故事丰富,均以图片文字形式静态展出。这种方式对研习群体,尤其是小学阶段的小小研习者,吸引力有限。可以挖掘更丰富多彩的展出方式。

---

① 数据均来源于子洲县委史志研究室。
② 数据均来源于子洲县委史志研究室。

第四,红色教育功能定位不足。30 余处红色革命旧址、遗址、纪念场馆中,只对 3 处进行了红色教育功能定位,知名度有限。其中,南丰寨红色革命旧址、遗址、纪念场馆是榆林市廉政教育基地、陕西省第四批省级重点文物保护单位,马文瑞生平事迹图片展览馆是子洲县青少年爱国主义教育基地,中共陕北特委第一次扩大会议遗址是子洲县第一批文物保护单位。虽然子洲县红色文化资源丰富,但是其红色教育功能准确定位并获得相关部门认可的数量很少,绝大多数红色文化资源均未得到当地政府相关部门的教育功能和文化地位认定,未能充分发挥革命旧址、遗址、纪念场馆的红色教育功能。①

二 子洲县红色文化资源推广宣传现状及问题分析

(一)子洲县红色文化资源推广宣传现状

第一,子洲县红色文化资源推广工作,目前突出成果在于完成编纂多部相关书籍。目前主要由子洲县委史志研究室和宣传部带头,编纂了数部与红色文化紧密相关的著作。例如,党史方面,目前已出版发行《中国共产党子洲历史》第一卷和第二卷,第三卷也即将出版发行。先后编辑出版了《中国共产党子洲历史大事记》《中共中央西北局 陕甘宁边区政府在马蹄沟》等多部党史专著。正在组织编纂的党史专著还有《中共陕北特委史》《转战陕北故事会》等。红色地情方面也已出版 10 多部,主要包括《红色记忆——离退休老干部名录》《红色子洲》《信仰·子洲》《李子洲传》等。②

第二,红色文化推广宣传方面,党史宣传推广工作线上线下两手抓。线上宣传推广,多利用"子洲方志"微信公众号、视频号、抖音等新媒体平台,将子洲人物、故事、重要事件以文字、图片、视频等形式编辑发布。线下推广,多以"七进"宣传的方式进行,先后在子洲县中心广场、马岔镇政府等

---

① 数据均来源于子洲县委史志研究室。
② 数据均来源于子洲县委史志研究室。

社区、小学、村镇多处开展百余次宣传教育活动。累计赠送《南丰晨辉　光耀陕北》《红色子洲》等书刊万余册。目前，子洲方志馆和子洲党史教育中心2个线下红色展馆在建中。①

第三，多种形式开展红色资源宣传推广工作。子洲红色资源宣传工作通过多种形式得以开展，主要包括召开座谈会、举办相关比赛和征文活动、拍摄专题片等②。例如，"马蹄沟红色文化资源开发利用"专题座谈会、"坚定文化自信　讲好子洲故事"演讲比赛、"铭记历史，缅怀先烈"主题征文活动、拍摄《子洲风》专题片并推送至学习强国平台、与西安建筑科技大学课题组合作完成马岔镇教场坪威戎城3D动态影像古城复原视频、"奋斗百年路　征程看子洲"党史100集系列节目。

（二）子洲红色文化资源推广宣传问题分析

第一，红色文化资源实地场馆推广宣传效果欠佳。调研团队实地考察了具有典型代表性的4个红色遗址，包括南丰寨中共党委第一次代表大会纪念馆、雷珠山夺枪遗址、高家塔毛泽东旧居和中共陕北特委第一次扩大会议遗址，发现南丰寨中共党委第一次代表大会纪念馆和雷珠山夺枪遗址道路畅通。虽然南丰寨中共党委第一次代表大会纪念馆是榆林市廉政教育基地、陕西省第四批省级重点文物保护单位，但是实地考察，几乎无人参观。未能充分发挥此类红色文化资源在红色精神宣传和教育方面应有的作用。另外，南丰寨中共党委第一次代表大会纪念馆、高家塔毛泽东旧居、中共陕北特委第一次扩大会议遗址3处场馆内多为图片文字介绍相关红色革命历史等信息，对参观者吸引力不大。位于马岔镇师家坪村张家岔自然村中共陕北特委第一次扩大会议遗址门锁紧闭，道路狭窄，部分路段被水冲毁不通，不利于推广宣传工作顺利开展。

第二，红色文化宣传推广工作线下活动推广范围有限。目前子洲红色文化资源和红色精神线下推广活动多停滞于书籍材料分发、比赛征文等传统传

---

① 数据均来源于子洲县委史志研究室。
② 张永超：《陕西省榆林市子洲县："红色土地"插上振兴双翼》，《中国城市报》2022年1月12日。

播渠道，传播形式互动少，缺乏吸引力。推广过程中，并未通过网络手段采集传播对象大数据并进行分析，导致不能充分了解传播对象的需求和心理，宣传效果有限。线下宣传活动推广范围有限，推广对象人数较少，多数限于某单位、某社区、某小学的部分参与者。宣传对象多为被动接受，不能调动其传播积极性，不利于形成二次传播的效果。

线下活动分发的书籍材料多为史料类正式文本，对各宣传对象而言，尤其是小学和幼儿园阶段的学生来说，文本过长、故事性不足，可读性一般，这导致材料分发了，推广宣传预期效果却没有足额达到。

第三，红色文化宣传推广线上活动开展较晚、内容少，视频号更新慢。截至2022年10月5日，抖音号"子洲方志"一共11个短视频，最早一个发布于2022年2月，最新一期发布于2022年4月25日，视频内容有5个是2022年2月份发布的。视频内容涉及"子洲县史志研究室拜新年""子洲革命家——马文瑞同志一片丹心报桑梓""警卫英雄——李树槐""子洲走出的开国少将——王扶之""子洲走出的宇航动力学家——姜宇""刘志丹——高家塔大捷""王震命令打盐井""子洲党史教育中心资料实物征集公告""坚守原则的安子文""谢子长老君殿播火"。2022年4月25日至10月5日，该抖音号再未发布新的视频。[1]

第四，红色文化宣传推广线上活动方式创新不够，效果有待提升。子洲红色文化宣传推广内容多为文字和图片，视频数量很少，视频内容多为一人就指定内容进行讲解，讲解人均为县委史志研究室工作人员，并未引进专业宣传人才。视频内容包括讲解、字幕和相关图片，创新形式少。微信公众号推出的文章阅读量极少数超过300人次，其余阅读量均在100上下，甚至更少。抖音号"子洲方志"粉丝人数972，获赞601，3701人关注（截至2022年10月5日）。数据表明，当前未能充分认识国内国际传播新形势，未能挖掘各个自媒体、融媒体等新兴媒体的传播能量，未能充分利用网络平台和新兴媒体来推广宣传红色文化资源。[2]

---

[1] 数据均来源于子洲县委史志研究室抖音号"子洲方志"。
[2] 数据均来源于子洲县委史志研究室抖音号"子洲方志"。

当前微信视频号和抖音号上的视频内容和拍摄形式创新性不足，后期制作也比较初级，不能掌握较先进和热度较高的视频拍摄方法，不能满足当前视频用户的需求，这使得推广效果受限。

第五，红色文化宣传推广人才亟待培养。线上推广的主要是微信视频号（子洲方志）和抖音号（子洲方志）。相关视频基本来自子洲县委史志研究室的工作人员出镜拍摄。宣传主体来源单一，视频产出数量有限，亟须更新国内外推广宣传的理念，培养引进专业宣传人才和创新宣传推广的技术和设备。加强对子洲红色文化资源和红色精神宣传推广工作的重视程度，更加深入认识子洲红色文化和红色精神在现代子洲经济发展中具有强大价值引导力、文化凝聚力和精神推动力。

第六，红色文化宣传推广思路有待拓展。子洲县红色文化资源丰富，但是地理分布比较分散，实地开展红色教育和研学活动相对受到局限。如何根据现有条件，创新思想方法，开展子洲红色文化资源线上"云展出"？再者，目前子洲红色文化和红色文化资源主要宣传方式是线上和线下相结合，活动开展方式比较传统，应该进一步拓展推广思路，如何将红色文化资源相关的红色精神和当地经济特色发展成果相结合？如何将子洲红色文化和红色精神进一步推广宣传，使其能更好地发挥强大价值引导力、文化凝聚力和精神推动力？这些推广思路都有进一步讨论的价值。

三 子洲县红色文化资源推广模式分析

基于对各种政治理念传播特征的研究，拉斯韦尔提出了5W模式[①]，该模式涵盖了传播的所有要素，并反映了传播的内在过程。因此，对子洲红色文化资源推广工作的主体、内容、途径、受众和效果的研究不仅构成了本文的框架，而且对该推广模式进行了全面的评估。

红色文化资源的推广可以从根本上概括为一种遵循传播学基本原则的传

---

① 5W模式，即Who（谁），Says what（说了什么），In which channel（通过什么渠道），To whom（向谁说），With what effect（有什么效果）。

播活动[①],并可以应用于拉斯韦尔的"5W"模式。以"5W"为基础的子洲红色文化资源推广模式具有理论支撑和较高的实用性,有助于最大限度地探索提高红色文化资源宣传效果的途径。基于"5W"模式的子洲红色文化资源推广围绕以下五个要素进行探讨。

(一)子洲红色文化资源推广的主体

推广就其本质来说是个体或群体之间的信息流动。子洲红色文化资源的推广具有传播的特征,是子洲红色文化资源在文化资源推广者与大众之间的互相联系。子洲红色文化资源推广的主体包括以下两种类型:一是子洲县委史志研究室的工作人员。他们长期致力于讲好子洲故事、讲活子洲故事,用子洲红色事迹去感染人、教育人、鼓舞人,不断提升党史宣传力度。二是专门研究红色文化资源的学者,如董万寄等。这些学者是子洲红色文化资源推广的主要力量。

(二)子洲红色文化资源推广的内容

拉斯韦尔指出:"内容分析再分为要旨(purport)分析和风格分析,要旨指的是信息,风格指的是信息要素的配置。"总体而言,子洲红色文化资源推广内容的"信息"具有"新旧兼备"的特点。"旧"是指如中国共产党子洲史等重要论述,而"新"则是指一些红色文化史相关知情人或见证人对红色文化资源的口述史记录。推广内容的"风格"很简单,旨在让文化受众能容易理解。

(三)子洲红色文化资源推广的途径

途径即是"5W"模式中的媒介,是推广主体和目标受众之间的纽带。子洲红色文化资源推广的途径,主要有新兴媒体、现代化科技、红色文物展示、子洲红色文化资源科研项目、"学习强国"学习平台等。

---

① 李淼磊、周刚志:《红色资源旅游开发的内涵、问题及法治化路径》,《北京社会科学》2023年第3期。

（四）子洲红色文化资源推广的受众

受众被拉斯韦尔称为"媒介通达的接受者"。除了子洲当地的学生，其他地区的各个年龄段的学生也是子洲红色文化资源推广的受众；同时还包括发起红色文化体验的大小公司企业；子洲红色文化宣传地的游客；以及所有对红色文化感兴趣的人。

（五）子洲红色文化资源推广的效果

"效果"是指受众在接收信息后，在认知、情感和行为的各个层面上的反应。尤其是推广效果，是"5W"模式推广红色文化资源的最后阶段，反映了前四个部分的传播情况，并作为评估红色文化资源推广效果的指标。建立科学、合理、有效、及时的多维评价机制，有助于立体、全面地衡量红色文化资源推广和服务过程中的利弊，对推广策略进行完善，使推广效果最大化。换言之，开展推广效果评估是对子洲红色文化资源推广的检验与反馈，是提高子洲红色文化传播质量的必要手段。

四 子洲县红色文化资源推广对策与建议

子洲是一块具有光荣革命历史的热土，有众多红色资源、革命遗址，具有很深刻的文化内涵。因此，对子洲红色文化遗址的挖掘、保护和推广尤显重要。红色文化资源为党史、爱国主义、民族精神、革命传统和地情等教育提供了最佳平台，它们对红色基因的传承至关重要。对子洲红色文化资源的挖掘与推广，既有理论意义，也有实践意义。要优先抓好子洲红色文化资源的挖掘和推广，精心规划、设计红色文化资源挖掘和推广的发展目标、主要任务和保障措施，努力在挖掘、保护、推广等方面取得新突破、新成效。

红色文化资源的挖掘与推广，对于促进乡村振兴战略计划的实施，能够发挥出积极的作用，为了不断促进此项活动的有效开展，建议采取以下策略来挖掘与推广子洲红色文化资源。

（一）子洲县红色文化资源挖掘方面

第一，根据实际情况，向上级争取增加廉政教育基地、文物保护单位等，以便进一步提高场馆知名度，充分发挥红色资源教育功能。

第二，协同发展子洲县各地区分散的爱国主义教育基地，建设子洲县独有的红色旅游特色线路和红色文化特色展出等。

第三，收集子洲县红色文化资源资料，建立子洲红色文化历史资料电子信息库。因历史条件原因，历史资料中很多为纸质资料，不易保存，可进行电子化处理，相对来说既经济实惠又便于长期留存，是一个较为可行的保护举措。对相关知情人或红色文化历史见证人进行口述史记录保存，留住历史记忆，挖掘红色文化亮点，为打造子洲红色文化景点提供有力佐证。

（二）子洲县红色文化资源保护方面

第一，高度重视红色革命旧址、遗址、纪念场馆维修保护工作，以政府名义，采取有效措施，开展红色资源挽救、保护工作。

第二，及时完善配套设施，防止已维修的红色革命旧址、遗址、纪念场馆因配套设施不完善而荒废，造成半途而废、经费投入无回报的结局。

第三，组织专门人员深入了解红色革命旧址、遗址、纪念场馆产权情况。采取疏导、协调、补贴等方式尽快解决产权不清的问题，为红色革命旧址、遗址、纪念场馆维修保护奠定扎实的基础。

第四，旧址、遗址维修改造要严格落实"依旧修旧，修旧如初"的基本原则，力求恢复旧址、遗址原貌，应尽量避免不必要的改建、扩建。

第五，做好革命遗址分类保护工作。红色文化资源的保护等级应参照相关法律法规，结合对子洲红色文化资源重要性、特征、保存状况、地理环境等条件的综合分析，由相关专家合理划分，并根据子洲县的情况和保护资金安排具体的维护工作。在具体实施的过程中，优先修缮保护级别高的红色革命遗址，维持一般革命旧址的现状，而对具有深厚历史价值、规模巨大、破坏严重的重要革命遗址可以给予特别保护。

(三)子洲县红色文化资源推广宣传方面

当前子洲红色文化传播方式比较传统。随着互联网和计算机信息处理技术的快速发展,出现了大量以数字和移动为特点的新兴媒体,比如短视频、社交媒体、云传播等,尤其是短视频传播范围广泛,传播效果好[①]。子洲县域红色文化应该顺应时代发展特点,在文化传播媒介上进行创新。

1. 红色革命旧址、遗址、纪念场馆现场宣传方面

第一,创新红色文化表现形式,精心设置宣传内容,将科技与红色文化结合不断深入,强调"体验感""参与感",努力利用科技技术描绘三维场景和故事再现,是使参与和感知方式现代化。利用人工智能、虚拟现实和增强现实等现代技术以音频、视频、景观和模型等多种形式呈现文物,使故事、实物更具真实感、立体感,充分满足游客的感官需求。将传统的红色文学、影视、音乐、剧目等与主流文化元素融合在一起,让红色故事绽放出新时期的光彩,让所有人都能听到并了解子洲被深埋的革命故事。

第二,积极引入3D打印、虚拟现实和增强现实等技术,利用光、电、声波等手段,全面改造红色文物的展示形式,使文物呈现层次化、立体化,丰富游客感知[②]。场馆建设通过模拟场景进行,构建沉浸式爱国主义教育基地,观众可以在不知不觉中接受红色文化教育和红色精神熏陶,真实感受子洲红色文化的内涵。

第三,爱国主义教育基地应积极与社会主义核心价值观教育相结合,与各学校和机构合作,开展具有子洲特色的红色教育拓展活动和具有研究性质的红色旅游活动;为各种规模的企业开展红色文化体验活动,利用爱国主义教育基地,组织各种党建项目。

2. 网络宣传方面

第一,加大红色主题融媒体短视频和音频作品创作、征集力度,继续制

---

① 胡正荣、李荃:《推进媒体融合,建设智慧全媒体,提升国际传播能力》,《对外传播》2019年第5期。

② 曹雨佳:《文旅融合时代红色资源数字化建设与推广》,《特区实践与理论》2021年第4期。

作一批红色融媒体产品，注重作品制作及宣传的创意形式[①]。比如请当地具有人气、网络流量的博主或红色文化历史知情人使用GoPro（运动相机）定期进行不同主题的短视频拍摄，让红色文化通过手指流动，为大家参与红色文化传播提供积极的环境。

第二，拓宽红色文化传播渠道，积极向"学习强国"等平台推荐优秀红色作品，提高子洲红色文化的知名度，为子洲加快发展、崛起和追赶提供强大的价值导向、文化凝聚力和精神动力。

3. 项目方面

第一，继续聚焦子洲优秀传统和红色文化资源，做好项目选题规划，对重点出版项目予以扶持，精心策划出版一批通俗易懂的红色读物，讲好子洲红色故事。

第二，实现资源融合，延伸产业链条。发展红色资源是巩固扶贫成果和成功促进乡村振兴的关键战略，农村地区可以通过将红色文化资源转化为经济效益来实现"自我成长"。做好子洲红色旅游产业，科学规划子洲红色文化旅游线路，充分考虑点、线、面辐射效应带动区域发展，运用现代技术手段和多元媒体对旅游景区进行包装推广，增加对外界游客的吸引力。

随着中国政治、经济和文化建设的不断发展，保护、开发和利用红色文化资源的必要性大大增加。红色文化资源中承载着革命精神，子洲县拥有丰富的红色文化资源和红色旅游资源，积极支持子洲地区的红色文化挖掘、保护和推广至关重要。

---

① 吴勇、蓝剑：《融媒体视角下防城港市红色资源宣传推广思考》，《新闻潮》2022年第10期。

第六篇

生态文明

双碳治理目标对我省区域布局及经济社会发展的影响和应对策略[*]

薛伟贤　石涵予[**]

> 【摘要】在双碳治理目标下，陕西省经济社会发展面临能耗"双控"与发展转型。本课题围绕双碳治理目标对陕西省区域布局及经济社会发展影响和应对策略展开研究，为陕西省应对双碳治理目标提供决策参考。首先，梳理陕西省低碳经济社会在产业生态化、能源消费、低碳技术和碳减排政策方面的发展现状及问题。其次，运用IPCC法和EKC模型依次估算全省及各市的碳排放量和预测碳达峰时间。再次，运用面板回归模型分析双碳目标对陕西省经济社会发展的影响及区域差异。最后，从省域和区域层面提出陕西省应对双碳目标的对策措施。
>
> 【关键词】低碳经济社会、碳排放、碳达峰、碳配额

温室气体减排不仅成为全球性共识，还是中国高质量发展的战略选

---

[*] 本文系"陕西省哲学社会科学研究专项"智库项目"双碳治理目标对我省区域布局及经济社会发展影响和应对策略"（2021ZD0996）的研究成果。

[**] 薛伟贤，西安理工大学经济与管理学院教授；石涵予，西安理工大学经济与管理学院讲师。

择①。"十四五"时期是实现碳达峰目标的重要阶段，构建和完善绿色低碳经济体系成为当前主要方向②③。在双碳治理目标下，陕西省经济社会发展面临能耗"双控"与发展转型。从高能耗、高排放的传统发展模式向绿色低碳的高质量发展模式进行全面转型④⑤，这将如何影响陕西省区域布局及经济社会发展，已成为亟待探究的现实问题。此外，陕西省内各区域的资源分布和经济社会发展水平不均衡，使我省目前整体低碳发展进程难以满足国家碳达峰、碳中和的标准，双碳目标的实现存在区域差异⑥。因此，本文围绕双碳治理目标对我省区域布局及经济社会发展影响展开研究，并根据区域特点提出差异化应对策略。为陕西省实现双碳治理目标提供了理论依据，同时对保持经济社会绿色低碳转型和实现区域优势互补提供决策参考，具有一定的理论和现实意义。

一 陕西低碳经济社会发展现状及问题

（一）产业生态化效率呈下降趋势，低于全国平均水平

在双碳背景下，产业生态化转型是重点。产业生态化效率用于评估产业生态化转型的区域比较，进而关注和解决产业生态化效率较低区域经济生产

---

① 刘燕华、李宇航、王文涛：《中国实现"双碳"目标的挑战、机遇与行动》，《中国人口·资源与环境》2021年第9期。
② 清华大学气候变化与可持续发展研究院：《中国长期低碳发展战略与转型路径研究》综合报告，《中国人口·资源与环境》2020年第11期。
③ 中国社会科学院宏观经济研究中心课题组、李雪松、陆旸、汪红驹、冯明、娄峰、张彬斌、李双双：《未来15年中国经济增长潜力与"十四五"时期经济社会发展主要目标及指标研究》，《中国工业经济》2020年第4期。
④ 徐政、左晟吉、丁守海：《碳达峰、碳中和赋能高质量发展：内在逻辑与实现路径》，《经济学家》2021年第11期。
⑤ 吕学都、王艳萍、黄超、孙佶：《低碳经济指标体系的评价方法研究》，《中国人口·资源与环境》2013年第7期。
⑥ 张友国、白羽洁：《区域差异化"双碳"目标的实现路径》，《改革》2021年第11期。

过程的资源能源消耗问题。陕西省产业生态化效率从 0.53（2006 年）下降至 0.39（2019 年），比同时期全国平均水平普遍低 25%。从区域来看，陕北产业生态化效率最高，陕南仅在 2015 年产业生态化效率低于关中地区，其余年份均高于关中地区（图 1）。从城市来看，产业生态化效率排名前三位的依次为榆林、延安和汉中。产业生态化效率呈上升趋势的是西安、咸阳、榆林、安康；相对稳定的是铜川、宝鸡、渭南、商洛；呈显著下降趋势的是延安、汉中。主要原因在于：陕西省的产业生态化水平提高对工业发展的依赖严重，废弃物的循环利用水平和利用率不高，战略性新兴产业发展仍面临一系列瓶颈。

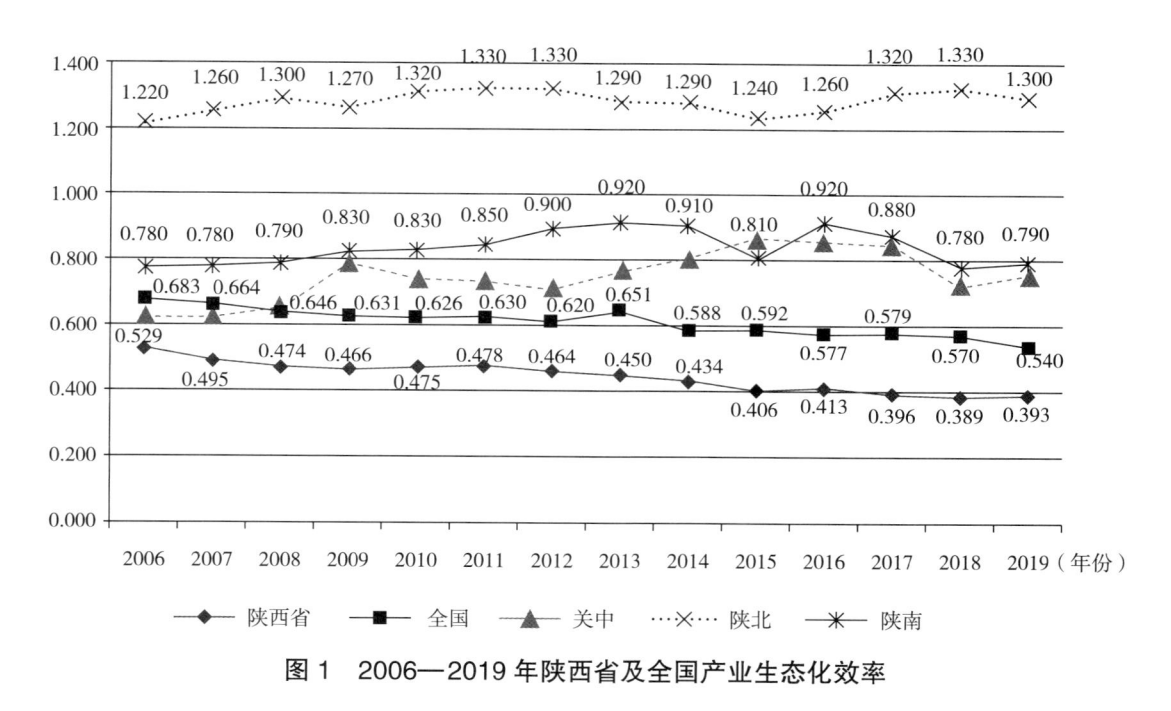

图 1　2006—2019 年陕西省及全国产业生态化效率

（二）能源生产和消费总量大，煤品消费占比偏高，高耗能增长方式逐步被遏制

陕西省正在加快建立清洁低碳安全高效的能源体系。2010—2021 年，陕西省能源消费总量从 8288 万吨增长到 14515 万吨标准煤，但增长率逐年下降；煤炭能源消费占比从 70.5% 增长到 73.7%，比全国平均水平高 16%

左右;石油和天然气消费总量趋势一降一升,"气化陕西"取得阶段性进展;能源消费弹性系数由 0.72 下降至 0.11,高耗能的经济增长方式显著改观(图 2)。分区域来看,天然气消费总量上升速度由高到低依次是陕南、关中、陕北。从城市来看,天然气消费总量上升速度由高到低依次是安康、汉中、商洛、渭南、西安、铜川、宝鸡、延安、榆林、咸阳。陕西省能耗强度总体上仍然偏高。2011—2014 年陕西省能耗强度低于全国平均水平,但 2015—2021 年高于全国平均水平,能源节约和高效转型速度较慢。这是因为省内的产业结构仍以第二产业为主,煤炭资源禀赋优越、使用率较高,清洁能源开发利用率低且适用范围不广,碳排放统计监测体系尚未完善。

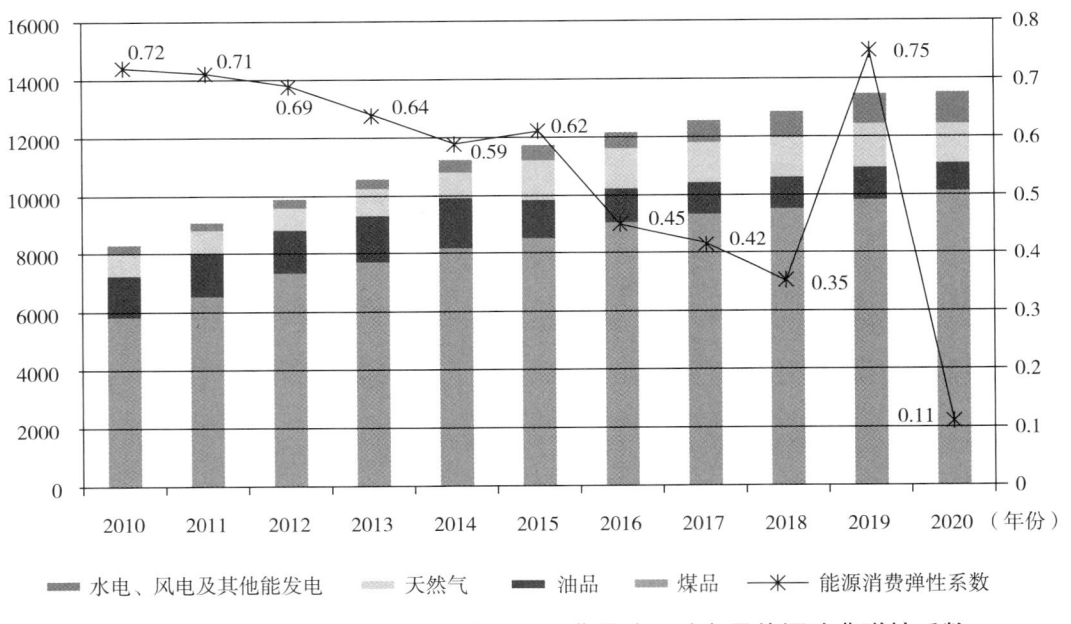

图 2 2010—2020 年陕西省各类能源消费量(万吨)及能源消费弹性系数

(三)积极推进低碳技术研发,但省内对低碳技术发展的支持力度依然有限

企业先行开展低碳技术研发,通过能源转化实现低碳化生产,截至 2022 年底全省绿色工厂 103 家、绿色工业园区 4 家,每年吸收和利用 CO_2 上千万吨。政府引导支持低碳发展,制定相关政策法规,通过资金扶持、贴

息补助等措施推进产业结构调整，构建"1+2+3"CCUS（二氧化碳捕集利用与封存）发展格局。成立我国唯一的国家级CCUS工程研究中心，建成碳减排示范项目和碳封存试验区，举办低碳活动，低碳社会转型气氛浓郁。但是，目前陕西省对低碳技术的支持力度依然有限，原因包括：陕西省缺乏统一健全的低碳技术交换平台；缺乏完善税费征收、配套服务政策，支持低碳技术发展的稳定投入机制还未形成；陕西省对于高碳技术的监管力度不足，企业缺乏加大低碳投入的内在动力和外在压力。

（四）节能减排政策、环境保护政策和绿色金融政策协同发力，但低碳意识仍待提升

自2009年起，相继出台颁布《陕西省节约能源条例》《陕西省低碳试点工作实施方案》《加强建立健全绿色低碳循环发展经济体系若干措施》等碳减排政策文件。同时，《陕西省环境保护条例》《陕西"十三五"环境保护规划》《陕西省"十三五"控制温室气体排放工作实施方案》等环保政策文件的出台，也极大地推动了低碳能源体系和产业体系建设。此外，陕西"十四五"规划纲要中明确提出要建立绿色金融体系及财税激励计划，以培育低能耗、低碳排放的新兴增长点。但是低碳意识的培养并非易事，政府基层部门碳减排意识相对淡薄，企业对低碳转型往往持有拖延和抵触的态度，个人的低碳行为仅停留在不损害自身利益时的一般行为上。特别是陕西省财政收入有限并且低碳发展资金的获取渠道不多，仍然存在低碳经济发展与资金投入不足之间的矛盾。

二 碳排放测算及碳达峰预测

（一）数据来源

本研究的数据来源主要为陕西省以及各市统计年鉴，主要以"十二五"规划期到"十三五"规划期为主，选取2011—2020年为研究期。本研究中使用的能源折标准煤系数及碳排放参考系数统计见表1。

表1 能源折标准煤系数和碳排放参考系数

类型	折标准煤系数	碳排放系数
原煤	0.7143 kgce/kg	1.9003（t CO_2/t）
天然气	1.3300 kgce/m³	2.1622（kgCO_2/m³）
原油	1.4286 kgce/kg	3.0202（t CO_2/t）
汽油	1.4714 kgce/kg	2.9251（t CO_2/t）
煤油	1.4714 kgce/kg	3.0179（t CO_2/t）
柴油	1.4571 kgce/kg	3.0939（t CO_2/t）
燃料油	1.4286 kgce/kg	3.1705（t CO_2/t）
电力	1.229 kgce/(kw·h)	0.8696（t CO_2/MWh）

数据来源：国家统计局《综合能耗计算通则》和《IPCC2006国家温室气体排放指南》。

陕西省及各市区的碳达峰预测涉及2012—2020年各市。GDP、常住人口总数、人均GDP三个变量的数据。碳排放数据基于前文的测算得到，人均GDP和常住人口数来源主要为2012—2021年陕西省以及各市统计年鉴。

（二）碳排放测算

1. 陕西省碳排放量测算

运用IPCC法的测算结果（表2）表明：第一，2011—2020年陕西省CO_2排放总量由19394万吨上升至27603万吨，年平均增速4.2%。第二，CO_2排放来源以煤炭和电力为主，2020年分别占碳排放总量的25.9%和59.8%。可见，陕西省依托煤炭资源禀赋，具有高碳排放的特点。

表2 2011—2020年陕西省CO_2排放量　　　　单位：万吨

年份	煤炭	天然气	电力	原油	汽油	煤油	柴油	燃料油	碳排总量
2011	6506	1321	8543	401	817	29	1772	0.51	19394
2012	6578	1373	9276	432	839	30	1813	0.29	20343
2013	7151	1568	10019	464	888	109	1667	39.01	22029
2014	7019	1568	10661	464	672	109	1667	39.01	22202
2015	7398	1657	10624	403	729	104	1439	69.65	22427

续表

年份	煤炭	天然气	电力	原油	汽油	煤油	柴油	燃料油	碳排总量
2016	7189	1662	12667	174	752	90	1266	22.89	23826
2017	6815	1500	13760	187	811	150	1156	15.86	24398
2018	6552	1623	14572	195	872	235	1226	15.35	25293
2019	6987	1937	15938	182	894	275	1165	22.07	27402
2020	7172	1702	16522	137	844	251	95	20.80	27603

2. 陕西省主要领域及各市碳排放量测算

运用IPCC法的测算结果（表3）表明：第一，在工业领域，2011—2020年全省规模以上工业综合能耗的CO_2排放量由7220.5万吨上升至9366.37万吨，呈明显上升趋势的有咸阳、宝鸡、榆林和延安。第二，在城市交通领域，CO_2排放量由893.26万吨上升至2302.47万吨，各市均呈现明显上升趋势，其主要原因是燃油私家车保有量的快速增长。第三，在居民生活领域，CO_2排放量由125.12万吨上升至509.82万吨，各市均呈现明显上升趋势且西安市最为显著。第四，2020年，各市碳排放总量由高到低依次是榆林、西安、渭南、宝鸡、咸阳、延安、汉中、铜川、商洛、安康。

表3　2011—2020年陕西省各市各部门碳排放量　　单位：万吨

年份	部门	渭南	铜川	咸阳	宝鸡	西安	安康	商洛	汉中	榆林	延安
2011	工业	1477.2	229.4	441.2	605.3	311.9	39.1	79.3	328.6	1344.9	352.5
	交通	98.0	19.1	64.8	56.8	369.9	27.2	20.1	47.9	123.9	65.5
	居民	6.0	4.1	34.4	8.7	45.8	0.7	0.3	1.1	15.2	8.9
	加总	1581.2	252.6	540.3	670.9	727.6	67.1	99.7	377.6	1484.0	426.9
2012	工业	2178.5	221.5	551.4	609.5	315.8	47.2	71.4	330.9	1461.8	355.0
	交通	106.2	18.1	67.7	62.1	429.0	31.1	22.9	55.8	150.5	76.2
	居民	6.2	5.0	33.2	9.7	54.7	0.8	0.3	1.6	26.0	8.0
	加总	2290.9	244.5	652.2	681.3	799.6	79.1	94.7	388.3	1638.3	439.2

续表

年份	部门	渭南	铜川	咸阳	宝鸡	西安	安康	商洛	汉中	榆林	延安
2013	工业	989.1	237.4	565.6	747.6	430.7	48.9	79.6	405.9	2535.5	435.4
	交通	112.8	19.4	86.5	67.0	499.7	33.8	22.3	62.8	164.6	79.6
	居民	7.0	6.1	14.0	13.5	69.2	1.0	0.8	1.9	19.7	12.3
	加总	1108.9	263.0	666.1	828.1	999.6	83.7	102.8	470.5	2719.8	527.3
2014	工业	2601.2	213.8	563.1	666.8	373.2	52.4	91.4	362.0	1994.3	388.3
	交通	118.4	25.1	101.2	85.7	582.8	33.1	25.0	70.5	169.9	80.7
	居民	7.1	6.4	11.5	12.4	117.1	1.5	1.0	2.5	15.2	20.1
	加总	2726.7	245.3	675.8	764.9	1073.2	86.9	117.4	434.9	2179.4	489.1
2015	工业	2709.5	197.6	606.8	601.2	326.9	52.1	92.9	326.4	2177.9	258.1
	交通	122.5	27.4	102.7	80.9	660.4	38.1	24.9	79.9	177.9	86.3
	居民	7.6	7.2	19.7	11.7	136.7	1.6	3.5	3.3	17.5	13.1
	加总	2839.5	232.2	729.1	693.8	1124.0	91.8	121.3	406.3	2373.3	357.5
2016	工业	1154.7	195.0	592.2	600.6	331.8	49.1	99.1	383.3	2352.6	287.3
	交通	133.7	28.1	114.5	84.4	727.1	43.2	24.7	85.9	178.8	90.7
	居民	8.1	13.1	19.3	13.3	142.5	7.2	1.8	4.1	24.3	13.1
	加总	1296.4	236.2	726.0	698.2	1201.4	99.4	125.5	473.3	2555.7	391.1
2017	工业	1124.9	186.6	348.4	737.7	468.3	52.6	101.3	397.5	2541.7	319.3
	交通	156.7	28.9	126.7	104.5	791.2	50.2	25.8	93.1	190.9	96.8
	居民	9.0	11.0	21.8	15.1	227.9	2.0	2.5	7.7	3.6	15.9
	加总	1290.6	226.5	496.9	857.3	1487.3	104.8	129.7	498.3	2736.2	432.0
2018	工业	1113.3	168.2	374.0	706.2	452.0	57.1	94.7	390.6	2534.7	357.5
	交通	168.9	29.6	137.5	117.6	873.1	55.4	30.7	112.6	202.5	106.9
	居民	9.2	12.3	27.9	17.3	216.2	2.2	2.9	12.5	8.0	29.1
	加总	1291.3	210.0	539.4	841.1	1541.3	114.7	128.4	515.7	2745.2	493.5
2019	工业	1201.7	220.8	571.7	733.9	425.3	57.8	87.4	359.3	2899.4	508.9
	交通	177.5	31.7	142.0	124.8	950.3	61.0	34.4	118.5	215.0	115.6
	居民	9.4	10.4	28.9	18.3	220.5	2.2	8.2	17.6	30.4	36.5
	加总	1388.6	262.9	742.7	877.0	1596.2	121.0	130.0	495.5	3144.8	661.1

续表

年份	部门	渭南	铜川	咸阳	宝鸡	西安	安康	商洛	汉中	榆林	延安
2020	工业	1256.0	248.9	556.2	714.1	390.2	45.7	77.8	353.1	3132.4	572.0
	交通	188.1	33.0	146.1	137.4	1012.2	67.9	37.1	122.7	235.0	124.8
	居民	50.3	12.4	31.0	23.6	259.7	7.4	8.7	24.0	69.9	22.9
	加总	1494.3	294.3	733.3	875.0	1662.1	120.9	123.6	499.8	3437.3	719.8

（三）碳达峰预测

1. 陕西省碳达峰预测

环境库兹涅茨曲线用来描述污染与人均收入之间的倒 U 关系，近年来拓展用于实证研究碳排放量与人均收入之间的关系。借鉴环境库兹涅茨曲线，建立 CO_2 排放与人均 GDP 之间的二次曲线回归模型[①]，根据拐点判断碳达峰的峰值。运用 OLS 法的参数估计结果表明：第一，陕西省二氧化碳环境库兹涅茨曲线存在拐点，具有倒"U"形曲线特征，陕西省碳排放的理论拐点位于人均 GDP 为 125900 元，对应的 CO_2 排放量为 29250 万吨，碳达峰时间在 2034 年。

2. 陕西各市碳达峰预测

运用 EKC 模型的预测结果表明：除西安、商洛和铜川以外，其他地市均能实现 2030 年碳达峰的目标。各市的预期碳峰值和时间依次为：渭南（2992.84 万吨，2017 年）、咸阳（665.00 万吨，2018 年）、宝鸡（874.07 万吨，2021 年）、汉中（552.08 万吨，2023 年）、安康（120.00 万吨，2024 年）、榆林（3263.75 万吨，2025 年）、延安（721.80 万吨，2027 年）、西安（2349.31 万吨，2035 年）、商洛（234.19 万吨，2037 年）、铜川（306.43 万吨，2040 年）。

---

① 邵锋祥、屈小娥、席瑶：《陕西省碳排放环境库兹涅茨曲线及影响因素——基于 1978—2008 年的实证分析》，《干旱区资源与环境》2012 年第 8 期。

三 双碳目标对陕西省经济社会发展的影响

（一）双碳目标推动区域经济社会发展水平提升的机理分析

首先，双碳目标"倒逼"高耗能产业转型，使单位能源投入的经济效益增加，有利于打破由于能源利用低效率的循环累计效应造成的经济社会发展水平较低的不利局面；其次，双碳目标增加城市为满足双碳治理要求所带来的"遵循成本"，有利于改变较低的地区创新水平对经济社会的不利影响；最后，双碳目标改变要素投入和全要素生产率，通过容量限制、技术促进、产业衍生、安全损失等影响产业结构，进而改变供给结构、人民生活以及区域经济格局。

（二）双碳目标影响区域经济社会发展水平的地域差异性分析

一方面，双碳目标约束推动能源利用效率提升，对低能源利用效率地区经济社会发展的提升作用更大；另一方面，双碳目标约束促进技术研发创新和推广，对低创新水平地区经济社会发展的提升作用更大。

（三）双碳目标影响陕西省经济社会发展水平的实证分析

运用面板数据回归和虚拟变量回归的计量结果：一是在不纳入控制变量的情况下，2011—2020年各市CO_2排放量每增加1%，使地区经济社会发展水平平均提升1.985%；二是在纳入控制变量的情况下，各市CO_2排放量每增加1%，地区经济社会发展水平平均提升1.525%，且自主创新水平、经济外向型程度、市场消费能力均对经济社会发展存在正向促进作用；三是在纳入地域虚拟变量的情况下，CO_2排放量每增加1%，陕南、关中、陕北地区的经济社会发展水平分别平均提升1.70%、1.0%、3.49%。可见，双碳目标会对陕西省经济社会发展水平存在制约作用，亟须探索应对双碳治理目标的对策措施。

四 陕西省应对双碳治理目标的对策措施

(一)陕西省应对双碳目标的策略

1. 区域精准定位,科学制定双碳路线

不同区域实现双碳目标对其经济社会发展的影响存在显著差异,应根据区域特点合理制定双碳目标实现路线。陕北地区继续挖掘低碳资源开发潜力,大力发展低碳产业,提升自主创新能力。关中地区应提高自然资源开发效益,增强科技转化效率,优化产业结构和能源消费结构。陕南地区应提升资源利用率、注重生态环境建设,发展地方特色产业。

2. 发展绿色能源,调整产业能源结构

一是加快调整产业结构,制定能源、钢铁、有色金属、石化化工、建材、交通、建筑等行业和领域碳达峰实施方案。二是加快构建低碳能源体系,突出节约优先,着力提高能源利用效率,加快结构优化,立足保障能源供给。三是改造升级"两高"产业,以确定"两高"项目能效核定标准为先,率先开展能效情况自查核查和认定,制定能效水平标准,建立"两高"项目企业能效清单。

3. 重视技术研发,加快成果推广和应用

加强科技成果转移转化,推动从科学研究到标准化产品上下游的有效衔接,打造系统的产学研用协作模式。加快推进煤炭清洁利用新技术落地,进一步降低排放指标,建立和推广燃煤电厂超低排放、高效煤粉型工业锅炉、水煤浆、清洁型煤示范工程建设。加大煤电技术改造升级,严格控制能效、环保等新建机组准入条件,完成现役机组改造升级,优化电力调度运行管理。加快CCUS研发应用和产业示范,尽快把CCUS纳入碳交易市场,建立专项扶持资金,指定相关财税政策,推动CCUS规模化部署和商业化发展。

4. 重视生态保护,发展自然碳汇

一是科学开展国土绿化行动,处理好国土绿化和耕地保护之间的关系,因地制宜提高林草覆盖度。二是建设低碳生态城市和生态宜居乡村,严守生

态保护红线，强化建设用地总量管控，均衡安排城市绿地布局，建设步行和自行车友好城市。三是开展生态型土地综合整治，建设低碳型灌排水工程、低碳型田间道路和渍水净化系统，统筹人居环境治理、农业废弃物综合利用等各类项目，减少农业面源污染。四是实施生态修复重大工程，提高生态系统固碳能力。五是完善政策制度，制定自然资源系统促进双碳行动方案，探索建立生态产品价值实现机制，完善生态保护补偿和生态损害赔偿制度。六是加强以市场化手段解决碳排放交易问题，积极参与全国碳排放市场交易，为CCER（国家核证自愿减排量）重启做好准备工作。

（二）陕西省三大区域应对双碳目标的主要措施

1. 陕北地区

一是持续推动能源化工产业转型升级，推动资源开发向保障国家综合能源供给安全转变、产业体系由能化主导向多元融合多极支撑转变、发展动力由资源驱动向科技引领创新驱动转变。二是优化能源结构，使用风能、光能清洁能源，大力推广太阳能与建筑一体化、农村沼气工程、清洁动力公交系统、清洁燃料锅炉、风光互补发电技术、热电联产、光伏发电等清洁能源应用。三是遏制"两高"项目盲目发展，从源头管控、环境准入、减污降碳协同、监管执法多方发力，避免CO_2排放"锁定"。四是重视引进和培养低碳技术人才，建立制度化、系统化的双碳人才体系，增强自主造血功能。五是统筹山水林田湖草沙系统治理，充分发挥自然修复的力量。

2. 关中地区

一是发展战略性新兴产业，延伸高端产业链条，对传统产业进行改造升级。二是优化能源结构，合理使用清洁能源，改变以煤炭为主的能源消费结构，推进能源结构向多元化、规模化、清洁化、高效化方向优化。三是加快推进"两高"行业企业退出工作，通过制定退出方案、压减产能计划、技术改造升级、产能置换、制定科学合理的综合标准，依法依规推动落后产能退出。四是依托秦创原推动产业链和创新链深度融合，建设低碳科创"孵化器"、低碳产业"加速器"。五是重视秦岭保护和城市绿化，提升碳汇能力。

3. 陕南地区

一是着重发展绿色循环经济,走集聚化、绿色化、创新发展的新型工业之路,打造金属材料、建材及非金属、节能与新能源、食品医疗、再制造循环产业链。二是提升清洁能源在能源结构中的比重,加大对生物质能和太阳能发电项目的支持力度,把握清洁能源使用中成本增长与环境效果的平衡点。三是以高端制造业为基础提高能效,加快传统优势行业转型升级,做好细分领域的前瞻布局,建设绿色循环高端制造发展区。四是依托汉中与关中地区引进研发低碳技术,扩大低碳技术溢出效应,适度提高双碳目标约束的强度。五是保护和扩大生态碳汇,加强天然林保护,加大植树造林力度,推动自然碳汇能力不断提升。

安塞区农业绿色发展的做法成效、存在的问题及对策建议*

王 进 刘 璇**

【摘要】 2023年中央一号文件指出，要持续推进农业绿色发展。在省委省政府的坚强领导下，近年来，安塞区在农业绿色发展的实践与探索中取得卓越成效，但仍存在农业绿色发展基础薄弱、产业结构有待优化、农业绿色发展工作机制尚不健全、专业技术与人才短缺等问题。本文结合安塞区农业绿色发展的现实基础和发展困境，从土地、资金、政策、技术、产业链等方面提出促进农业绿色发展路径，具有一定的推广价值。

【关键词】 农业绿色发展、高质量发展、新发展理念

---

* 本文系"陕西省哲学社会科学研究专项"智库项目"安塞区农业高质量发展理论机理与实践路径"（2022ZD0680）的研究成果。

** 王进，延安大学经济与管理学院教授；刘璇，延安大学经济与管理学院助教。

一 安塞区农业绿色发展的成效与做法

推进农业绿色发展，是贯彻新发展理念、推进农业供给侧结构性改革的必然要求，是加快农业现代化、促进农业可持续发展的重大举措，也是守住绿水青山、引领乡村振兴、建设美丽安塞的客观需要[①]。近年来，安塞区政府认真贯彻落实中省市关于促进农业绿色发展的决策部署，以绿色发展理念为引领，坚持质量兴农、绿色兴农，强化政策引导、落实务实举措，从农业产业结构调整、农业绿色生产与绿色农产品产出几方面积极探索区域农业绿色、高质发展的新模式、新路径。

（一）构建绿色产业结构体系

按照"山地苹果川台菜、畜牧产业广覆盖"区域布局[②]，安塞区大力发展现代化农业，持续推动以设施蔬菜、山地苹果、畜牧养殖等为主的现代农业高效绿色循环发展。在设施蔬菜发展方面，安塞区依托区域地缘特色，以农村集体股份经济合作社为引领搭建农户与企业的合作平台，由村集体提供耕地、宅基地等资源性资产，种养大户和企业提供资金，通过按比例占股的方式建成一批大棚出租给农户种植，产出的农产品由企业统一收购，初步形成"企业+村集体经济合作社+农户"的合作模式。同时，积极引进优良品种，推广水肥一体化，逐步提高农业产业化和标准化程度，减少农业生产过程中的污染，有效保障农产品质量。截至2022年底，安塞区棚栽业面积累计发展为7.1万亩，蔬菜产量达31.5万吨，新型大棚棚均收入7万元以上，实现产值12.8亿元[③]。在山地苹果发展方面，安塞区全力做好山地苹果高质量发展这篇文章，培养出百亩以上苹果种植大户83户，建成沿河湾镇、招安

---

① 国务院办公厅：《关于创新体制机制推进农业绿色发展的意见》，2017年9月30日。
② 安塞区经济发展局：《延安市安塞区国民经济和社会发展第十四个五年规划纲要》，2021年4月20日。
③ 安塞区蔬菜技术推广与营销服务中心：《延安市安塞区蔬菜技术推广与营销服务中心关于对区政协十届一次会议第5号提案的复函》，2022年12月9日。

镇、高桥镇3个5万亩山地苹果大镇，发展起高桥南沟至魏塔、沿河湾黄柏梁至永丰窑、招安阳咀至库区梁、建华武家湾至贺家洼等11条苹果产业带，面积近8万亩。目前，安塞区创建5个省级苹果标准化示范园，13个高质高效示范园、美丽果园、亩均效益冠军园，51个苹果高质量发展"百千万"工程核心示范园，147个区级标准化示范园，标准化示范面积超过3万亩。建成冷藏（气）库5.3万吨，引进4.0智能选果线7条，开办苹果直销店13个、陕果集市104个，组建成70台总载重1760吨的大型冷链车队1个，建成交易市场2个，引导注册果业农民专业合作社56个[①]。在畜牧养殖方面，安塞区遵循封山禁牧政策，因地制宜发展湖羊养殖业，形成"湖羊进、山羊退"的畜牧产业新格局。相较于生猪、肉牛等养殖，湖羊具有繁殖率高、产奶快、养殖成本低、饲养周期短等特点，且湖羊养殖对环境污染小、效益高，能实现农村经济与生态的协调发展。目前，安塞区共创建各级示范家庭农场613个，其中省级示范家庭农场25个、市级61个、区级444个，示范农场占农场总数的46%。2022年示范农场平均经营收入超过30万元，授权公用品牌和名优特新标志42家[②]。此外，为促进农业供给侧结构性改革，安塞区积极引进先进农业生产技术，降低资源消耗量，构建绿色农业产业体系，实现产业整体升级和环境友好发展。

（二）推进农业绿色发展行动

一是实施化肥农药减量增效行动。以有机肥替代化肥使用，能达到平衡土壤养分、维持地力的效果，保障农业可持续发展。在全区范围内普及病虫绿色防控技术（灯虫诱杀、黄板防虫诱捕、烟雾机喷洒农药等）及苦参碱、阿维菌素等高效低毒低残留农药，提升植保服务水平、化肥使用效率。严格落实"属地管理"责任，制定农膜、农药废弃物回收补贴政策，提升农业面源污染防治能力。二是提高秸秆综合利用和畜禽粪污资源化利用水平。坚持

[①] 安塞宣传：《以"特"兴农擦亮招牌——安塞区特色农业产业高质量发展纪实》，2023年11月17日。

[②]《产业发展促增收乡村振兴添动力——安塞区大力推动家庭农场高质量发展纪实》，2023年7月24日，延安日报（https://paper.yanews.cn/Thread.html）。

抓好秸秆综合利用和禁烧工作，大力推广秸秆还田和基料化利用。坚持推进粪污资源化利用，严格落实环保备案和镇（街）许可建场制度，要求规模养殖场必须全部配套粪污资源化利用设施。三是大力发展生态循环农业。为实现农业绿色循环发展，安塞区以"主体小循环、片区中循环、区域大循环"为重点[①]，探索创新生态循环发展模式，促进农畜结合、种养循环（图1）。在村级层面，打造"以粪制肥—以肥种果（菜）—以草变饲—以饲养畜"的种养结合样板，推进农业废弃物资源化循环利用，实现主体小循环；在镇级层面，推广"养殖—大中型有机肥生产—种植—养殖""畜禽粪便—大中型沼气池—沼气、沼液、沼渣—生产生活用能"等模式，实现片区中循环；在全区层面，围绕"一控两减三基本"要求统筹全区生态循环农业产业，建立农业废弃物资源化集中处置系统，实现区域大循环。全区推进农业绿色行动成效见表1。

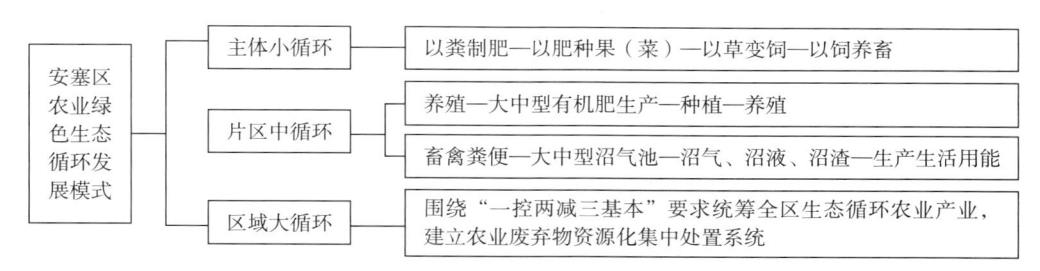

图1　安塞区农业绿色生态循环发展模式

表1　2015—2020年安塞区农业绿色行动成效统计

年份		农用化肥施用折纯量（吨）	氮肥（吨）	磷肥（吨）	钾肥（吨）	复合肥（吨）	农用塑料薄膜使用量（公斤）	地膜使用量（公斤）	地膜覆盖量（亩）
2015	数量	5196	1796	420	1196	1784	306.8	278.79	68245
	同比增加（%）	—	—	—	—	—	—	—	—
2016	数量	5041	1763	406	1148	1724	294.99	280.6	68542
	同比增加（%）	-2.98	-1.84	-3.33	-4.01	-3.36	-3.85	0.65	0.44

---

① 中共延安市安塞区委延安市安塞区人民政府：《关于加快推进农业农村现代化的实施意见》，2021年4月2日。

续表

年份		农用化肥施用折纯量（吨）	氮肥（吨）	磷肥（吨）	钾肥（吨）	复合肥（吨）	农用塑料薄膜使用量（公斤）	地膜使用量（公斤）	地膜覆盖量（亩）
2017	数量	5211	1715	390	1087	2019	284.19	477.02	71264
	同比增加（%）	3.37	-2.72	-3.94	-5.31	17.11	-3.66	0.7	3.97
2018	数量	5193	1674	377	1058	2084	302.44	286.57	73389
	同比增加（%）	-0.35	-2.39	-3.33	-2.67	3.22	6.42	1.42	2.98
2019	数量	5091	1569	342	978	2202	319.17	301.39	76295
	同比增加（%）	-1.96	-6.27	-9.28	-7.56	5.66	5.53	5.17	3.96
2020	数量	5083	1493	354	1019	2217	325344	302446	78231
	同比增加（%）	-0.16	-4.84	3.51	4.19	0.68	1.93	0.35	2.54

数据来源：2015—2020年《安塞统计年鉴》。

（三）提高绿色优质农产品供给能力

一是严格管控农产品生产流程。安塞区秉持生态有机循环的农业生产原则，指导农业标准化、立体化、有机循环一体化生产，通过推广智能水肥一体化、种养控制系统等技术，保证农业生产过程的绿色化、标准化与高效化，确保农产品质量。二是有序推进交易中心建设。安塞区加快推进品牌强农，加快农产品交易中心项目建设进度，以建设农产品加工、交易、仓储物流、电商一体化平台为目标，结合"电商进村"综合示范项目建设区级电商公共服务中心，为搭建工业品进村、农产品进城的集散平台提供强大推力。三是强化质量追溯管理。安塞区通过推行食用农产品合格证制度，探索推广"合格证+追溯码"模式，落实质量承诺制度。为保障监管工作的有序运行，安塞区同步推行农产品质量"网格化"管理制度。"网格化"管理制度有助于夯实产业主管单位、镇（街）和生产经营者的监管责任，为标准化农业生产技术的推广、生产经营记录制的全面落实与生产经营者诚信档案的建立提供制度保证，不断推动农产品质量追溯系统的优化与完善。

二 安塞区农业绿色发展面临的问题

近年来安塞区在农业绿色发展的实践与探索取得卓越成效，但仍存在农业绿色发展基础薄弱、产业结构有待优化、农业绿色发展工作机制尚不健全、专业技术与人才短缺等问题。对照中央、陕西省、延安市对农业绿色发展的部署要求，安塞区农业绿色发展尚存短板与不足。

（一）农业绿色发展基础薄弱

安塞区总耕地106.4万亩，其中95%属于山地，抵御自然灾害能力较弱，地块分散、地力差较大等问题阻碍农田基础设施建设进程，难以实现大型机械耕种和规模化经营。全区地势平坦、土地肥沃的地方已大力发展设施农业，发展规模占全区耕地的6.3%。这些地区由于水利及配套设施的完善已有效解决灌溉问题，但除此以外的大部分耕地属雨养农业，这不仅阻碍安塞区农村土地流转的进程，而且制约农村产业布局的合理化和村集体经济的发展壮大。虽然近年来山区水利设施建设正逐步推进，但广大山区土地利用效率低，极易造成资源浪费，农产品质量和品质受气候制约明显，靠天吃饭的现象仍普遍存在。农业基础设施投入不足，除生态农业示范园、区域生态循环农业建设项目等投资支撑，"十三五"期间农业部门参与实施的工程项目较少，对农业基础设施建设力度不大。

（二）农业产业结构有待优化

经过长时间的探索与实践，安塞区形成以"苹果为主，设施蔬菜和羊子为两翼"的特色产业体系，但目前安塞区农业生产经营仍面临规模小、链条短、分布分散、产品竞争力弱等难题，尚未形成集约化的规模经营。近年来，安塞区提出"棚栽提品质、林果抓管理、畜牧扩规模、杂粮创品牌"的发展思路，从2023年第二季度经济运行分析看，全区生产总值79.42亿元，其中农林牧渔业总产值11.33亿元，增长4.6%[①]。截至2022年底，全区设施蔬

---

① 安塞区统计局：《延安市安塞区2023年第二季度经济运行分析》，2023年8月16日。

菜和山地苹果收益均衡，分别为 14.16 亿元和 15.9 亿元；但畜牧业发展乏力，产值仅 4.7 亿元。依托地形优势全区大力发展山地林果业，但这种劳动密集型产业与农村"空心化""老龄化"问题存在矛盾，仅仅依靠规模扩张、忽视效用提升无法实现产业可持续发展。区域内绿色、有机产品、原产地地理标志认证数量少，绝大部分农产品仍对灭虫剂、除草剂等对环境有一定污染的化学试剂有较强的依赖性，这与农业绿色发展理念相左。由此看出，特色农产品供给结构与消费需求升级间的供需平衡问题有待解决。

（三）农业绿色发展工作机制尚不健全

一是政策补贴及资金支持体系不健全，财政支农补贴来源渠道狭窄、使用碎片化现象突出。目前农业绿色发展仍面临推广难度大、资金需求量大、治理面广等问题，安塞区的农业补贴主要集中在规模养殖场建设、有机肥购买和设施蔬菜建设等方面，并未出台支持农业全产业链绿色发展的跟踪性补贴政策，无法有效降低农民从事绿色生产的成本、保障绿色农产品竞争力。二是各部门间工作协调机制亟待健全。目前安塞区对农业面源污染检测和防治的力量较薄弱，各部门间协调配合度不高，尚未形成有效的监督与管理体系。调查发现，农药包装和废弃地膜被回收后未得到有效处理，大量有害物品堆积形成危化品。危化品的运输和销毁等环节需要协调交通、环保部门，但目前政策落实不到位；农村土地监管措施和配套水电设施、仓储设施等不相适应，一定程度上制约农业向清洁化、循环化发展。

（四）缺乏专业技术与人才

农民作为农业生产的主体，专业能力不强、绿色发展意识较弱等因素会制约农业绿色发展进程。城镇化、工业化的推进加速农村"空巢化"和人口"老龄化"，大部分文化水平较高、劳动能力较强的青壮年流出，不断削弱农业农村活力与动力。农业生产队伍普遍存在老化、弱化趋势，新型职业农民、农业科技人才、农村实用人才相对短缺，致使农业生产主体的绿色发展意识和技术应用相对不足。据第七次全国人口普查结果可知，安塞区 60 岁及以上人口为 24562 人，占 15.06%，其中 65 岁及以上人口为 15893 人，占9.74%。农村常住人口73500人，占总常住人口的45.05%，与2010年第六次全国人口普查相比，乡村人口减少23107人[①]。农业社会化组织发育不足、功能不强，无法有效满足农业绿色发展的需要，具体表现为农业新型经营主体的培育与推广力量不足，在农业绿色生产中的示范带动作用发挥不充分。2022年安塞区培育新市场主体1842户，但农民专业合作社仅新增22户，占总数的1.2%[②]。农户对绿色农业技术的需求缺乏，绿色农业技术供给也不足，均制约农业绿色发展的进程[③]。

总之，由于历史与现实问题的交错，安塞区农业绿色发展仍面临基础薄弱、持续发展受阻等难题。特别是现阶段绿色农业市场化、品牌化程度较低，农业产业结构仍有待优化，技术及人才的引入乏力等，导致农业发展效益不高、农民增收缓慢，无法对农村生态宜居建设产生较强的正向反馈。

三 加快推进安塞区农业绿色发展的对策建议

农业绿色发展是实现经济增长与生态保护平衡的过程，要求兼顾经济增长与生态保护。结合安塞区农业绿色发展的现实基础和发展困境，从土地、资金、政策、技术、产业链等方面提出促进农业绿色发展路径，具有一定的推广价值。

（一）推进土地细碎化整理，实现规模化经营

土地集中连片是农业规模化生产、土地规模化治理的前提条件，是推进农业绿色发展的基础，是实现农业农村现代化的先决条件。目前安塞区已全面完成农村集体产权制度改革，但调研发现安塞区属于典型的黄土高原丘陵区，农用耕地多为山地，平整难度大成本高，破解丘陵沟壑区耕地细碎化治理难题是安塞区未来发展的重中之重。因此，推动安塞区深化农村集体产

---

① 安塞区统计局：《安塞区第七次全国人口普查主要数据情况》，2021年6月15日。
② 安塞区统计局：《延安市安塞区2022年经济运行分析》，2023年2月8日。
③ 张庆元等：《新疆维吾尔自治区农业绿色化发展问题研究——以兵团典型区域为例》，《乡村科技》2019年第13期。

权制度改革应从耕地细碎化治理入手，一是结合安塞区的实际情况，从耕地面积、耕地形状和耕地分布3个方面，借助ArcGIS等软件将安塞区各行政村分为轻度、中度和重度3个细碎等级。在区级层面，应按照各行政村细碎化等级分批次、分阶段制订土地流转计划，先对细碎化程度低的地区进行整治，再对细碎化程度高的地区进行整治。二是运用地理探测器从地形、水源及交通3个维度确定安塞区细碎化影响因素，并根据测算结果分类别进行耕地细碎化治理。对地形坡度限制区域，实施土地平整工程；对水源限制性区域，结合灌溉和降水情况，实施农田水利工程；对耕地距离农村道路较远的区域，实施农村道路工程，增加耕地的通达性。三是综合考虑各行政村耕地细碎化评价结果与整治限制性因素，将各村庄划分为土地平整主导区、农田水利工程主导区、农村道路工程主导区和土地工程综合整治区四类[①]，分重点推进各行政村土地治理工程，进而促进农村集体产权制度改革进一步深化（图2）。

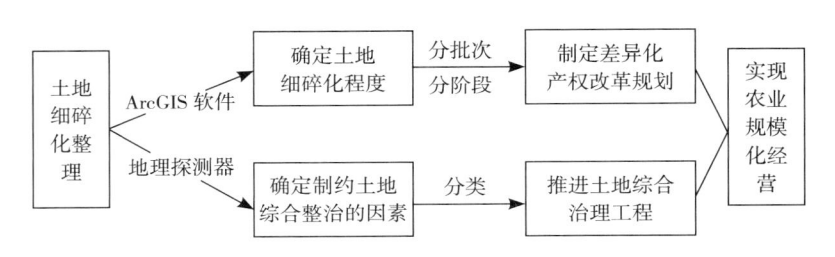

图2 推进土地细碎化整理的举措

（二）调整农业生产结构，发展可持续性产业

农业生产结构不仅决定农业的生产效益，而且决定产业是否可持续。当前安塞区的农业结构为"苹果产业为主，设施蔬菜和羊子为两翼"，虽然这些产业在短期内能获得较高的经济收益，但无法满足持续发展的要求。首先，苹果产业受自然环境影响极大，春季返寒可能导致苹果树发芽不整齐，如果正好赶上花期会大大降低挂果率；冰雹天气可能打落处于生长初期的小苹果，影响苹果成活率和品质。安塞区应以"改造低效果园，调新品种结构，

---

① 王祯等：《黄土丘陵沟壑区耕地细碎化评价与土地整治工程分区——以吴起县为例》，《水土保持研究》2022年第4期。

推广适度规模化栽培管理、省工简化管理技术"为发展思路，控制山地苹果产业发展规模、提高发展质量，实现山地苹果的适度规模化和标准化经营。其次，苹果产业和设施蔬菜均是劳动密集型产业，随着时代的发展年轻人不再愿意从事初级劳动生产，劳动密集型产业终将被淘汰，无法满足持续发展的需要。因此，安塞区在未来农业发展与规划中应走机械化、智能化、信息化道路，坚持农机装备升级和标准化作业双管齐下，推动农机装备结构不断优化、效能全面提升，结合互联网和大数据等技术的运用与发展，提高农业生产效率和质量，减少资源浪费和环境污染，优化农业产业布局。再次，安塞区羊子养殖规模逐年扩大，然而配套的饲草、饲料、食品加工、储存、运输等产业发展不足，应当加快饲草、饲料、食品加工等产业的发展，把产业链留在县域内发展县域经济。最后，安塞区的地理环境和自然条件适合开展旱作农业，应大力支持旱作农业发展，打造现代化旱作农业产业园区，将农业产业结构向"羊子＋旱作农业＋X"方向转变。

（三）鼓励技术、人才引进，提升优质农产品供给能力

技术创新和人才引进是提升优质农产品供给能力、实现农业绿色发展的关键举措，在安塞这样资源相对贫瘠、经济相对落后的地区，要想实现自主研发新技术十分困难，应把更多的精力投入到引进技术和专业人才上。一是创新农业技术引进机制，构建社会企业、种养大户技术引入申请渠道，给予通过申请的社会企业和种养大户适当的项目、资金支持，充分激发各主体引进农业技术的内生动力（图3）。二是与全国各农业技术推广机构、高校建立长期合作关系，积极配合专家、学者的实践研究，借助专家、学者的力量为安塞挑选适合引入的专业技术。三是制订科学的推广计划，引进专业技术人才，严格把控从试验到服务的每一个环节，确保技术引进的质量。技术成熟后，积极组织宣传、培训活动，并全程为农户、种养大户、企业提供技术咨询服务和技术承包服务。四是对农业技术推广过程进行综合评价，及时调整、优化推广方案，同时建立技术推广激励机制，对在技术引用、推广过程中做出突出贡献的企业和个人予以奖励。

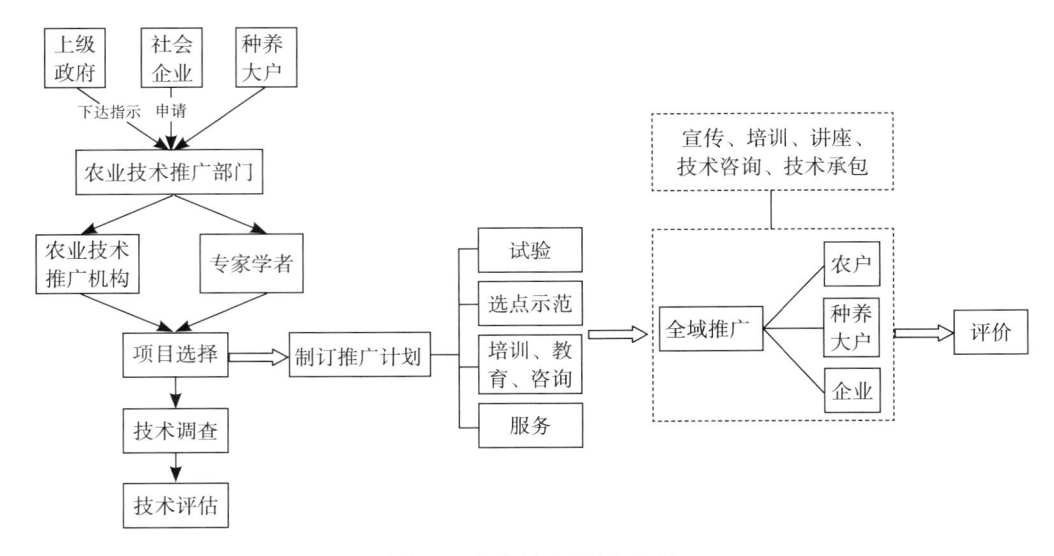

图3　农业技术引进机制

（四）完善支持补贴政策，激发绿色生产内生动力

要实现农业绿色发展仅靠政府引导是不够的，必须从根本上激发农业绿色生产的内生动力。对农业、畜牧业提供绿色补贴能有效弥合农业生产外部效应等缺陷，一定程度上使农业生产的成本与收益接近相应的社会成本与收益；在兼顾效率与公平的同时克服以往单纯以条例对农业进行环保管理的不足，促使农民自发保护耕地，有效解决农地污染等问题。一方面，要制定绿色农业支持补贴政策。政府应通过给予农业绿色生产者资金补贴和政策扶持，降低绿色生产成本、提升农产品竞争力，鼓励更多生产者参与农业绿色生产。一是成立省、市、区级绿色农业发展基金会。依据不同层次的农业生产要求，对绿色农业生产者制定固定的补助标准，并从绿色农业发展基金会中给予相应的补偿。二是实施农业保险计划，引入环保激励项目。地方政府应加大对农业绿色发展的支持力度，出台相应的鼓励、支持政策，通过实施绿色农产品认证成本分摊、绿色农作物保险等项目扶持农业生产者[①]，这一举措的目的是降低农户从事绿色生产的成本和经营风险，增强农民内生动力。

---

① 冀名峰等：《中德环境友好型畜牧业发展比较：现状和对策——中德农业政策对话工作组赴德国、荷兰调研报告》，《世界农业》2019年第2期。

另一方面，要制定畜牧业可持续发展政策。通过改变饲料中钙磷比，促进钙和磷吸收、降低磷排放，控制畜牧业有害气体的排放。出台相关政策条例与奖惩措施严控畜禽粪便中氮对地下水资源的污染，明确规定畜禽粪污和有机肥施用量、施用时间、粪污储存时间的最低要求。为确保政策的有效执行和落实，还需建立配套审查流程，通过审查配套农田面积、种植作物种类、农田地势、坡度及土壤类型等，确定区域内农田能否满足养殖场粪污处理的需求。若无法满足，则必须与其他土地拥有者签订粪污销售合同，确保养殖场畜禽粪污不会对周围环境造成危害。

陕西省生态产品价值核算与技术规范研究*

韦艳 张兆驰 查欣洁 李涛**

【摘要】 生态产品价值核算是实现生态价值向经济价值转变的基础，是践行"绿水青山就是金山银山"理念的关键路径。本文利用陕西省统计年鉴、中国土地覆盖遥感监测数据库等公开数据对陕西省生态产品价值进行核算。核算发现，陕西省生态产品可归类为三类十四项，共计价值18863.57亿元。物质类生态产品价值占比17.63%，主要集中在农业产品（12.66%）；调节服务类生态产品价值占比58.7%，主要集中在气候调节价值（24.77%）；文化服务类生态产品价值年均增幅22.23%，是增速最大的生态产品。在核算过程中，本文总结核算经验，制定了陕西省生态产品价值核算技术规范，可为后期进一步开展核算常态化提供依据。

【关键词】 生态产品价值、生态核算、技术规范

---

* 本文系"陕西省哲学社会科学研究专项"智库项目"陕西省生态产品价值实现机制核算与技术规范研究"（2021ZD1044）的研究成果。

** 韦艳，西安财经大学统计学院教授；张兆驰，西安财经大学统计学院硕士研究生；查欣洁，西安财经大学副教授；李涛，西安财经大学讲师。

一 绪论

生态产品是指生态系统为了维系生态安全、保障生态调节功能、提供良好人居环境而提供的产品[①]。生态产品价值核算是贯彻落实习近平生态文明思想的重要举措，是从源头上推动生态环境领域国家治理体系和治理能力现代化的必然要求，直接关系着生态保护补偿机制和生态损害赔偿制度的实施，对推动经济社会发展全面绿色转型具有重要意义。

陕西省地处中国中部，生态资源较为丰富，生态产品已经形成了一定的规模，但目前生态产品价值核算还处于发展阶段，各指标体系的建立与核算仍存在一定改进空间[②]。同时，生态产品价值核算的相关研究较少，特别是调节服务类生态产品由于无法带来直接的经济效益使其核算研究目前发展较为缓慢。

本课题以陕西省生态产品价值为研究对象，基于陕西省统计年鉴、中国土地覆盖遥感监测数据库等公开数据以及其他各类相关文献资料，采用文献分析法、替代成本法等一系列方法对陕西省生态产品价值进行系统性研究。首先，立足陕西省实际设计具有陕西特色的生态产品价值核算指标体系，对生态产品功能量和价值量进行核算，掌握当前生态产品利用情况，进而分析生态产品在陕西省各地市的时空演变情况，描述各项生态产品在陕西省内的时空分布情况；其次，结合陕西省生态产品价值核算经验，总结符合陕西省实际的生态产品核算技术规范，为生态产品价值核算系统化、长期化与制度化奠定基础，制定可遵循的陕西省生态产品核算技术规范。

[①] 曾贤刚等：《生态产品的概念、分类及其市场化供给机制》，《中国人口·资源与环境》2014年第7期。
[②] 江仕嵘：《陕西省生态系统生产总值核算及时空演变研究》，硕士学位论文，西北农林科技大学，2022年。

二 数据和方法

基于GEP核算指标体系框架，结合陕西省区域生态系统的特征，编制体现区域特点的生态产品清单，将生态产品按照类型分为物质类、调节服务类和文化服务类。各项数据来源及核算方法见表1。

表1 研究数据来源

一级指标	二级指标	所需数据	数据来源	核算方法
物质产品	农业产品	农林牧渔产品产量	陕西统计年鉴	整理汇总
	林业产品			
	畜牧业产品			
	渔业产品			
	水资源	水资源获取量	陕西统计年鉴	整理汇总
调节服务	水源涵养	年产流降水量	中国气象背景数据集	水量平衡法
		年蒸散发量	1990—2018年中国1000米逐月潜在蒸散发数据	
		各类生态系统面积	中国土地覆盖遥感监测数据	
		地表径流系数	公开发表文献及专著	
	土壤保持	降水侵蚀力因子	根据相关文献估算	修正通用土壤流失方程
		土壤可蚀性因子	利用全球土壤质地数据计算	
		地形因子	利用陕西省数字高程模型数据计算	
		植被覆盖因子	根据相关文献估算	
		各类生态系统面积	中国土地覆盖遥感监测数据	

续表

一级指标	二级指标	所需数据	数据来源	核算方法
调节服务	防风固沙	风沙影响人数	参考相关文献	减少的风沙影响人数
	洪水调蓄	大中型水库防洪库容	陕西省统计年鉴	水库调蓄模型
		湖泊、沼泽等面积	中国水利统计年鉴、中国湿地资源·陕西卷	湖泊调蓄模型 沼泽调蓄模型
	水质净化	湿地生态系统对主要水体污染单位面积净化量	参考相关文献	污染物净化模型
		湿地生态系统的面积	中国生态系统评估与生态安全数据库	
	空气净化	各生态系统对主要大气污染物单位面积净化量	参考相关文献	污染物净化模型
		各类生态系统面积	中国土地覆盖遥感监测数据库	
	固碳释氧	陆地生态系统净初级产力	1981—2019年全球逐日植物净初级生产力模拟数据产品	净生态系统生产力
		各类植被面积	中国土地覆盖遥感监测数据	
	气候调节	年蒸发量	1990—2020年中国1000米逐月潜在蒸发数据集	蒸散模型
		各生态系统单位面积蒸腾消耗热量等参数	全球陆表特征参量产品-高级甚高分辨率辐射计植被总初级生产力数据产品	
		各类生态系统面积	中国土地覆盖遥感监测数据	
文化服务	生态旅游	旅游总人数、旅游总收入	陕西省统计年鉴	整理汇总

三 陕西省生态产品价值的测度与评估

（一）物质产品类生态产品价值的测度和评估

物质类生态产品主要可以分为农、林、牧、渔业生态产品和水生态产品两类，通过查阅陕西省统计年鉴，得到2010—2018年陕西省农业产品、林业产品、畜牧业产品、渔业产品的总产值以及水生态产品利用价值，见表2。在这五种物质类生态产品中，农业生态产品价值最高，畜牧业生态产品价值次之，再次是林业生态产品，水生态产品与渔业生态产品价值居于末位。农、林、渔业生态产品价值逐年递增；畜牧业生态产品价值和水生态产品价值除了在个别年份出现波动外，整体上保持上升态势。

表2 农、林、牧、渔业产品总产值和水生态产品利用价值 （单位：亿元）

年份	农业产品	林业产品	畜牧业产品	渔业产品	水生态产品
2010	1100.71	35.18	444.54	8.29	58.38
2011	1350.68	42.34	568.62	10.60	61.43
2012	1512.80	58.44	618.53	14.61	61.63
2013	1697.14	67.62	668.60	17.76	62.45
2014	1848.79	73.57	677.04	19.89	62.87
2015	1885.46	75.79	698.81	23.61	63.81
2016	1997.81	85.54	734.75	26.25	63.58
2017	2095.29	96.88	695.22	27.45	65.10
2018	2244.96	104.62	682.83	29.83	65.60

（二）调节服务类生态产品价值的测度与评估

1. 水源涵养

水源涵养指的是生态系统通过拦截降水，增强土壤下渗，涵养土壤水分和补充地下水、调节河川流量，增加可利用水资源量的功能。水源涵养功能量可利用水量平衡法计算，即生态系统水源涵养量是降水输入与暴雨径流和生态系统自身水分消耗量的差值[①]。再根据影子工程法，对水源涵养价值量进行计算。陕西省各市水源涵养价值量见表3。

通过表3可知，陕西省不同地市水源涵养服务价值有明显的空间分布差异，这一分布情况与降水量由南向北逐渐递减的空间分布基本一致。关中地区水源涵养价值量最高，涵养区面积占陕西省的40.18%，涵养量占陕西省的46.68%；陕南地区水源涵养价值量居中，涵养区面积占陕西省的20.96%，涵养量占陕西省的39.79%；陕北地区水源涵养价值量最低，涵养区面积占陕西省的38.86%，涵养量占陕西省的13.53%。

表3　陕西省各市水源涵养价值量

研究区域	涵养区面积（平方公里）	涵养区面积占比（%）	水源涵养总量（亿立方米）	水源涵养价值量（亿元）
全省	205675.80	100.00	239.72	2104.74
西安市	10104.39	4.91	24.08	211.42
铜川市	3886.12	1.89	20.82	182.80
宝鸡市	18115.53	8.81	24.17	212.21
咸阳市	10314.02	5.01	21.48	188.59
渭南市	12980.16	6.31	21.35	187.45
延安市	37033.77	18.01	18.36	161.20
汉中市	27260.15	13.25	34.77	305.28
榆林市	42875.56	20.85	14.07	123.53
安康市	23528.35	11.44	33.14	290.97
商洛市	19577.75	9.52	27.48	241.27

2. 土壤保持

土壤保持生态产品指的是生态系统通过其结构与过程保护土壤、降低雨水的侵蚀能力，减少土壤流失的功能。土壤保持量核算主要基于修正的通用

[①] 欧阳志云等：《生态系统生产总值核算：概念、核算方法与案例研究》，《生态学报》2013年第21期。

水土流失方程（RUSLE）计算，RUSLE模型是目前应用最广泛的修正土壤流失方程[1]，能够对研究区的土壤侵蚀情况进行量化分析。土壤保持生态产品的经济价值主要体现在减少河流水系泥沙含量的作用上，河流中的泥沙会淤积在水库内，造成水库库容减少进而影响水库防洪抗旱作用的实现。该价值可通过替代成本法，利用水库清淤费用进行减少泥沙淤积的价值核算。通过查阅相关文献获得上述参数可以计算得到2018年陕西省土壤保持价值为444.88亿元。

3. 防风固沙

防风固沙生态产品指的是生态系统所减少的居住区人民风沙诱因疾病费用。长时间暴露在风沙天气致使空气中悬浮颗粒物增多，颗粒随呼吸进入人体肺部使人患呼吸道疾病风险增加。以此为理论基础王旗等人根据无植被阻挡条件下潜在的致病人数与有植被阻挡条件下患病人数之差估算风沙防治服务价值[2]。通过查阅防风固沙的相关文献资料以及陕西省统计年鉴，得到2008年、2013年及2018年陕西省防风固沙服务价值量。

2008—2013年年均增加1.16亿元，年均变化率为2.21%；2013—2018年年均增加0.82亿元，年均变化率为1.43%；陕西省防风固沙潜在影响人数由2008年的3328.53万人增长至2018年的3405.76万人，增长77.23万人，实际影响人数增长了71.48万人，服务人数增长5.75万人。陕西省防风固沙潜在影响人数、实际影响人数及服务人数均保持持续增长的态势，见表4。

表4 2008—2013年陕西省防风固沙服务价值量

年份	潜在影响人数（万人）	实际影响人数（万人）	服务人数（万人）	服务价值量（亿元）
2008	3328.53	880.58	2447.95	50.36
2013	3328.30	839.81	2488.49	56.17
2018	3405.76	952.06	2453.70	60.29

---

[1] 范建容等：《GIS支持下的长江上游降雨侵蚀力时空分布特征分析》，《水土保持研究》2010年第1期。

[2] 王旗等：《沙尘天气导致人群健康经济损失估算》，《环境与健康杂志》2011年第9期。

4. 洪水调蓄

洪水调蓄功能是指生态系统吸纳降水和过境水，蓄积洪峰水量，削减并滞后洪峰，以缓解汛期洪峰造成的威胁和损失的功能。选用洪水期滞水量（库塘、湖泊、沼泽）表征生态系统的洪水调蓄能力，即调节洪水的功能量。库塘湿地调蓄洪水的能力，通过库塘湿地的实际洪水调蓄库容来计算，库塘湿地的实际洪水调蓄库容按其总库容的35%进行计算[①]。湖泊洪水调蓄量利用湖泊换水次数与补给系数的模型，通过补给系数核算湖泊换水次数，基于湖面面积与湖泊换水次数建立湖泊洪水调蓄量评价模型。沼泽土壤具有特殊的水文物理性质，在汛期可储存大量水分，基于地表滞水量模型可核算沼泽湿地洪水调蓄量能力。再根据影子工程法，对洪水调蓄价值量进行计算。本文单位水库造价采用8.78元/立方米，为2019年水库建设投资预算中每立方米库容建设的成本费。2020年陕西省洪水调蓄功能量为37.79亿立方米，价值331.82亿元。

5. 水质净化

水质净化功能是指湖泊、河流、沼泽等水域湿地生态系统吸附、降解、转化水体污染物，净化水环境的功能。水质净化服务价值核算主要是利用监测数据，根据水体生态系统中污染物构成和浓度变化，选取适当的指标对其进行核算。常用指标包括总氮、总磷和化学需氧量等污染物的净化量。水质净化价值量计算采用替代成本法，通过工业治理水污染物成本核算生态系统水质净化价值。将氮、磷、化学需氧量三种污染物水质净化功能量，分别乘以单位氮、磷、化学需氧量处理的费用，核算水体净化价值。

2010—2015年陕西省的河流水质净化价值增长了6.76亿元，2015—2020年减少了8.62亿元，说明陕西省的河流湿地的面积总体上呈现持续减少的态势。湖泊湿地、沼泽湿地及人工湿地水质净化价值量持续上升，其中人工湿地面积的增长量最大，因此人工湿地水质净化价值量增长得最多，由0.35亿元增加到14.05亿元；沼泽湿地的水质净化价值量增长最小，由2010

---

① 王超杰：《舟山市农业生态系统生产总值核算研究》，硕士学位论文，浙江海洋大学，2023年，第29页。

年的 0.39 亿元增加到 2020 年的 0.77 亿元，见表 5。

表 5　2010—2020 年陕西省各类湿地生态系统水质净化价值量　（单位：亿元）

类型	河流湿地	湖泊湿地	沼泽湿地	人工湿地	总计
2010	5.58	0.16	0.39	0.35	6.49
2015	12.34	0.36	0.51	1.52	14.73
2020	3.72	2.77	0.77	14.05	21.30

6. 空气净化

空气净化功能是指生态系统吸收、过滤、阻隔和分解大气污染物（如二氧化硫、氮氧化物、颗粒物等），净化空气污染物，改善大气环境的功能。空气净化功能主要体现在净化污染物和阻滞颗粒物方面，采用生态系统自净能力核算空气净化功能量。再利用替代成本法，以工业治理大气污染物成本核算生态系统空气净化价值量。

陕西省 2000—2020 年生态系统净化空气的价值量及其总价值变化量见表 6。2000—2020 年陕西省各项大气污染物吸收能力均呈上升趋势，空气净化价值量持续上升，其中 2010—2020 年增长较快。从污染物类型来看，空气净化价值主要集中在二氧化硫的净化作用上。

表 6　2000—2020 年陕西省空气净化价值量　（单位：万元）

大气污染物	二氧化硫	氮氧化物	滞尘	总计
2000	181879.02	22085.35	944.05	204908.42
2010	184110.00	22396.85	953.61	207460.46
2020	253898.52	29872.85	1359.91	285131.28

7. 固碳释氧

固碳释氧生态产品指的是自然生态系统吸收大气中的二氧化碳合成有机质，将碳固定在植物或土壤中并释放出氧气的功能。该功能有利于降低大气中二氧化碳浓度，减缓温室效应并释放氧气。生态系统的固碳功能，对降低减排压力具有重要意义，对维护大气中氧气的稳定、改善人居环境具有重要意义。选用固定二氧化碳质量和释放氧气质量作为生态系统固碳释氧功能量的评价指标，再利用替代成本法，以植树造林成本核算固碳释氧生态产品的价值量。

2010—2018 年释氧价值量由 873.48 亿元增长到 920.34 亿元。其中高值主要集中在林地和草地，前者始终处于快速增长态势，后者增长较缓。林地从 280.73 亿元增长到 488.87 亿元，占总释氧价值量的 53%，草地占 39%，这两大土地类型贡献了主要的释氧价值，其余类型从大到小依次是耕地＞城镇及建设用地＞未利用地，其中耕地受面积影响，在 9 年间变动幅度较大。近 9 年的陕西省释氧总价值量呈现持续增加的趋势，主要因为除耕地外各土地利用类型面积的大幅度增加（表 7）。

表 7 2010—2018 年陕西省各土地利用类型固碳价值量 （单位：亿元）

年份	耕地	林地	草地	湿地	城镇及建筑用地	未利用地	总量
2010	241.46	280.73	330.57	5.18	12.33	3.21	873.48
2011	225.04	253.46	305.99	4.87	11.22	3.17	803.74
2012	239.97	274.28	330.95	5.16	11.94	3.57	865.87
2013	238.03	275.20	337.54	4.97	11.57	3.59	870.91
2014	239.97	276.10	338.20	5.06	12.00	4.02	875.32
2015	244.38	284.80	344.82	5.04	12.58	3.58	895.20
2016	46.92	474.58	345.33	4.91	14.66	4.29	890.68
2017	49.59	493.09	358.43	5.24	15.26	4.49	926.11
2018	47.79	488.87	359.30	5.03	14.66	4.70	920.34

8. 气候调节

生态系统气候调节服务是指生态系统通过植被蒸腾作用、水面蒸发过程吸收太阳能，降低气温，增加空气湿度，改善人居环境舒适程度的生态功能。选用生态系统蒸散发过程消耗的能量作为生态系统气候调节服务的评价指标。采用生态系统蒸腾蒸发总消耗的能量作为气候调节的功能量。再利用替代成本法，将人工调节温度和湿度所需要的电费核算生态系统蒸腾调节温度或湿度价值和水面蒸发调节温度或湿度价值。

2010—2018年陕西省气候调节价值年均6540.40亿元，最高值在2014年取得为7030.02亿元，最小值为2011年的5742.05亿元（图1）。

图1 2010-2018年陕西省生态系统气候调节价值

（三）文化服务类生态产品价值的测度与评估

文化服务生态产品指的是人类通过精神感受、知识获取、休闲娱乐和美学体验从生态系统获得的非物质惠益。采用区域内生态旅游总人数作为功能量，生态旅游总收入作为价值量。

从表8可以看出，2010—2018年，陕西省生态旅游总人数和总收入均呈上升态势，旅游总人数年均增长17.68%，旅游总收入年均增长22.23%。

表8 陕西省生态旅游情况

年份	生态旅游总人数（万人）	生态旅游总收入（亿元）
2010	10196	689
2011	12884	927
2012	16293	1199
2013	19960	1495
2014	23253	1765
2015	26997	2104
2016	31439	2669
2017	36599	3370
2018	44118	4197

（四）生态产品价值核算结果

将生态产品价值核算情况汇总可得陕西省生态产品价值总体情况，见表 9。陕西省生态产品总价值 18863.57 亿元，居于全国中等水平；物质类生态产品价值主要集中在农业产品和畜牧业产品上，其中农业生态产品占据主导地位，占 71.79%；其次是畜牧业产品，占 21.84%；调节服务类生态产品价值主要集中在气候调节价值，陕西省调节服务类生态产品总计价值 10411.41 亿元，其中气候调节价值占 62.43%；文化服务类生态产品价值持续增长且增速较快，陕西省文化服务类生态产品价值 4197 亿元，2010—2018 年年均增长率高达 22.23%，是增速最快的生态产品类型。

表 9　陕西省生态产品总价值

产品类型	核算科目	功能量指标	功能量值	价值量指标	价值量值（亿元）	价值量占比（%）
物质产品	农业产品	—	—	农业产品产值	2244.96	12.66
	林业产品	—	—	林业产品产值	104.62	0.59
	畜牧业产品	—	—	畜牧业产品产值	682.83	3.85
	渔业产品	—	—	渔业产品产值	29.83	0.17
	水资源	工业、农业、居民生活用水量（亿立方米）	92.56	工业、农业、居民生活用水价值	64.79	0.37
调节服务	水源涵养	水源涵养量（亿立方米）	239.71	水源涵养价值	2104.74	11.87
	土壤保持	土壤保持量（亿吨）	80.33	土壤保持价值	444.88	2.51
	防风固沙	服务人数（万人）	2453.70	服务价值	60.29	0.34

续表

产品类型	核算科目	功能量指标	功能量值	价值量指标	价值量值（亿元）	价值量占比（％）
调节服务	洪水调蓄	洪水调蓄量（亿立方米）	47.46	洪水调蓄价值	331.82	1.87
	水质净化	水域污染物净化量（万吨）	56.8	水域污染物净化价值	21.3	0.12
	空气净化	空气污染物净化量（万吨）	249.72	空气污染物净化价值	28.51	0.16
	固碳释氧	固定二氧化碳量（亿吨）	1.71	固定二氧化碳价值	446.27	2.52
		氧气提供量（亿吨）	1.26	氧气提供价值	474.07	2.67
	气候调节	降温节约电能（亿千瓦时）	6312.34	蒸散发降温价值	4393.23	24.77
		增湿节约电能（亿千瓦时）	3631.55	蒸散发增湿价值	2106.30	11.88
文化服务	生态旅游	生态旅游游客数（亿人）	4.95	生态旅游收入	4197.00	23.66
总量	—	—	—	生态产品总价值	18863.57	100.00

四 生态产品价值核算技术规范

（一）生态产品价值核算技术流程及指标体系

1. 生态产品价值核算技术流程

生态产品价值核算的主要工作程序如图2所示。

2. 生态产品价值核算指标体系

进行核算时，结合陕西省生态产品类型以及生态产品价值核算目的，选择相应的核算指标，编制生态产品清单。

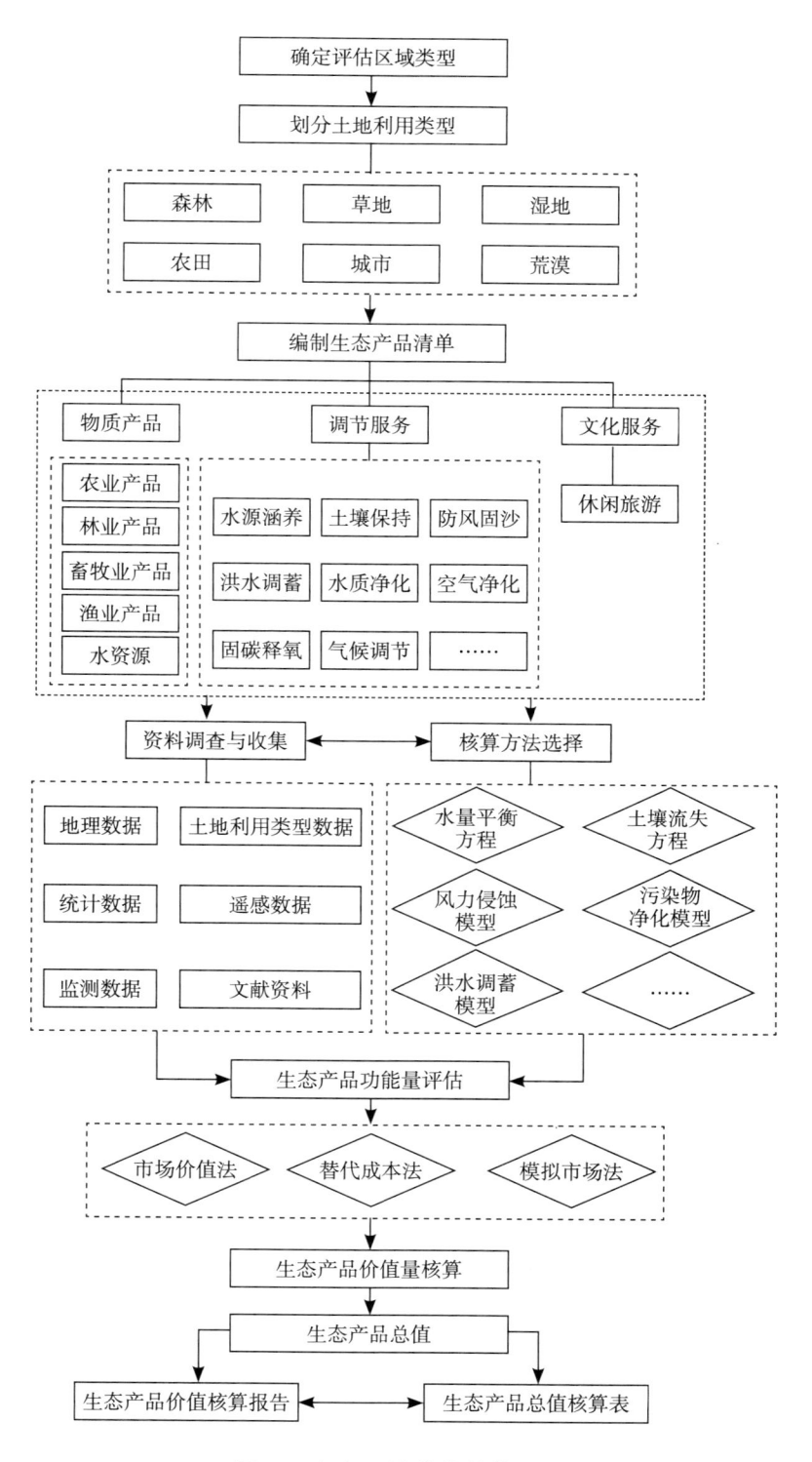

图2 生态系统价值核算流程

（二）生态产品价值核算成果展示与信息管理

核算成果主要包括核算报告、生态系统生产总值核算总表。核算总表用表格形式表达各类型生态产品的实物量与价值量。核算需进行基础数据审核及数据结果校验等数据质量控制。核算主体应记录并保存相关资料不少于5年。

五　主要结论

1. 陕西省生态产品总价值居于全国中等水平

从核算结果可知，陕西省生态产品总价值18863.57亿元，单位面积生态产品价值为917.49万元/平方公里，人均生态产品价值47828.52元。陕西省生态产品总价值、单位面积价值和人均价值均处于全国中等水平。陕西省生态产品价值主要体现在调节服务上，占总价值的58.70%，其次是文化服务产品占23.66%，最后是物质产品占17.63%。

2. 物质类生态产品价值主要集中在农业产品和畜牧业产品

陕西省物质类生态产品价值持续提升，总计价值3127.03亿元。其中，农业生态产品占据主导地位，占物质类生态产品价值的71.79%；其次是畜牧业产品，占21.84%；林业、渔业生态产品价值占比较低，分别占3.35%和0.95%；水资源占2.07%。物质类生态产品价值呈现上升趋势，其中咸阳市和渭南市下降较为明显，榆林市不仅没有下降趋势，上升速度反而较快。

3. 调节服务类生态产品价值主要集中在气候调节价值

陕西省调节服务类生态产品总计价值10411.41亿元。其中，气候调节价值占据主导地位，价值6499.53亿元，占调节服务类生态产品的62.43%；其次是水源涵养服务，价值2104.74亿元，占20.22%；防风固沙、水质净化和空气净化价值较低，分别占0.58%、0.20%和0.27%。研究时段内调节服务类生态产品价值均呈现上升态势。其中水质净化价值增长较快，年均增长率达到12.62%，10年间共计增长了228%；固碳释氧价值增长较为缓慢，年均增长率仅0.58%。

4. 文化服务类生态产品价值持续增长且增速较快

陕西省文化服务类生态产品价值4197亿元，2010—2018年年均增长率高达22.23%，是增速最快的生态产品类型。从分布上看文化服务类生态产品主要集中在西安市，西安拥有32.37%的旅游人数和42.41%的旅游收入，其他城市间差距不大。从增速上看，西安市增速最快，咸阳市和铜川市增长较为缓慢。